“十四五”职业教育国家规划教材

高职高专连锁经营类精品系列教材

连锁门店营运管理

（第二版）

主编　张　华

副主编　陈　斌　崔静宜　李志波

科 学 出 版 社

北　京

内 容 简 介

本书主要介绍连锁门店营运管理的基本知识，包括：连锁企业门店与传统商业门店的差别、连锁企业门店的组织结构设计、连锁企业门店营运管理的主要内容与标准、连锁门店选址的影响因素及不同业态连锁企业门店的选址标准和条件，重点讲解了连锁业态中的大型超市（大卖场）、便利店、专卖店三大业态的商品管理、现场服务管理、商品防损与安全管理及大型超市（大卖场）经营业绩分析。本书在讲授专业知识的同时，还注重立德树人，为重要知识点提供了微课讲解，为每个同步训练题库配有答案。

本书既可作为高职高专连锁经营管理及相关专业的教材，也可作为从事连锁经营工作的人员的参考书和培训书。

图书在版编目（CIP）数据

连锁门店营运管理/张华主编. 2版. —北京：科学出版社，2019.11
（“十四五”职业教育国家规划教材•高职高专连锁经营类精品系列教材）
ISBN 978-7-03-063398-9

Ⅰ. ①连… Ⅱ. ①张… Ⅲ. ①连锁店-经营管理-高等职业教育-教材 Ⅳ. ①F717.6

中国版本图书馆 CIP 数据核字（2019）第 254762 号

责任编辑：任锋娟 / 责任校对：赵丽杰
责任印制：吕春珉 / 封面设计：东方人华平面设计部

科学出版社 出版
北京东黄城根北街 16 号
邮政编码：100717
http://www.sciencep.com
天津市新科印刷有限公司 印刷
科学出版社发行 各地新华书店经销
*
2017 年 3 月第 一 版 开本：787×1092 1/16
2019 年 11 月第 二 版 印张：19
2024 年 1 月第七次印刷 字数：445 000
定价：55.00 元
（如有印装质量问题，我社负责调换〈新科〉）
销售部电话 010-62136230 编辑部电话 010-62135763-2015（VF02）

本书编委会

主　编　张　华（天津职业大学）

副主编　陈　斌（天津职业大学）

崔静宜（天津职业大学）

李志波（大连职业技术学院）

第二版前言

在新零售背景下，连锁门店是实现顾客体验的重要场所；在当下零售业重组人一货一场的情景下，连锁门店如何做好营运管理工作尤为重要。连锁门店营运管理是连锁经营管理的一个分支，也是连锁经营管理的一个重要环节。连锁企业的规模绩效取决于连锁门店的日常营运的效果，随着零售业线上线下的融合，线上企业纷纷走到线下，连锁门店营运管理的好坏，直接影响到企业的销售业绩，当然，最终也会影响到企业经营战略的实现。

“连锁门店营运管理”是高职高专院校连锁经营管理专业的专业核心课，通过这门课的学习，能够帮助学生初步掌握连锁门店营运管理的技能，为今后从事连锁门店营运部门各岗位工作打下良好的基础。

本书在介绍连锁门店营运内容和基本方法的同时，采用了大量的图片、拓展知识、表格、案例及动漫、微课资源等方式进行知识补充，以帮助学生理解，提高学生的学习兴趣。本书在每个任务开头都有任务的成果预期和成果评价表，并在项目的每个任务中附有技能训练题，以更好地培养学生的实际操作技能。同时，本书在每个任务后都附有同步训练题库，以便学生自主学习，自我检测。

本书的一大特色即创新点，是从框架上打破了原有的章节及表面“项目化”的排序（其实还是章节排序），以项目引导、任务驱动为教学理念，用连锁经营管理的职业能力为设计主线。本书的框架设计分为两大部分：第一部分为认知篇；第二部分为实践篇。实践篇选取了连锁业态中具有代表性的三大业态，即大型超市（大卖场）、便利店、专卖店的营运管理作为三大项目，每个项目集中在三四个任务完成，同时将每个任务进行步骤化分解；在每个任务中，以问题提出作为切入点，启发学生思考，然后开展任务内容的讲解，真正实现了项目化教学。这样，学生以掌握典型的大型超市（大卖场）需要的专业基础技能项目开始，再到便利店各岗位通用技术能力项目的学与练，最后再到专卖店的专业能力拓展项目的学习，使学生在三大业态项目中较好地掌握门店营运管理技能，使项目化教学能较好地得以实施。

本书由天津职业大学张华教授担任主编，天津职业大学陈斌和崔静宜讲师、大连职业技术学院李志波老师担任副主编。张华负责全书编写方案的拟定、体系设计。具体章节编写分工如下：张华编写了认知篇，实践篇中项目一～项目三的任务一和项目三的任务二；陈斌编写了实践篇中项目一～项目三的任务三和项目二的任务二；李志波、崔静宜编写了实践篇中项目一的任务二、任务四。

本书在编写中得到了天津世纪联华超市、7-11 便利店天津分公司和永恩公司天津分公司等单位的大力支持，他们对本书提出许多宝贵意见和建议，并提供了文献资料。本书编写还参考和借鉴了相关的著作和文献资料，在此一并表示感谢。

本书是天津职业大学“教学做”一体课程“连锁门店营运管理”课程的配套教材，配套资源有课程整体设计、多媒体课件、题库、微课、案例集、实训等，欢迎读者联系索取：renfi@abook.cn。

由于时间紧迫、编者水平有限，本书难免有不足之处，恳请广大读者批评指正。

第一版前言

连锁（企业）门店营运管理是连锁经营管理的一个分支，也是连锁经营管理的一个重要环节。连锁企业的规模绩效取决于连锁门店日常营运的效果。因此，连锁门店营运管理的好坏，直接影响到连锁企业的销售业绩，最终影响到连锁企业经营战略能否实现。

"连锁门店营运管理"是高职高专院校连锁经营管理专业的核心课程，通过对这门课程的学习，学生应初步掌握连锁门店营运管理的技能，为今后从事连锁门店营运部门各岗位工作打下良好的基础。

本书在介绍连锁门店营运内容和基本方法的同时，采用了图片、表格、知识拓展、案例等方式进行知识补充，以帮助学生理解，提高学生的学习兴趣。本书在每个任务开头都有任务的成果预期与成果评价表，并在项目每个任务中附有技能训练题，以更好地培养学生的实际操作技能。同时，本书在每个任务后都附有同步训练题，以便学生自主学习。

本书的一大特色是从框架上打破了原有的章节及表面"项目化"的排序（其实还是章节排序），以项目引导、任务驱动为教学理念，以连锁经营管理的职业能力为设计主线。全书框架分为两篇：认知篇和实践篇。实践篇选取了连锁业态中具有代表性的三大业态，即大型超市（大卖场）、便利店、专卖店作为三大项目，每个项目集中在三四个任务，同时将每个任务进行步骤化分解，真正实现了项目化教学。这样，学生从掌握典型的大型超市（大卖场）需要的专业基础技能项目开始，再到便利店各岗位通用技术能力项目的学与练，最后到专卖店项目专业能力的学习，较好地掌握门店营运管理技能，使项目化教学得以较好地实施。

本书由天津青年职业学院张华担任主编，天津青年职业学院陈斌、大连职业技术学院李志波、天津青年职业学院张树鹏担任副主编。张华负责全书编写方案的拟订、体系的设计。具体编写分工如下：张华编写了认知篇，实践篇中项目一～项目三的任务一（商品管理）；张华、李志波编写了项目三的任务二（专卖店现场服务管理）；陈斌编写了实践篇中项目一～项目三的任务三（商品防损与安全管理）和项目二的任务二（便利店现场服务管理）；张树鹏编写了实践篇中项目一的任务二（大卖场现场服务管理）、任务四（大卖场经营业绩分析）。

在编写本书的过程中，编者得到了天津世纪联华超市、7-11便利店天津分公司和永恩公司天津分公司等单位的大力支持，他们提出了许多宝贵意见和建议，并提供了文献资料。另外，编者还参考和借鉴了相关的著作和文献资料，在此一并向这些企业和相关著作资料的作者表示感谢。

本书是天津青年职业学院优质课程"连锁门店营运管理"的配套教材。优质课程内容见天津青年职业学院优质课程网，配套资源有教案、多媒体课件、题库、说课、微课、案例集、实训等，欢迎读者浏览使用。

由于时间紧迫、编者水平有限，书中不足之处在所难免，恳请广大读者批评指正。

编　者

2017年1月

目 录

认 知 篇

实 践 篇

认 知 篇

认知一　连锁企业门店与传统商业门店的差别

问题 1　什么是连锁企业门店？

连锁企业门店是指经营同类商品、使用统一商号的若干门店，在总部的管理下，采取统一采购或授予特许权等方式，实现规模效益的经营组织形式。我国工商管理部门规定，连锁企业应由 10 个以上门店组成，实行规范化管理，且必须做到统一采购配送、统一经营、采购同销售相分离。连锁企业都是由连锁企业总部、门店和配送中心构成的，在连锁企业总部的统一管理下，各组成机构按照统一的规则和要求运作，各自发挥着不同的作用。连锁企业的部分商品可由供应商直接送货到门店，其余的由总部统一配送。

连锁企业门店是连锁经营企业的经营单位。作为一种组织形式和经营方式，连锁经营企业的规模效益、竞争优势是通过其下属若干门店的有效营运实现的。连锁经营体系下的各门店以总部为核心，共同组成统一、规范、标准化的经营网络，在市场竞争中形成规模化优势。一个连锁企业能否取得成功，与门店的数量、营运质量密切相关。门店数量多，则可以给连锁企业带来规模效益；门店营运质量高，则可以增强单店的盈利能力，进而提升连锁企业整体的盈利能力。可以说，连锁企业门店是连锁经营企业的经营细胞和利润源。

知识拓展

连锁经营的发展

1859 年，乔治 • F. 吉尔曼和乔治 • 亨廷顿 • 哈特福特在纽约创办了世界上第一家颇具规模的连锁商店。

1865 年，美国胜家缝纫机公司首创连锁经营式分销网络，从此雄霸美国市场。

20 世纪 50 年代，麦当劳、肯德基引入连锁经营体系，公司得到迅速发展，同时完善了连锁经营业态。

20 世纪六七十年代，连锁经营以其特有的生命力，冲破贸易保护主义的藩篱，从美国传向世界各地。

1963 年，日本成立了第一家连锁经营性质的连锁店——“不二家”西式糕点咖啡店。

20 世纪 70 年代以后，日本的连锁经营以零售业和饮食业为中心迅速发展起来，并形成了自己的连锁经营体系。

从 20 世纪 80 年代开始，全球连锁经营飞速发展。在美国，几乎每 6.5 分钟就有一家连锁店开业。

经过一百多年的发展，连锁经营在世界各地得到迅速推广，尤其是日本。以 7-11 便利店为例，1974 年 5 月，日本的 7-11 便利店第一家本土商店在东京都江东区开张，到 2003 年时，7-11 便利店的本土商店总数达到 10 000 家。2005 年 5 月，7-11 便利店在广东省开出中国内地的第 200 家店。到 2015 年，7-11 便利店在全世界共有 53 047 家连锁商店。

中国连锁经营的起步应该是皮尔·卡丹专卖店 1984 年落户北京。1991 年 9 月，第一家连锁超市（由上海世纪联华超市商业公司创办）落户上海，随后中国连锁企业门店迅猛发展。

（资料来源：http://www.docin.com/p-123250879.html.）

问题 2　连锁企业门店的特征、经营特点是什么？

（一）连锁企业门店的特征

连锁企业门店（图 0-1）是社会化大生产和市场经济条件下，现代化大流通过程中最具代表性的商业经营模式。连锁企业门店的出现把资本经营的大规模要求同零售活动的分散化、个性化特点有机地结合在一起，使商品和物流在时空领域得以重新有效配置，从而大大提高了社会生产率和商业经营的效率。从经营方式看，连锁企业门店的出现改变了过去百货商店单一的经营模式。具体而言，连锁企业门店主要具有以下特征。

（a）　（b）　（c）

图 0-1　连锁企业门店

1. 数量众多、规模经营

连锁经营与连锁企业门店运营的优势体现在通过建立众多的店铺形成有机统一的网络系统，从而扩大市场覆盖面，形成规模经营。例如，截至 2017 年年底，麦当劳在世界 100 多个国家和地区拥有超过 37 000 家门店，全球营业额约 400 亿美元。

2. 店名、店貌、服务标准化

连锁企业门店的创立是现代化工业大生产原理应用到传统商业中的成功典范。连锁企业门店的运营改变了过去那种购销一体、柜台服务、单店核算，以及主要依赖经营者个人经验和技巧决定销售的小商业经营模式，它的经营要求店名、店貌、商品、服务等方面的标准化，商品购销、信息汇集、广告宣传、员工培训、管理规范等方面的统一化，把复杂的商业活动分解为类似生产流水线上那种相对简单的一个个连续的环节来提高经营效率，实现规模效益。

3. 统一性

无论哪种形式的连锁企业，都是由总部、分店（成员店）和配送中心组成的。连锁企业采取的经营模式是统一进货、统一配送、统一店名、统一价格、统一服务、统一广告、统一管理及统一核算（正规连锁）。统一进货、统一配送可降低流通成本，同时防止假冒伪劣商品进入。统一店名、统一价格、统一服务、统一广告、统一管理等可以扩大企业影响，增加竞争力。

4. 经营规模各异

连锁企业门店的经营规模各异，市场上既能看到像沃尔玛、麦当劳、肯德基这样的世界“巨无霸”型连锁企业，又能看到许多区域性的连锁企业，如迈德思客、福建沙县小吃、顺众超市（便利店）等。

5. 经营方式多样

不同的连锁企业，其门店的经营方式明显不同，如百货商店、专卖店采取柜台销售和开架面售相结合的方式，超市、便利店采取顾客自助服务及统一结算的方式，购物中心则采用各经销店独立开展经营活动的方式等。

（二）连锁企业门店的经营特点

连锁企业门店的经营特点：具有经营理念、企业识别系统及经营商标、商品和服务、经营管理四个方面的一致性，在此前提下形成专业管理及集中规划的经营组织网络，利用协同效应的原理，使企业资金周转加快、议价能力增强、物流综合配套，从而取得规模效益，形成较强的市场竞争能力，促进企业的快速发展。

知识拓展

连锁经营与传统商业经营的区别

连锁经营与传统的商业经营方式有着显著的区别，具体如表 0-1 所示。

表 0-1　连锁经营与传统商业经营的区别

项目	连锁经营	传统商业经营
定义	即公司连锁，同一资本所有、经营同类商品和服务的组织化零售企业集团	商业企业集团下属企业独立经营模式，由总部投资扩建的分店比连锁分店有更大的自主权
特点	分店必须有统一的经营风格；分店不独立，与总部有协作关系，特别强调总部与分店的互动关系	分店都独立运作，没有形成统一的经营风格；偏重于差异化经营
经营范围	一般以流通业和服务业为主	涉及诸多行业，范围广泛
运作方式	需足够的资金和合适的业态类型，同时受总部约束	一般来说，总部掌握分店的所有权，经营决策有较强的独立性
法律关系	依各种模式而定	分店属总部所有
发展方式	扩大规模只需有市场、资金，总部必须有成熟的运行模式和专有技术	取决于企业集团的抉择

（资料来源：http://www.jiameng.com/zixun/news/34710_1.htm.）

问题 3　连锁企业门店有哪些类型？

1. 按经营形式划分

微课：连锁门店的类型

按照经营形式，连锁企业门店也称连锁门店，可以分为直营连锁店（图 0-2）、特许连锁店（图 0-3）和自由连锁店（图 0-4）三种。这主要是从所有权和经营权的集中程度来划分的，是连锁企业门店最基本的分类方式。

（1）直营连锁店

直营连锁（regular chain，RC）店也称正规连锁店、联号商店，是指总公司直接经营的连锁店。这是由公司本部直接投资管理各个零售点的经营形态，总部采取纵深式的管理方式，直接掌管所有的零售点，零售点也毫无疑问地必须完全接受总部的指挥。直营连锁店的主要任务在“渠道经营”（意思是透过经营渠道的拓展从消费者手中获取利润），因此直营连锁实际上是一种“管理产业”。

直营连锁是大型垄断商业资本通过并吞、兼并或独资、控股等途径，发展壮大自身实力和规模的一种形式。日本通产省对直营连锁商店的定义

图 0-2　直营连锁店

图 0-3　特许连锁店

是：本质上处于同一流通阶段，经营同类商品和服务，并在统一经营资本及同一总部授权性管理机构统一领导下进行共同经营活动（由两个以上单位店铺组成）的零售企业集团。美国规定连锁商店必须有 11 个以上的分店，英国规定必须有 10 个以上的分店。

图 0-4　自由连锁店

（2）特许连锁店

特许连锁（franchise chain，FC）店又称加盟连锁店、特许加盟店、特许经营店，是指由拥有技术和管理经验的总部指导，传授加盟店各项经营的技术经验，并收取一定比例的权利金及指导费的契约关系的连锁店。总部必须拥有一套完整有效的运作技术优势，从而进行专业指导，让加盟店能很快地运作，同时从中获取利益，使加盟网络日益壮大。因此，经营技术如何传承，是特许连锁的关键所在。

（3）自由连锁店

自由连锁（voluntary chain，VC）店也叫自愿连锁店、自愿加盟店，即自愿加入连锁体系的商店，具体是指中小零售企业在某一龙头企业或标志集团的统率下，通过自愿联合的方式组成经营联合体。其在组织上主要表现为商品采购的联购分销和业务经营的互利合作。与直营连锁、特许连锁不同，自由连锁群体的各成员企业保持自己的资产所有权并进行独立财务核算。

自由连锁（即自愿加盟）店由于是原已存在的，而非加盟店在开店伊始就由连锁总公司辅导创立，所以在名称上自应有别于加盟店。自愿加盟体系中，商品所有权是属于加盟主所有，而运作技术及商店品牌则归总部持有。自愿加盟体系的运作虽维系在各个加盟店对“命运共同体”认同所产生的团结力量上，但也兼顾“命运共同体”合作发展的前提，同时要保持对加盟店自主性的运作，所以，自愿加盟实际可称为“思想的产业”(意即着重于二者间的沟通，以达到观念一致为首要合作目标)。

自愿加盟有利于中小零售商业的保护与发展，形成合理的商业结构；有利于中小零售商业的规范管理，提高经营水平和经营质量。

2. 按企业经营战略和目标市场定位划分

根据企业经营战略和目标市场定位的不同，连锁经营企业所开设的门店可分为标准超市、大型综合超级市场、仓储式商场、便利店、百货商店、专业店及专卖店等。

（1）标准超市

标准超市（图 0-5）也称为生鲜食品超市，其经营面积可达 1000 平方米，其营业面积的 50%～70%用来销售生鲜食品，初步实现了满足消费者一站式购买生活必需品的需要。标准超市的门店以经营生鲜食品和生活日用品为主，将商品品类细分成果蔬、鲜肉、活鱼与冰鲜、熟食、一般食品、日用百货、杂品类等，按营业面积分块设定商品经营区域。标准超市营业时间一般比较长，每天在 11 个小时以上。

（2）大型综合超级市场

大型综合超级市场（图 0-6）也可称为大卖场，其经营面积可达 6000 平方米，许多大型超市的营业面积已超过 10 000 平方米，以经营肉、禽、菜、果、调味品、熟食、洗涤用品、卫生用品等低值易耗的生活用品为主。小类商品的种类在 8000 种以上，甚至上万种。其经营内容综合化，能够真正满足一站式购买所需商品的需要，按营业面积分块设定商品经营区域，采取统一标准化管理和一次性集中付款运营方式。

图 0-5　标准超市

图 0-6　大型综合超级市场

（3）仓储式商场

仓储式商场属于批发性质的超级大卖场，其经营面积大多在 6000 平方米以上。其特点为实行会员制、量贩式经营，运用会员制牢牢地锁定小商店、小酒店、小服务业及机关、学校等稳定的顾客群，采用法人与个体会员制相结合的服务方式，集中体现批发配销的业态性质；门店选址上以交通便利为首要的选择目标，以高速公路为各目标市场之间的物流连接线，采取仓场合一的经营方式。

（4）便利店

便利店（convenience store，CVS）是指以经营即时性商品为主，以满足便利性需求为第一宗旨，采取自选式购物方式的小型零售店。便利店（图 0-7）是一种用于满足顾客应急性、便利性需求的零售业态。其经营面积在 100 平方米左右，营业时间一般比较长，每天在 16 个小时以上，有些已达到 24 小时全天营业。顾客在便利店的购物时间只占在超市购物时间的五分之一。

便利店在经营上体现了便利的经营特点。便利店的目标市场应在城市中的车站、学校、医院、居民小区及公共活动区附近，目标顾客主要为年轻人，特别是大学生、中学生、小区居民及年轻“白领”和“夜猫族”，其目标顾客追求的是便利而不是价格。

（5）百货商店

百货商店（图 0-8）以中高档消费者、追求时尚的年轻人和流动人口为目标顾客，经营面积较大（可达 5000 平方米）。其商品以时尚生活日用品为主，采取柜台销售与自选销售相结合的方式，服务功能较齐全，商品价格一般较高，商品品种丰富，选址倾向于城市繁华区和交通要道。

图 0-7　便利店

图 0-8　百货商店

（6）专业店

专业店（图 0-9）是指从百货商店中分化出来的，专门经营一类商品或几类相关联商品的商店。其营业面积根据经营商品的特点而定。其目标市场定位是在某一类商品上做到品种齐全，或在某一种商品上做到款式多样、花色齐全。由于其经营商品种类的有限性和专业化，门店经营与管理相对简单、门店运营效率很高。门店能够提供完善、专业的商品销售服务，营业员不但要了解商品的基本性能、功能和对顾客的吸引力所在，还要掌握商品的原料特性、工艺流程、使用与保养等各个方面的知识。完善的顾问式咨询和无后顾之忧的售后服务，是专业店服务的典型特征。

（7）专卖店

专卖店（图 0-10）是指专门经营或授权经营某制造商品牌或中间商品牌，以适应消费者对品牌选择需求的一种零售业态。其营业面积根据经营商品的特点而定。专卖店经营商品的品牌具有排他性，而且只经营同一品牌的不同种类的商品，具有品牌经营个性化的特点。专卖店的服务要求比一般零售店的高，强调周到、灵活的服务。专卖店的服务对象往往比较固定，眼光通常比较挑剔，而且掌握了一定的专门知识，极个别甚至达到了“发烧友”的程度。专卖店的营业员和导购员一定要是该商品的行家，具有相当丰富的商品专业知识，能用令人信服的理由来引导顾客购买相应的商品。周到、灵活的服务还体现在能够帮助顾客进行消费设计，根据顾客的特点为他们设计生活、引导消费，提供多种个性化服务、多功能服务及专项服务等。专卖店的另一个显著特点是实行特许经营。

图 0-9　专业店

图 0-10　专卖店

知识拓展

连锁经营项目的类别

连锁经营在我国的零售业态主要有九种，分别为百货店、超级市场、大型综合超市、便利店（方便店）、专业店、专卖店、购物中心、仓储商店和家居中心。

连锁经营业按照经营项目的类别划分，包括超市、便利店、百货等综合零售连锁，以及医药连锁、服装连锁、家电连锁、教育连锁、餐饮连锁、酒店连锁、旅游连锁等。连锁经营的发展由超市扩展到了零售商业的所有业态。

在连锁零售业的构成中，百货、超级市场、便利店等综合类零售连锁占据了 24.9%的市场份额，餐饮连锁占据了 2.6%的市场份额，医药、家电、服装、电子产品等专业店占据了 45.8%的市场份额，品牌专卖店占据了 2.4%的市场份额，加油站占据了 22.5%的市场份额，其他类连锁占据了 1.8%的市场份额。以传统百货店为主的中国零售业将逐渐进入以连锁经营为主的业态多样化时代。目前，低成本、便利、增值服务应该是创新关注的焦点，如基于低价策略的折扣店连锁经营、基于网络平台的直销商店、提供增值服务的社区经济型便利店等，都是未来具有成长空间的业态形式。

（资料来源：http://www.proresearch.org/shidian/fx/201412/101767.html.）

学习效果

1. 清楚连锁企业门店的概念。
2. 理解连锁企业门店的特征及类型。

同步训练题库

一、填空题

1. 连锁企业门店是指经营同类商品、使用统一商号的若干门店，在总部的管理下，采取______或______等方式，实现______的经营组织形式。

2. 按照经营形式划分，连锁经营可以分为______、______和______三种。

3. 根据企业经营战略和目标市场定位的不同，连锁经营企业所开设的门店可分为______、______、______、______、______、______等。

4. 门店营运管理标准由______制定。

5. 连锁企业门店的经营特点是，具有______、______、______、______四个方面的一致性。

二、单选题

1. 与单店相比，连锁企业门店具有的特点是（　　）。

A. 业态多　　B. 统一化　　C. 规模化　　D. 非标准化

2. 我国工商管理部门规定，连锁企业应由（　　）个以上门店组成。

A. 2　　B. 4　　C. 10　　D. 11

3. 连锁经营体系下的门店是以（　　）为核心，组成统一、规范、标准化的经营网络。

A. 门店　　B. 总部　　C. 配送中心　　D. 采购部门

4. 一个连锁企业能否取得成功，与连锁企业门店的（　　）、连锁企业门店营运质量密切相关。

A. 数量　　B. 人流　　C. 店长　　D. 促销

5. 专门经营或授权经营某制造品牌或中间商品牌，以适应消费者对品牌选择需求的一种零售业态是指（　　）。

A. 超市　　B. 便利店　　C. 专业店　　D. 专卖店

6. 门店的基本职能是（　　）。

A. 销售商品　　B. 服务　　C. 存货　　D. 配送商品

三、判断题

1. 连锁企业门店的特征：数量众多、规模经营；店名、店貌、服务标准化；统一性；经营规模各异；经营方式多样。（　　）

2. 从经营方式看，连锁企业门店的出现改变了过去百货商店单一的经营模式。（　　）

3. 连锁企业门店的创立是现代化工业大生产原理应用到配送部门的成功典范。（　　）

4. 连锁经营体系下的门店是以总部为核心，组成统一、规范、标准化的经营网络，在市场竞争中形成规模化优势。（　）

5. 标准超市也称为生鲜食品超市，其经营面积可达 6000 平方米。（　）

6. 便利店是指以满足顾客一站式需求为主要目的的零售业态。（　）

参考答案 0-1

认知二　连锁企业门店的组织结构设计

问题 1　连锁企业的组织框架如何设计？

连锁经营组织系统的确立是连锁企业发展的重要环节，良好的组织结构是连锁经营企业获得市场成功的必备条件之一。连锁企业的核心竞争，就在于它赋予了企业一种完全不同于传统单店经营的组织机制，使企业的人、财、物、信息等各种资源能够得到有效组合并充分发挥作用，推动连锁企业迅猛发展。

连锁企业的基本组织框架是总部与门店。

连锁企业总部是连锁企业的最高层组织，是连锁经营的指挥领导层、经营决策层和后勤服务层；通常具备采购配送管理、财务管理、质量控制、经营指导、市场调研、商品开发、教育培训、大型促销策划、定价管理等职能，并根据企业职能设立相应的职能部门。

门店是连锁经营的基础，承担着具体实施的执行功能，主要职责是按照总部所赋予的现场销售、服务等日常经营任务，设立店长和管理部门。

配送中心是连锁企业物流职能的具体承担者，是介于总部和门店之间的组织，接受总部的业务领导，承担着各个门店所需商品的进货、库存、分拣、加工、打包、送货等任务。

连锁企业迅猛发展，就在于它赋予了企业一种完全不同于传统单店经营的组织机制，使企业的人、才、物、信息等各种资源能够得到有效组合并充分发挥作用。

知识拓展

企业核心竞争力

一个企业是否表现出色、可持续发展，不是看企业的领导人多么伟大，而是看企业的组织结构是否能让平凡的员工通过不平凡的努力，创造伟大的业绩。“1＋1＞2”还是“1＋1＜2”的根本原因在于组织结构不同、要素组合在一起的方式不同，从而造成了要素间配合或协调关系的差异。

过去，人们一直认为企业竞争的优势在于特定的资源或某种能力。现在，理论界开始关注组织内部结构和组织行为，提出企业核心竞争力不是特定的组织资源或能力，而是组织内部运行机制，它确保企业经营的不同方面得以协调，使各种资源得到有效整合而获取最大效益。一些特殊的、难以完全模仿的能力，形成了组织竞争优势的来源。

（资料来源：https://wenku.baidu.com/view/2cd2a63743323968011c922f.html.）

1. 连锁组织结构设计的内容

组织结构是指一个组织内各构成要素以及它们之间的相互关系，主要涉及企业部门构成、基本的岗位设置、权责关系、业务流程、管理流程及企业内部协调与控制机制等。其目的是帮助企业围绕其核心业务建立起强有力的组织管理体系。

组织结构设计的内容包括：

1）按照企业战略目标要求，建立合理的组织架构，包括管理层次和职能部门的建立。

2）按照业务性质进行分工，确定各个部门的职责范围。

3）按照所承担的职责赋予各个部门、各管理人员相应的权力。

4）明确上下级之间、个人之间的领导和协调关系，建立畅通的信息沟通渠道。

5）设计企业的业务流程、管理流程和相应的组织文化，以保证所建立的组织结构能有效地运转。

6）根据企业内外部环境因素的变化，适时调整组织结构。

2. 连锁组织结构设计的影响因素

权变理论认为：不同的企业以及同一企业在不同的发展阶段上，都应根据特定的具体条件来选择和设计相应的组织结构。

影响组织结构的主要因素包括环境、战略、规模等。

1）连锁经营的环境。处于动荡多变的环境中的企业，其组织结构要有更好的弹性和适应性。处于相对稳定环境中的企业，则通常要求组织较为正规和集权，即追求组织结构的刚性和稳定性。

百货商店一般采用分权组织形式；便利店、超级市场、快餐店等连锁店一般采用更大程度的集权组织形式。

环境的不确定性除影响企业组织内部外，还影响企业与外部环境的关系。最典型的便是与其他企业建立的战略联盟。

2）连锁企业发展战略的方向主要有多元化发展和专业化发展。专业化发展的连锁组织机构通常采取集权的直线制形式，有利于控制和降低成本；多样化发展的连锁企业组织结构通常采用分权的事业部制，有利于充分发挥各业务模块的积极性。

3）连锁企业规模包括数量规模和空间规模。企业规模扩大直接增大了组织结构的复杂性，其表现在两个方面：一是分工细化，部门和岗位的数量增加，增大了协调的工作量；二是管理层次增加，导致分权增多。

连锁企业辐射的空间范围对组织结构也有直接的影响，一个区域性的连锁企业与全国性连锁企业或跨国连锁企业在组织结构上会有较大的不同。

目前，连锁企业发展的方向主要有多元化发展和专业化发展。专业化发展的连锁组织结构通常采取集权的直线制形式，有利于控制和降低成本；多样化发展的连锁企业组织结构通常采用分权的事业部制，有利于充分发挥各业务模块的积极性。

连锁企业不同的竞争战略对企业组织的集权程度、规范化程度、标准化程度、考核激励及组织文化有不同的要求。

问题 2　连锁企业组织结构的基本类型有哪些？

（一）直线型

直线型是连锁企业最早和最简单的组织结构形式，如图 0-11 所示。

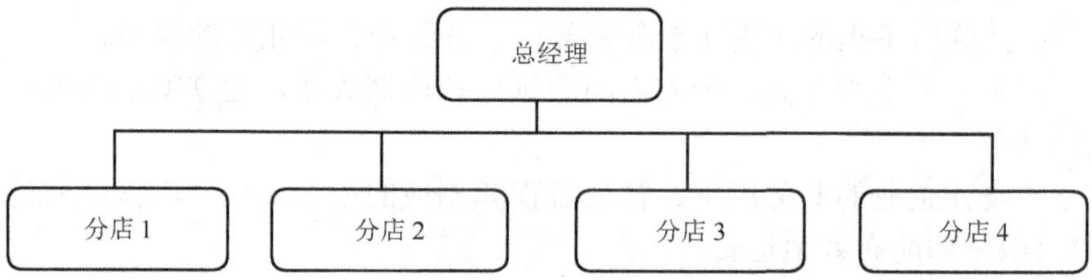

图 0-11　连锁企业直线型组织结构

直线型组织结构是最简单的组织结构，也是中小企业发展初期主要选择的集权组织结构类型，各职位直线排列，不设专门的职能部门，总经理负责所有业务，各门店经理直接对总经理负责。这种组织结构适用于门店数量少、门店经营面积较小、经营商品较少、经营区域集中的区域性中小连锁店（如天津的津工超市、飞尼克斯专卖店）。

虽然直线型组织分工较差，但由于总经理往往就是连锁企业的所有者，有着决策快、控制强、人员精、效率高等优势。

（二）直线职能型

当门店发展到一定数量时，就需要增加专业职能部门和相应的专业人员，如商品采购员、门管员、会计人员、开发员等。所以，中小连锁还可采取直线职能型（又称直线参谋制或生产区域制）结构（图 0-12）。

该模式既保持了直线型结构的领导统一指挥的优点，又吸收了职能管理专业化的长处，实现统一指挥与职能部门参谋、指挥相结合。但这种组织形式也存在明显的不足之处，权力集中在最高管理层，职能部门

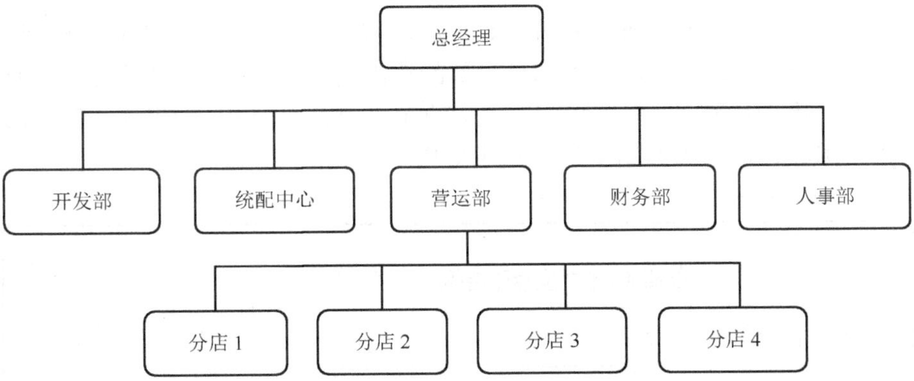

图 0-12　连锁企业直线职能型组织结构

缺少必要的自主权，各职能部门之间的横向协调性差，企业信息传递路线过长，容易造成信息缺失或失真，适应环境能力差。

（三）事业部制

大型连锁企业门店数量多，地域分布广，甚至是跨国经营，业务类型多元化，一般采用多层次或事业部组织结构。

1. 跨区域大型连锁企业组织

跨区域大型连锁企业组织（图 0-13）一般采用三级组织模式，即“总部—区域管理部—门店”的组织模式。连锁总部的部分职能转移到区域管理部的相应部门中去。总部主要承担对企业政策和发展规划的制定、监督执行、协调各区域管理部统一职能活动。

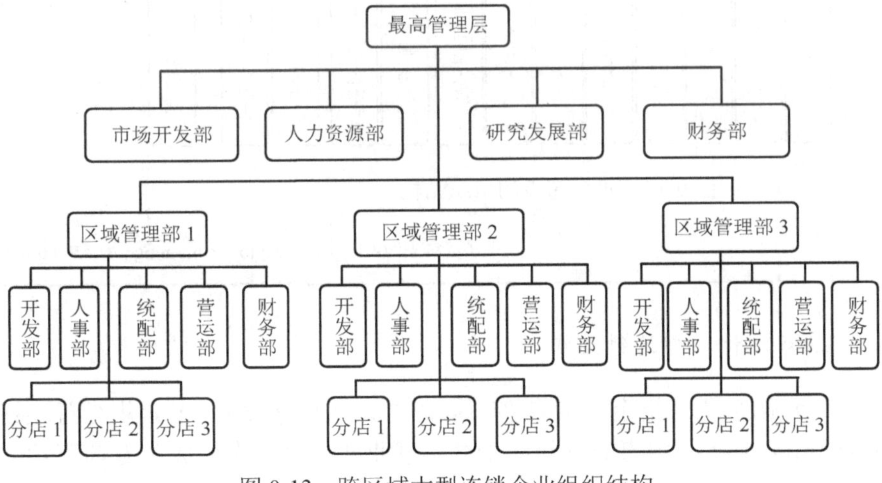

图 0-13　跨区域大型连锁企业组织结构

区域管理部在总部的指导下，负责本区域经营发展规划和本区域门店日常的经营管理。区域管理部是总部的派出机构，不具备法人资格，仅有管理与执行功能，许多重大问题上的决策仍由总部做出。如果连锁店发展为跨国经营，其组织结构也要相应变化。

知识拓展

永辉超市的组织结构

永辉超市的组织结构如图 0-14 所示。

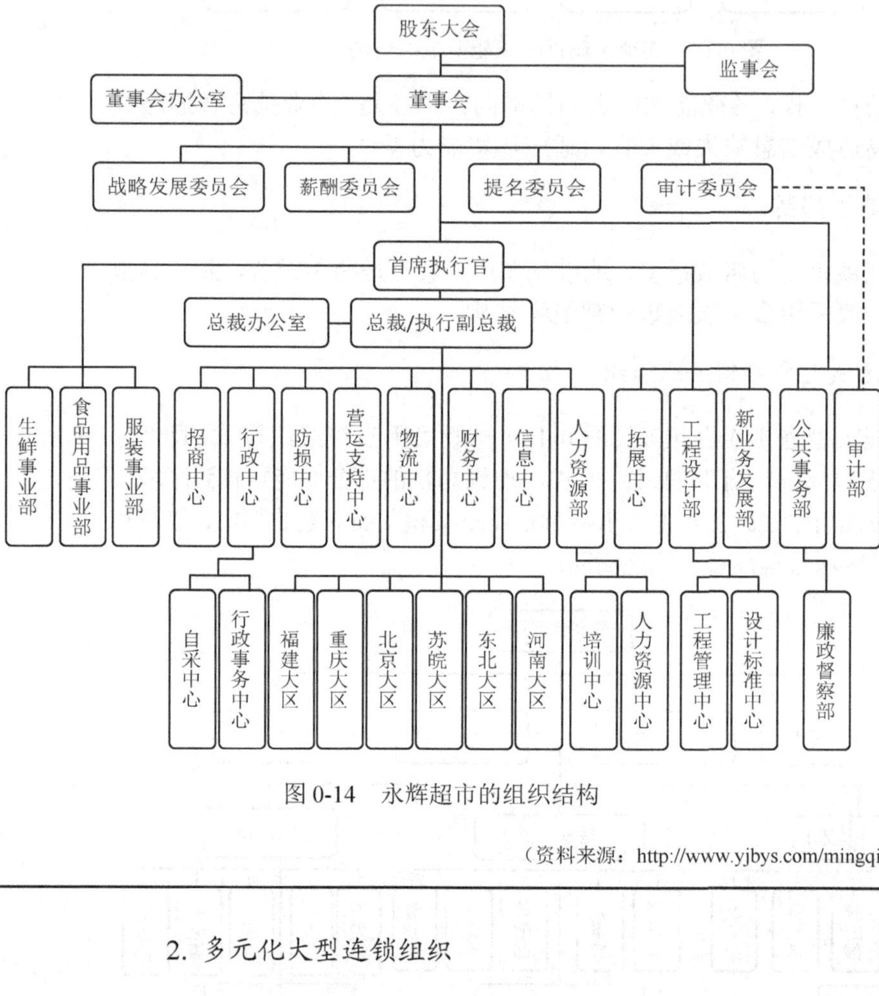

图 0-14　永辉超市的组织结构

（资料来源：http://www.yjbys.com/mingqi/c6150.html.）

2. 多元化大型连锁组织

多元化企业是指企业拥有多项业务单元并独立发展。多元化经营连锁企业（图 0-15）采用事业部组织形式。事业部是总部为促成某专项事业的发展而设置的，它拥有一定的经营管理权，并独立核算，具有法人地位。多元化经营连锁企业的各项事业发展到一定规模时，每个事业部下面还要设区域管理部来管理门店的运营工作，即形成四级到五级制。

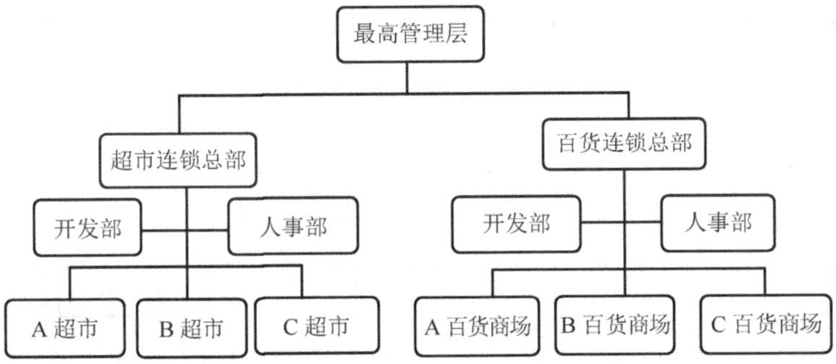

图 0-15　多元化大型连锁组织结构

大型连锁企业组织结构容易出现两个问题：一是“大企业病”的问题，即组织僵化、官僚作风严重、对外反应较慢，丧失对市场的敏感嗅觉；二是为了适应环境、反应灵活而下放权力，结果造成连锁企业形象不统一、管理不统一、标准不统一，失去连锁企业的本质特征。

组织结构应随客观环境的变化、企业的目标和战略的调整而做出相应的变化，以保持对外界环境和组织目标的适应性。领导的责任就是营造一个稳定性和适应性有机结合的企业组织结构。

问题 3　典型连锁企业门店的组织结构是什么样的？

门店是连锁企业总部各项政策的执行单位，也就是门店要不折不扣、完整地把连锁企业总部的目标、计划和具体要求体现到日常的作业化管理中。所以，连锁企业门店的组织结构相对比较简单，连锁企业门店一般不具有决策职能。

1. 连锁企业门店的职能

门店的主要职能是按照总部的指示和服务规范要求，承担日常销售业务。所以，门店是连锁企业总部各项政策的执行者。其具体职能如下：

1）门店环境管理，主要包括员工管理、顾客管理以及供应商管理。

2）商品管理，主要包括商品质量、商品缺货、商品陈列、商品盘点、商品损耗以及商品销售活动的实施等方面的管理。

3）现金管理，包括收银管理和进货票据管理。

4）信息管理，主要包括门店经营信息管理、客户投诉与建议管理、竞争者信息管理等。

2. 典型的连锁企业门店组织结构

门店是连锁企业经营者和顾客从事交易的场所。一般来说，门店通常按食品、生鲜、百货分类设置三个部门，再辅以相关服务部门形成分店的组织架构，或者主要以包括收货部、防损部、收银部、服务中心和综合服务部的组织架构。人力资源部和采购部可由总部统一负责，也可在分店设置相应部门，负责分店的人事、商品采购工作。典型的大卖场组织结构见图 0-16。

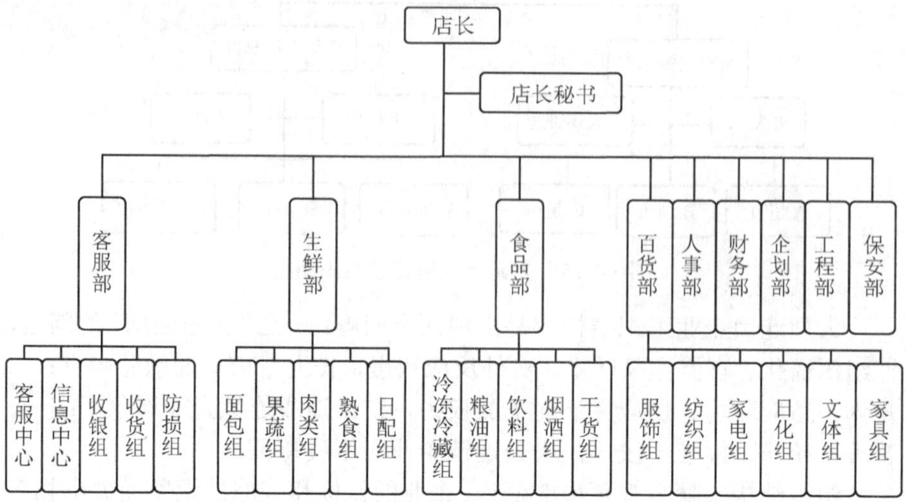

图 0-16　典型的连锁企业门店（大卖场）组织结构

客服部：负责收货、退货、收银、客户服务、信息处理等工作。

生鲜部：负责生鲜食品的加工和经营管理等工作。

食品部：负责干货食品的经营管理等工作。

百货部：负责百货类商品的经营管理等工作。

人事部：负责人事招聘、工资发放、工资和衣柜领取，以及食堂、办公用具采购的管理等工作。

财务部：受总部委托，进行日常财务收支的核算和管理等工作。

企划部：负责 POP 广告的制作、促销人员的管理、广告活动的策划等工作。

工程部：负责店内设备的维修、设施的保养、电力线路的改造等工作。

保安部：负责安全、消防、防损、防盗及紧急事件的处理等工作。

综上所述，门店的组织结构并没有一个放之四海皆准的固定模式，也不应该是一成不变的，而是应根据业态的不同、企业管理模式的不同、门店规模的不同，甚至门店所处生命周期阶段的不同等具体环境条件的差异，对门店组织结构进行针对性的规划设计，使之与门店的具体实际相匹配。

典型的门店（便利店、专卖店）组织结构见图 0-17。

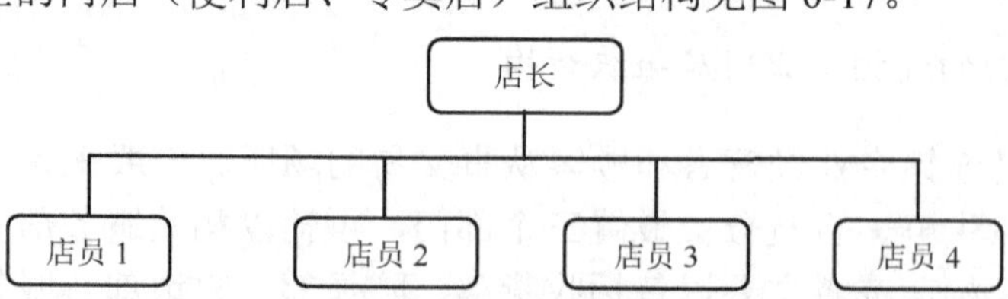

图 0-17　典型的门店（便利店、专卖店）组织结构

案 例

苏宁云商组织结构的调整

——统一的云商：融合线上线下，打造综合商业体

2012年2月底，苏宁召开的春季部署会议上，明确未来的发展方向为“电商+店商+零售服务商”，同时正式更名“苏宁云商”，LOGO、组织架构相应做了调整，业务类型、业务运作模式也做了相应调整。为了解决线上线下供应链不同、门店与易购抢资源、部门协调不力的问题，苏宁在更名为“苏宁云商”的同时，也调整了组织结构。之前苏宁的组织结构为矩阵式（图0-18），面向门店经营，电商的重要性未凸显。现改组为事业群组织（图0-19），以28个事业部联战线上线下；大区和城市终端从44个扩充至60个，增强区域化运营和本地化服务能力；连锁平台经营总部、电子商务经营总部、商品经营总部成为重要的运营平台，其中电子商务经营总部定位在线上开放平台，设置了网购事业部、移动购物事业部、本地生活事业部、商旅事业部、金融产品事业部、数字应用事业部、云产品事业部、物流事业部。商品经营总部则支撑着苏宁的全品类拓展战略，下设众多各品类事业部，各品类事业部负责整合线上线下的采销渠道，实现对双渠道经营商品的一体化管理。

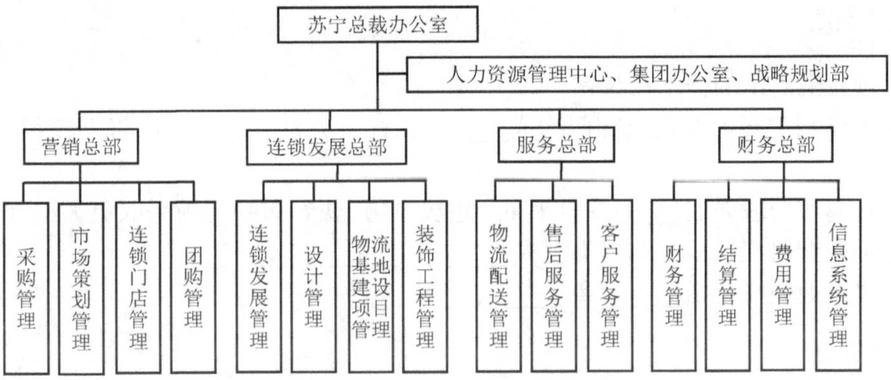

图0-18 苏宁云商之前的组织结构

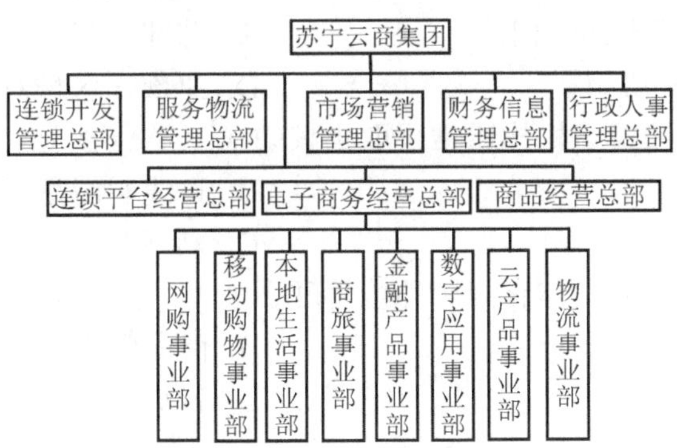

图0-19 苏宁云商集团组织结构

配合组织结构调整，苏宁也做了相应的人员调动。考虑新模式对电子商务运营、知识化管理的人才需求，苏宁进行了大规模的内部人才选拔，总计有 3000 多名年轻干部得到晋升。其中，在首批高管人员任命中，线上电子商务平台运营负责人李斌晋升为集团总裁助理，虚拟运营、快递等新业务负责人进入公司整体经营决策层，由此可以看出苏宁对于线上平台的重视。

（资料来源：http://www.cnmo.com/4g/316733.html.）

学习效果

1. 清楚连锁企业的基本框架。
2. 了解连锁企业组织结构的基本类型。
3. 掌握典型连锁企业门店组织结构的设计。

技能训练

学生分成若干小组，在学校附近选择一家大型连锁企业门店，调查门店有哪些部门，编制该门店的组织结构图。

同步训练题库

一、填空题

1. 连锁企业组织的基本框架是______与______。
2. 组织结构主要涉及企业部门构成______、权责关系，______、管理流程及企业内部协调与______等。
3. 百货商店一般采取______；便利店、超级市场、快餐店的连锁采取更大程度的______。
4. 连锁企业组织结构的基本类型有______、______、______。
5. 连锁企业规模包括______和______。

二、单选题

1. 大型连锁经营组织机构一般采用（　　）三级组织模式。
   A. 总部—区域管理部—门店　　B. 总部—门店—部门
   C. 总部—部门—班组　　D. 总部—区域管理部—部门
2. 专业化发展的连锁组织机构通常采取集权的（　　）形式，有利于控制和降低成本。
   A. 直线型　　B. 直线职能型
   C. 事业部制　　D. 网络制
3. 连锁企业门店的职能具体有门店环境管理、（　　）、现金管理、信息管理。
   A. 促销管理　　B. 商品管理
   C. 防损管理　　D. 投诉管理
4. 门店环境管理职能主要包括员工管理、（　　）以及供应商管理。
   A. 顾客管理　　B. 商品陈列
   C. 商品盘点　　D. 门店经营信息管理

5. 一般来说，门店通常按食品、生鲜、百货分类设置三个部门，再辅以相关（　　）形成分店的组织架构。

A. 收货部　　　　B. 防损部

C. 收银部　　　　D. 服务部门

三、判断题

1. 连锁总店通常具备采购配送管理、财务管理、质量控制、经营指导、市场调研、商品开发、教育培训、大型促销策划、定价管理等职能，并根据企业职能设立相应的职能部门。（　　）

2. 门店的主要职能是按照总部的指示和服务规范要求，承担日常销售业务。门店是连锁企业总部各项政策的执行者。（　　）

3. 大型连锁企业的特点是门店数量多，地域分布广，甚至是跨国经营，业务类型多元化；一般采用直线职能型。（　　）

4. 连锁企业门店一般具有决策职能。（　　）

参考答案 0-2

认知三　连锁企业门店营运管理的主要内容与标准

问题 1　连锁企业门店营运管理有哪些意义？

连锁经营的三大特点是专业化（specialization）分工、标准化（standardization）、简单化（simplification）管理。连锁企业门店营运与管理就是一个专业化、标准化的管理过程。由于连锁经营各环节是专业化的分工协作关系，各个岗位作业过程的特点是简单化和单纯化，就像工业生产过程的上下道工序一样，在分工的基础上配以单纯化的作业较易产生高效率。可以说，连锁企业是学习工业生产模式而导入专业化分工协作的经营方式，完全改变了传统零售业的工艺过程，使现代零售业的作业方式实现了革命性的改变。

连锁经营企业采用的是连锁经营管理方式，通过众多分散经营网点的门店布局，组成具有标准化和联合化的连锁经营组织体，从而保证连锁经营企业的规模效益的实现。因此，连锁企业门店营运管理的意义如下：①有利于连锁经营企业经营目标的实现；②有利于门店规划设计的统一；③有利于实现门店营运管理标准的统一；④有利于规避投资和经营风险；⑤有利于实现企业最佳劳动效率。

问题 2　连锁企业门店营运管理主要有哪些内容？

门店是产生效益的实体，门店管理就是按标准化的作业流程和管理规范对门店日常的经营和运作进行管理。面对繁杂的商品和竞争激烈的市场，门店要对人、财、物、信息等进行动态的管理，维持卖场的正常运转，并保持一定的服务水平。门店运营的具体管理内容如下。

（1）店址选择、商圈分析

连锁经营企业的门店经营之前，需要选择店址、摸清商圈情况，然后确定门店规模、商品经营定位以及开店前的准备工作。门店店址选择、商圈分析是门店运营管理的首要内容，是门店经营的先决条件。

（2）商品陈列及设施的管理

门店是连锁经营企业的经营场所。为了增加门店对顾客的吸引力，商品陈列极为重要。因此，在门店管理中要根据不同经营类型的特点精心设计与布置，做好商品的组合分类，达到刺激顾客购买、扩大销售的目的。

商品陈列离不开设备与设施。为了确保门店经营活动的顺利开展，设备与设施的完好非常重要。因此，门店在经营过程中要做好设备与设施的日常养护和控制工作，建立严格的规章制度，依靠严格的管理规定，确保设施与设备的正常运行。

（3）门店现场服务管理

现场服务管理是连锁企业门店营运管理的又一重要内容。现场服务管理包括收银员、营业员、理货员及客服人员的服务规范、工作流程，以及如何避免服务作业中的矛盾纠纷和顾客投诉。此项管理工作直接关系到企业形象的塑造和社会声誉。

（4）门店商品进存及盘点管理

门店商品进货、验货管理是商品质量管理的前提：合理的存货能达到及时补货，降低成本的目的；盘点能及时发现营业额的变化，以便及时完善商品管理环节，提升业绩。

（5）门店商品销售管理

商品销售管理是门店经营的中心环节，销售管理的好坏直接影响门店的销售业绩和顾客满意度。因此，应做好门店的商品管理工作，如做好商品的组合分类、商品促销策划以及实施好商品的促销策略等。

（6）门店现场安全管理

连锁企业门店作为社会服务的窗口、企业经营的场所、顾客参观购物的地点，安全问题十分重要。门店现场安全管理的主要内容包括人员安全、商品安全、设备与设施安全等。门店工作人员要严格遵守企业的安全管理制度，做好日常防火、防盗等工作，为顾客提供安全、优雅、舒适的购物环境。

连锁企业门店营运管理应以商品管理、绩效控制为基本点，覆盖营运标准化、商品陈列、顾客服务、收银管理、商品管理、门店安全、门店业绩评价等连锁企业门店营运的基本内容与关键环节。

问题3 连锁企业门店管理的目标主要有哪些？

连锁经营的原则是专业化（specialization）、标准化（standardization）和简单化（simplification），即3S原则。由于连锁经营各环节是专业化的分工协作关系，体现在各个岗位上作业过程的特点是简单化，就像工业品生产过程的工序一样，因此在分工的基础上配以单纯化的作业易产生高效率。

美国潜能大师博恩·崔西曾说过，成果就是对目标的实现，有了目标，才有成功。对于连锁企业门店的管理，就是把连锁企业总部的目标、计划和具体要求体现到日常的作业化管理中，实现连锁经营的统一化。具体来说，连锁企业门店管理的目标主要体现在以下两个方面。

1. 实现销售的最大化

为了圆满达成门店运营目标，首先应重点抓销售，因为销售本身就是门店的主要任务，只有尽可能地扩大销售额，才能实现门店的利润目标。销售的最大化并不是盲目地或单纯地运用各种促销方式实现的，而是通过正常的标准化运营作业来追求更高的销售额——终端目标。

终端目标可划分为销售目标、服务目标和运作目标，各目标还可细分。

销售目标又可以分解为年度目标—季度目标—月目标—天目标—时段目标。在目标分解和任务分配时要考虑以下几个因素：①去年同期的销售额，在此基础上有适当增幅；②是否有促销及推广；③人员的状况，如新老员工的比例；④天气情况；⑤人员上班的天数；⑥目标已完成的情况。

2. 保证消耗的最小化

提高门店销售额是每一个门店的努力目标。但是，提高销售额不是最终目的，不管是提高了多少销售额，如果不严格控制门店各个环节的损耗费用的话，门店只能低利润甚至亏损，所有的努力都将付诸东流。因此，损耗最小化就是尽可能地降低经营成本，这也是提高门店经营绩效的一条捷径。

为使消耗最小化，在门店运营实际操作中，可以从以下几个方面入手：①门店节能降耗。节能减排和保护环境是政府的重要政策目标，内外资零售企业响应政府号召，展开了声势浩大的节能降耗行动，这不仅能为企业节约成本、产生效益，而且是企业承担社会责任的一种体现。例如，家乐福宣布新建门店确保节能20%，现有门店改造后节能15%。②门店商品防损。防损也是门店降低损耗的重要工作内容之一，很多零售门店非常重视商品损耗的控制。

问题4　连锁企业门店管理的标准是什么？

（一）连锁企业总部制定门店管理标准

整体运作的高质量是实现连锁和规模效益的根本。连锁企业需要具备总部统一协调控制和分店自主调整经营的能力，这种控制和自主的关系当中存在着一些相互制约因素，但并不矛盾。由连锁企业总部统一制定门店管理标准，连锁企业总部是决策中心，连锁企业门店则是作业现场。连锁企业门店根据总部制定的管理标准，实施具体的作业化程序，最终实现连锁的协调运作。

连锁企业门店管理工作面对的，一方面是每日必须完成的一定类别和数量的工作，另一方面是一定数量的、具有不同的操作经验和技能的员工。连锁企业门店管理既要保证每日工作圆满完成，又要合理安排员工，充分发挥人力资源的效能。因此，总部制定的管理标准实质上就是详细、周密的作业分工、作业程序、作业方法、作业标准和作业考核。

连锁企业门店管理标准的重要内容之一是制订门店工作人员上班的出勤计划，根据工作量大小进行具体的人员调配，从而有效地发挥每位员工的能力，提高劳动生产率，充分体现严格、科学的管理标准所带来的经济效益。

（二）连锁企业门店管理标准的制定步骤

1. 确定对象的作业分工

确定作业分工，通常是比较关键的工作。具体作业分工包括把何种工作、多少工作量、在什么时间内安排给何人。因为门店作业繁多，通常连锁企业门店作业管理的重点是收银员作业管理、理货员陈列作业管理、进收货作业管理、商品盘点作业管理和顾客投诉意见处理等，这些作业过程和管理质量的高低将会直接影响每一家门店的经营状况。作业管理比岗位管理要求更高，既体现了岗位工作的技术性要求，也能更加具体、细化地考核岗位工作的质量高低。因此，只有通过合理的分工，才能把这些工作具体落实下来，保证发挥正常的营运水平。

2. 确定标准化作业的程序

连锁企业往往是劳动力密集型企业，门店作业人员流动率较高，如何区分作业内容管理，使门店作业不重复，并且能让新员工在最短时间内适应每一工作环节，都十分重要。因此，必须全面分析不同的作业情况，如收银员、理货员、店长、盘点人员等的工作情况，消除多余的、不必要的动作、环节，合并有关环节，合理安排具体的作业顺序，使有关作业情况尽量简化，以提高效率、降低成本。标准化作业程序在明确分工、出勤计划的基础上，通过具体操作表来明确这项工作的具体操作规则。例如，理货员进行货架商品的补货，就包含了定时补货与不定时补货的具体时间、操作程序，以及相应时间内应达到的工作量等。通过这些具体作业的落实，来保证门店的正常营运和管理。

3. 记录作业情况

将确定的分工作业与标准化作业程序，在适当的时间，全面、准确地记录不同岗位的工作营运情况。门店若欲维持正常的营运，对于各项外在与内在因素均须有效掌握。因此，标准化作业程序试运行的数据和报表，如营业实绩的统计、不同作业分工的实施情况与效果等，均为十分有价值的参考资料。建立这些资料体系，便于总部进行比较分析，进而灵活地加以运用，最终使门店营运和管理标准健全化。

4. 制定作业标准

标准化是连锁企业门店成功经营的基础。要使连锁企业的规模发展既快速又健康，就一定要有科学的管理标准。连锁企业应通过数据采集与定性分析、现场作业研究，制定出既简单可行，又节省时间、资本的标准化的作业规范。科学化管理标准的制定是一项长期的艰苦工作。标准的科学性具有两层含义：一是指具有一定的先进性；二是指客观的实际性。

（三）门店执行总部标准的主要控制内容

1. 服务质量的控制

服务质量是连锁企业门店的生命，直接关系到连锁企业的信誉和市场影响力，其控制手段表现在两个方面：第一，增强服务意识，进行教育与培训；第二，实行明查和暗查相结合的控制方法。通过严格的服务质量控制，可有效提高门店的竞争力。

2. 卖场布局与商品陈列的控制

连锁企业门店的卖场布局与商品陈列（图 0-20）是根据总部的商品布局图与配置表来实施的，其中反映了连锁企业的商品经营策略思想与经营目标。如果门店对总部确定的商品布局与陈列方式做了很大的变动，就无法实现连锁企业统一的经营目标。要把控制门店商品布局与陈列同实现总部经营目标联系起来，一般可以从以下几个方面加强控制。

(a)　　　　(b)

图 0-20　卖场布局与商品陈列

1）商品位置控制。在门店检验时，根据各类商品的布局位置图，核对位置是否变化。一般来说，要特别注意特别展示区、端架上的商品是否已作了位移，大多数位移是供应商“公关”的结果。

2）商品陈列控制。根据商品配置表能较容易地发现商品陈列的改动，其重点一是商品陈列的排面数是否发生了变化。排面数实际上确定了商品的最高陈列量和出样面，低于或高于规定的排面数会影响该商品的销售。二是商品货架陈列位置是否发生了变化。位置发生变化可能会有两种情况，或是在同一层板中向左或向右作了移动，或是在不同层板中向下或向上作了变动。

3. 商品控制

一般来说，商品控制主要是指对商品缺货率的控制。商品缺货率控制在什么比例上，各连锁企业可自定，一般确定为2%是恰当的。

4. 单据控制

门店每天都可能有大量的商品送到，不管是配送中心或供应商送来的货都必须有送货单据。要严格控制单据的验收程序、标准、责任人、保管、走单期限等。单据的控制是为了控制违规性签单、违规性保管、违规性走单，保证货单一致的准确性，保证核算的准确性和供应商利益，同时也控制门店的舞弊现象。

5. 商品盘点控制

盘点是最后检查连锁企业门店经营成果的控制手段。盘点控制的手段包括：①盘点前的准备控制。检查盘点前的准备是否充分，但要防止在盘点开始的前几天，普遍发生的门店向配送中心要货量较大幅度下降的状况，这种要货量下降一般可影响门店销货量的10%～30%。②盘点作业程序控制。检查盘点作业程序是否符合标准，是否实行了交叉盘点和复盘制度。③抽查控制。实行总部对门店的临时性不加通知的抽查制度，有条件的连锁企业可以成立专门的盘点队伍，专职进行门店盘点和抽查工作，以确保盘查的真实性和准确性。

6. 缺损率控制

缺损率是失窃率和损耗率的统称，缺损率失去控制就会直接减少门店的盈利率水平。目前，国内大部分连锁超市实行缺损率承包责任制的方法，落实到人。这种方法虽然很有效，但要注意其负面影响，今后的方向是在加强责任制的同时，还要注重设备的保养和先进技术的引用。缺损率一般控制在 5‰是较恰当的。

7. 经营业绩控制

对门店经营业绩的控制主要是按实现目标销售额，采取月销售额含工资与奖金的方法来控制。采用这种控制方法时要注意以下两点：一是月销售额目标要根据不同类型门店的实际情况来加以确定，体现目标的科学性。二是明确月销售额目标的确切含义：销售额、去掉门店费用的准利润及去掉门店费用和总部摊销费用的净利润。实际上，每一个目标都可以作为考核的指标，连锁企业可以把这些指标综合起来考核，或者根据自己的实际情况和业态模式的特征来确定。

（四）门店营运管理标准的展开与实施

严格、科学地展开与实施管理标准，是连锁经营标准化管理的实质。可以说管理标准是企业内部的“法律”，执“法”要严，企业运转才会有序和高效。管理的标准化与标准化管理是管理活动得以开展的两个方面，具体包括以下两个方面。

1. 编写营业手册

连锁企业可通过作业研究和比较，发掘最有效的作业方法，以此作为标准，并编写具体的营业手册。营业手册的编写实际上是将连锁企业门店经营的经验、技巧上升为具体的理论和原则。任何一个连锁企业总部所编写的营业手册都应全面地包括每一个岗位、每一个作业人员，应尽可能地发现每一个细节并加以规定。营业手册是连锁总部经营管理的重要工具，是门店经营活动的依据和实际作业的标准，应尽可能完整地包含所有细节。

总之，编写手册时一定要强化便捷性、实用性，编写手册必须为用而编，不能为编而编。

2. 建立完整的培训系统

对连锁企业来讲，标准化要求高质量的培训。离开了培训，营业手册规定的作业标准就难以为员工所理解、接受和执行。因此，建立完整的培训系统有利于连锁企业门店各级员工的有效选拔、任用、教育、开发，也是连锁企业稳步发展、持续进步的关键所在。

通常一套完整的培训系统按纵向分为三个层次。

（1）职前培训

职前培训是指新员工进店后的基础培训，偏重于观念教育与对专业知识的理解，目的是让新员工明确连锁超市门店的规章制度、职业道德规范以及相应的专业知识。职前培训的基本内容如下。

1）服务规范培训。服务规范让每个员工树立依法经营、维护消费者合法权益的思想，同时把服务仪表、服务态度、服务纪律、服务秩序等作为培训的基本内容，让员工树立“顾客就是上帝”“员工代表企业”的思想。

2）专业知识培训。在帮助员工树立正确的工作观念的基础上，传授各个工作岗位的有关专业知识，一般可分为售前、售中、售后三个阶段的专业知识。售前，即开店准备，具体包括店内的清扫、商品配置及补充准备品的确认等必须掌握的专业知识；售中，即营业中与销售有关的事项，具体包括待客销售技巧、维护商品陈列状态、收银等事项；售后，即门店营业结束后的工作事宜，包括建立良好的顾客利益保障制度、商品盘点制度等。

（2）在职培训

由于企业内外部环境和工作重点变化的影响，有时要对在岗员工进行转岗或晋升，同时需要培训。在职培训是职前培训的延续和发展。通过在职培训，可以提高员工的积极性，有利于员工工作业绩的进一步提高。

在职培训偏重于职前培训基础上的操作实务性培训，主要按各类人员的职位、工作时段、工作内容、发展规划进行，主要涉及店长（值班班长）、理货员、收银员等门店工作人员，并按其职级开展和实施。

1）店长的培训主要包括以下内容：店长的工作职责、作业流程、对员工的现场指导、员工问题的处理、商品管理、如何开好会议、顾客投诉处理、管理报表分析、信息资料管理等。如家乐福的店长课程就包括店长就职、财务、人力资源、团队管理、市场营销和美工培训等 15 个课程。

2）理货员的培训主要包括以下内容：理货员的工作职责，作业流程，领货，标价机、收银机或 POS 机的使用，商品的陈列技巧，补货要领，清洁管理等。

3）收银员的培训主要包括以下内容：收银员的工作职责、收银操作、顾客对答技巧、简易包装技巧等。

（3）一岗多能的培训

员工除了掌握各自岗位所需的知识和技能外，许多情况下也需要发挥其“多能”作用。事实上，超市门店尤其是便利店，有些工作需要全体员工都能操作，如商品的盘点、商品损耗的处理、收银操作等。店长如果在这方面抓好了对职工的培训和管理，就能大大减少用工人数，减少相应费用支出，从而提高门店的盈利水平。

（五）门店营运管理标准的探索与改善

门店营运管理标准的贯彻执行，依靠的是科学、严格的管理，否则制定再多标准也形同虚设。分工越细就越需要协调，否则各个部门的运行会相互牵制，各个岗位的衔接也难以顺利进行，作业化管理所带来的优势就难以转化为连锁店的现实竞争优势。因此，在实际营运过程中，相关人员必须不断探索与改善连锁店的营运标准，使作业化管理不断合理化。由于标准的统一性并不排除门店的能动性，只要能使连锁企业门店的盈利水平提高，各门店都可以提出建设性意见，使更好的方法成为标准。通过门店的探索和总部的进一步研究、开发，连锁店的营运标准会不断改善。标准化效果的取得，靠的是在严格管理的督促下，长期地坚持与改善标准，从而确立连锁企业门店整体的竞争优势。

另外，门店营运管理标准化还要与本土化协调。例如，麦当劳的汉堡被世界各地的人们所接受，是麦当劳的本土化策略的成果。麦当劳会根据当地人的口味适当调整自己的配方，所以它的每个店都非常成功。从单店营销的角度讲，强调本土化思想是非常正确并且是非常必要的。但是，从连锁经营的角度讲，标准化更有利于连锁企业的市场开拓和管理控制，应当把标准化放在连锁经营的首位，先进行标准化的经营，然后才是经营的本土化。

学习效果

1. 理解连锁企业门店营运管理的意义。
2. 理解连锁企业门店管理的主要内容。
3. 明确连锁企业门店营运管理的目标。
4. 掌握连锁企业门店营运管理标准。

技能训练

学生分成若干小组，给校园小超市（或校园周边的小超市）编写现场服务标准手册。

同步训练题库

一、填空题

1. 连锁企业门店营运与管理就是一个______、______的管理过程。

2. 概括起来，门店营运管理的目标有______和______。

3. 连锁企业总部统一制定门店营运管理标准，实质上连锁企业总部是决策中心，而门店则是______。

4. 商品缺货率的控制主要是对______的控制。缺货率控制在什么比例下，各连锁企业可自定，一般确定为2%是恰当的。

5. 总部制定的管理标准实质上就是详细周密的______、______、______、______。

二、单选题

1. 连锁企业门店的商品布局与陈列是根据总部的（　　）来实施的。

A. 战略　　　　　　B. 竞争者分析

C. 商品配置表　　　D. 营销计划

2. 连锁企业管理上的3S原则是指专业化、标准化和（　　）。

A. 简单化　　B. 现代化　　C. 精准化　　D. 统一化

3. 商品销售是门店经营的中心环节，销售管理的好坏直接影响门店的销售业绩和（　　）。

A. 商品质量　　　　B. 顾客满意度

C. 店内环境　　　　D. 员工态度

4. 连锁企业门店的卖场布局与商品陈列是根据（　　）来实施的，其中反映了连锁企业的商品经营策略思想与营业目标。

A. 商品位置　　　　B. 商品陈列

C. 排面数　　　　　D. 总部的商品布局图与配置表

5. 缺损率一般控制在（　　）是较恰当的。

A. 2‰　　B. 3‰　　C. 4‰　　D. 5‰

三、判断题

1. 工作人员作业化管理是门店运营管理的重要内容之一，主要包括门店店长、收银员、理货员、营业员、防损员及其他相关工作人员的职责要求、作业规范、工作能力、职业素质的培养等。（　　）

2. 连锁企业门店管理的目标主要体现在利润的最大化。（　　）

3. 门店现场安全管理的主要内容包括人员安全、商品安全、设备与设施安全等。（　　）

4. 连锁企业营运手册是根据直营店总结出的一套成功的可复制的运作体系。（　　）

5. 专业知识培训是传授各个工作岗位的有关专业知识，一般可分为售前、售中、售后三个阶段的专业知识。（　　）

参考答案 0-3

认知四　连锁企业门店选址的影响因素

问题　怎样分析商圈？

（一）商圈的概念及特征

商圈是指零售商店以其所在地点为中心，沿着一定的方向和距离扩展，吸引顾客的辐射范围。通俗来说，商圈是指零售商店（或聚焦的商店群）吸引顾客的地理区域范围，一般和零售市场的空间范围（经济学观点）、中心地的腹地或势力圈（地理学观点）或涉及商业的商势圈概念同时使用。商圈是以零售商店为中心，沿着一定的方向和距离扩展，构成一定的辐射范围所形成的，对周围地区的消费者起主导作用，对较远处消费者也具有吸引力。现实的商圈多由单体零售店或者各种规模的商业中心形成。商圈具有以下特征：

（1）层次性

位于同一零售店商圈内的顾客到店购物的可能性并不相同，这种可能性随着顾客到零售店购物所受到的阻碍因素的增加而减少，因此商圈表现出明显的层次性。通常，商圈包括核心商圈、次级商圈、边缘商圈，其中大部分顾客来自核心商圈。

（2）重叠性

零售店之间的商圈没有清晰的界限，往往在两个商圈的第二和第三层处发生重叠。重叠区域内的顾客存在着到任何一家零售店购物的可能性，但这种购物可能性的大小取决于零售店之间的相对竞争力，或者说，取决于零售店的吸引因素与阻碍因素之间的比值。

（3）不规则性

由于诸多因素的影响，零售店商圈的实际形状并非如其概念所暗含的圆形，而呈现出不规则形状。促使商圈不规则的原因：①由于那些阻碍顾客来店购物的客观因素存在，使那些在某个方位上距零售店垂直距离很近但实际到店的距离很远，甚至不能为其商圈所覆盖。这些阻碍因素具体包括道路隔离栏、宽阔或车速较高的道路、竞争店、交通不便等。②由于某些顾客吸引力因素的存在，使位于商圈某一方位的顾客来店购物甚为便利。这些吸引力因素主要包括公交车站的设立等。客观的阻碍因素和吸引力因素的同时存在促成了商圈的不规则形状，同时也会使商圈规模扩大或缩小。

（二）商圈分析的基本因素

门店商圈是指门店有效吸引顾客优先选择到本店购物的消费者分布的地理区域，是门店营销的辐射范围。连锁企业门店的商圈是一种无形的资源。连锁企业门店作为现代生活中常见的经营组织形式，在经营中，必须对其商圈进行分析。

微课：商圈

1. 商圈分析的重要性

由于所在地区、经营规模、经营方式、经营品种、经营条件的差异，商圈规模、商圈形态存在很大区别。同一个门店在不同的经营时期因受到不同因素的干扰和影响，其商圈也并不是一成不变的。为便于分析研究，一般将商圈视为以门店本身为中心的同心圆形。

商圈与门店经营活动有着极为密切的关系，无论新设或已设的连锁企业门店，都不应忽视对商圈的分析。其重要性主要表现在以下几个方面。

（1）商圈分析是开设门店进行合理选址的前提

开设连锁企业门店，在选择地址时，经营者总是力求拥有较大的目标市场，以吸引更多的目标顾客。这首先就需要经营者明确商圈范围，了解商圈内人口的分布状况，以及市场、非市场因素的有关资料，并在此基础上进行经营效益的评估，衡量店址的使用价值，按照设计的基本原则，选定合适的地点，使商圈、店址、经营条件协调融合，创造经营优势。

（2）商圈分析有助于连锁经营企业制定竞争经营策略

在日趋激烈的市场竞争环境中，价格竞争手段仅仅是一方面，同时也是很有限的。门店在竞争中为取得优势，会广泛地采取各种非价格竞争手段，如改善企业形象、完善售后服务等，这些都需要经营者通过商圈分析，掌握客流来源和客流类型，了解顾客的不同需求特点，采取竞争性的经营策略，投顾客之所好，赢得顾客信赖即赢得竞争优势。

（3）商圈分析有助于连锁经营企业制定市场开拓战略

一个连锁企业门店经营方针、策略的制定或调整，总要立足于商圈内各种环境因素的现状及其发展趋势。通过商圈分析，经营者可以明确哪些是本店的基本顾客群，哪些是潜在客户群，力求在保持基本顾客群的同时，着力吸引潜在客户群，制定市场开拓战略，不断延伸经营触角，扩大商圈范围，提高市场占有率。

（4）商圈分析有助于连锁企业门店加快资金周转

连锁企业经营的一大特点是流动资金占用多，要求资金周转速度快。门店的经营规模受到商圈规模的制约，商圈规模又会随着经营环境的变化而变化，如商圈规模收缩而门店的经营规模仍维持原状，就有可能导致企业的一部分流动资金被占压，影响资金周转速度，降低资金利润率。

2. 商圈的构成与顾客来源

（1）商圈的构成

连锁企业门店的商圈一般由以下三部分组成：

1）核心商圈。核心商圈是最接近零售店的区域。

2）次级商圈。次级商圈是位于邻近商圈以外的区域。

3）边缘商圈。边缘商圈是位于外围商圈以外的区域。

商圈的构成示意如图 0-21 所示。

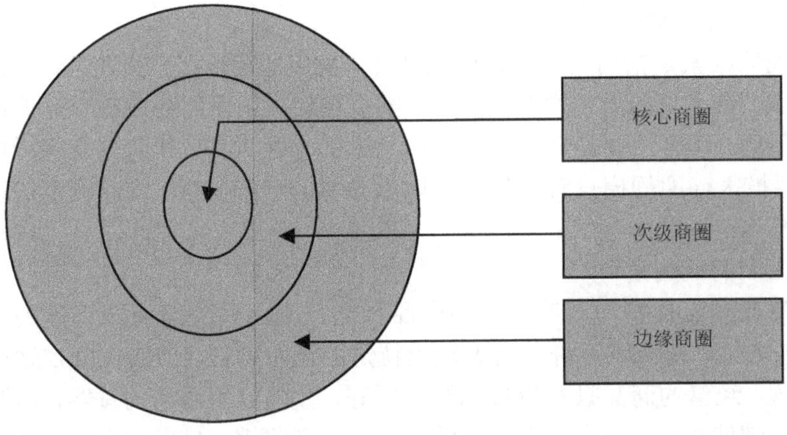

图 0-21 商圈的构成

在一般情况下，连锁企业门店的核心商圈是顾客密度最大的区域，是主要商圈；次级商圈顾客密度较小，是次要商圈；边缘商圈顾客最少，密度亦最小。有资料表明，三部分商圈的顾客组成情况：核心商圈所占顾客比例为55%～70%，次级商圈所占顾客比例为15%～25%，边缘商圈所占顾客比例为5%。

但也有特例存在，如居民区的便利店门店几乎没有边缘商圈的顾客。而位于商业中心的百货商店门店，核心商圈的顾客密度较小，并不是商圈的主要组成部分，次级商圈和边缘商圈的顾客密度大。大型百货商店门店的边缘商圈的顾客往往最多。

（2）顾客来源

连锁企业门店的顾客来源可分为三部分。

1）居住人口。它是指居住在门店附近的常住人口，这部分人口具有一定的地域性，是核心商圈内基本顾客的主要来源。

2）工作人口。它是指那些并不居住在门店附近而工作地点在门店附近的人口，这部分人口中不少利用上下班就近购买商品，他们是次级商圈中基本顾客的主要来源。一般来说，门店附近工作人口越多，商圈规模相对扩张越大，潜在的顾客数量就多，对门店经营有利。

3）流动人口。它是指在交通要道、商业繁华地区、公共活动场所过往的人口。这些路过人口是位于这些地区门店的主要顾客来源，是构成边缘商圈内顾客的基础。一个地区的流动人口越多，在这一地区经营的门店可以捕获的潜在顾客就越多，同时经营者云集，竞争激烈，这就要求经营者追求竞争策略和经营特色。

3. 分析商圈时应考虑的因素

连锁经营企业经营者在分析门店商圈时至少要考虑以下三个因素。

（1）地理因素

地理因素是指门店所在地区的特点。如中心商业区，交通方便，流动人口多，有大量的潜在顾客，相对商圈规模较大；而那些设在交通偏僻地区的门店，顾客主要是分布在零售店附近的常住人口，其商圈规模一般较小，要扩大商圈规模只有依赖门店创出独特的经营特色，以此吸引远道的慕名来客。

（2）商业因素

商业因素是指门店所经营的商品种类。商品种类与商圈规模关系密切。一方面，每一顾客群总会表现出特定的消费特征，门店在既定地区开展经营，经营的商品只有投目标顾客所好，才能吸引潜在的顾客，商圈规模才会延伸扩大；反之，商圈规模会因此逐渐收缩。另一方面，撇开顾客自身的不同，商圈规模大小与商品购买率成反向比例关系。如人们日常生活必需品，购买频率高，往往是就近购买，主要表现为求方便心理，所以经营此类商品的门店顾客主要来自居住区内的人口，商圈规模较小；而耐用消费品消费周期长，偶然性需求商品购买频次低，经营此类商品的门店顾客来源少，相对来说，商圈规模较大；另外，经营特殊性商品的门店，其商圈规模可能更大。

门店经营者在分析商圈时，可以通过抽样调查销售记录、售后服务登记、顾客意见征询等途径搜集有关顾客居住地点的资料，对资料进行统计和分析，估计出商圈范围。采用这些方法，都不可忽视时间因素，如平日与节假日的顾客来源构成比例不同；节日前后与节日期间，顾客来源构成比例不同等，这些都有可能导致商圈范围有所差异。

分析新设商店的商圈时，主要依据当地市场的销售潜力指标，分析可以获得的包括城市规划、人口分布、住宅小区建设、公路建设、公共交通等方面的资料，预料本店将来可以分享的市场份额，从而分析商圈规模的大小。

（3）商业业态因素

不同的业态，其商圈的辐射范围区别很大。超级市场与百货店、购物中心等业态相比，商圈偏小，来店单程时间约为 10 分钟。超市奉行小商圈主义，地处社区或居民区，商圈人口为 7 万～12 万人；以经营食品为主的超级市场的商圈更小，商圈人口仅为 3.5 万～5 万人。据调查，人们对鱼、肉、蔬菜、水果的经常性购物距离不足 2 千米，而服装、化妆品、家具、耐用消费品购物距离为 4～5 千米。连锁经营超市企业门店的每个小型商圈又互相连接，形成由点、线到面的销售网络，占领市场的能力还是很强的。

学习效果

清楚进行商圈分析时需要考虑的因素。

同步训练题库

一、填空题

1．商圈包括__________、__________、__________，其中大部分顾客来自核心商圈。

2．商圈具有__________、__________、__________的特征。

3．连锁经营企业经营者在分析门店上商圈时至少要考虑__________、__________、__________三个因素。

二、单选题

1．连锁企业门店的顾客来源可分为三部分：居住人口、工作人口及（　　）。

A．流动人口　　B．旅游人口

C．农业人口　　D．国内人口

2．商业因素是指门店所经营的（　　）。

A．商圈范围　　B．商品数量

C．商品种类　　D．商品档次

3．核心商圈是指（　　）。

A．最接近零售店的区域　　B．邻近商圈以外的区域

C．位于外围商圈以外的区域　　D．社区附近

三、判断题

1．零售店之间的商圈有清晰的界限。（　　）

2．由于诸多因素的影响，零售店商圈的实际形状并非如其概念所暗含的圆形，而呈现出不规则形状。（　　）

3．商圈分析是开设门店进行合理选址的前提。（　　）

参考答案 0-4

认知五　不同业态连锁企业门店的选址标准和条件

问题　不同业态连锁企业门店的选址标准和条件是什么？

连锁企业门店店址的选择十分重要，连锁经营企业的发展需要不断开设门店，而店址的选择则是门店开设能否成功的关键因素。因此，在进行门店选址时，一定要掌握不同类型门店的经营特点和其经营要求。

（一）不同业态连锁企业门店选址的标准

连锁经营企业的业态具有不同的特点，选址也有不同的标准。

1. 百货商店

1）选址应在城市繁华区、交通要道。
2）商圈范围大，一般以流动人口为主要销售对象。
3）门店规模大，在6000平方米以上。
4）设施豪华，店堂装饰典雅、明快。
5）目标顾客为中高档消费者和追求时尚的年轻人。

2. 超级市场（标超）

1）选址在居民区、交通要道、商业区。
2）商圈范围较窄，以居民为主要销售对象。
3）营业面积在1000平方米以下。
4）目标顾客以居民为主。
5）有一定规模的停车场。

3. 大型综合超级市场

1）选址在城乡接合部、住宅区、交通要道。
2）商圈范围较大。
3）设有与门店营业面积相应的停车场。
4）实际营业面积一般在6000平方米以上。

4. 便利店

1）选址在居民住宅区、主干线公路边以及车站、医院、娱乐场所、机关、团体、企事业所在地。
2）商圈范围窄小，一般设定在徒步5～7分钟能够到达的范围内。
3）门店营业面积在100平方米左右，营业面积利用率高。
4）目标顾客主要为居民、单身者、年轻人，80%的顾客购买行为是有目的的购买。

5. 专业店

1）选址多样化。多数设在繁华商业区、商业街、百货商店或购物中心内。
2）商圈范围不定。
3）营业面积根据主营商品特点而定。
4）目标市场多为流动顾客，主要满足消费者对某类商品的选择性需求。

6. 专卖店

1）选址在繁华商业区、商业街或百货商场、购物中心内。
2）商圈范围不定。
3）营业面积根据经营商品的特点而定。
4）目标顾客以中青年为主，商品的陈列、照明、包装、广告讲究。

7. 仓储商店

1）选址在公路边、交通要道和利用闲置设施。
2）主要的商圈人口为 5 万～7 万人。
3）商店营业面积大，一般在 6000 平方米以上。
4）商店设施简单化，装修简单。
5）设有一定规模的停车场。

8. 家居中心

1）选址在城乡接合部、公路边、交通要道或消费者自有房产比率较高的地区。
2）提供一站式购物和一条龙服务。
3）营业面积 6000 平方米以上。
4）有一定规模的停车场。

（二）连锁企业门店选址条件

门店选址首先应从大处着眼，清楚城市商业条件，主要选址条件包括：

1. 门店选址城市的商业条件

（1）城市类型

从城市的地形、气候等自然条件，到政治、经济、历史、文化等社会条件，来判断该城市是工业城市，还是商业城市；是中心城市，还是卫星城市；是历史城市，还是新兴城市。这些条件影响着连锁企业门店的规模和特色。

（2）市政设施

学校、图书馆、医院、公园、体育馆、旅游设施、政府机关等公共设施能起到吸引消费者的作用。因此，了解城市设施的种类、数目、规模、分布状况等，对选址是很有意义的。

（3）交通条件

在城市条件中，对门店选址影响最直接的因素是交通条件，包括城市区域间的交通条件、区域内的交通条件等。

（4）城市规划

如街道开发计划、道路拓宽计划、高速公路建设计划、区域开发规划等，都会对未来商业产生巨大的影响，应该及时捕捉、准确把握其发展动态。

（5）消费者因素

消费者因素包括人口、户数、收入、消费水平及消费习俗等。

2. 连锁店的区域选择

根据不同的业态、不同的分店规模、不同的目标市场定位，经营者应选择不同的商业区。

（1）市级商业区

城市零售商业中心区域顾客流动较大，旅游观光顾客占一定比例，不适合设立规模较大、网点较密的超级市场门店，适合设立满足流动性顾客和旅游观光者需求的购物中心、百货商店，以及特色的专营店、专卖店等连锁经营门店。

（2）区级商业区

城市地区性零售商业中心，是常住居民的汇集地，适合发展大中型超级市场，大型城市的区级商业区则可考虑发展百货商店。

（3）街道商业区

沿某条街道形成的小型零售商业中心，由于靠近居民区、租金便宜，适合发展小型超市或便利店。

（4）居民区

纯粹的居民区，附近通常没有商业区或商店，可以独立地设立大、中、小各种规模的超市门店，门店的规模依据居民区购买力情况而定。而大型的居民区，如果居住人口众多也可以开设百货商店。

（5）购物中心

购物中心是聚集各种零售业态的场所，集客力较强，一般可设置一至两家大中型超级市场门店。卖场面积及结构完全标准化的门店往往难以找到，所以可同时设定几种模式，作为选址的基本依据。

学习效果

掌握不同业态连锁企业门店的选址标准、条件。

技能训练

学生以小组为单位，在学校附近选择一家大型连锁企业门店进行调研。通过分析选址，了解商圈情况，编制调研报告，制作PPT，并进行小组交流。

同步训练题库

一、填空题

1．大型综合超级市场选址一般应在__________、__________、__________。

2．门店选址中的消费者因素，包括__________、__________、__________、__________及消费习俗等。

3．家居中心选址在__________、__________、__________或__________比率较高的地区。

二、单选题

1．超级市场（标超）选址是在（　　）。

A．城乡结合部　　B．居民区附近

C．娱乐场所、机关、团体、企事业所在地　　D．主干线公路边以及车站、医院

2．大型超市的营业面积一般是（　　）平方米。

A．3000~6000　　B.6000 以上　　C．6000 以下　　D.6000

3．门店选址城市的商业条件是指城市类型、市政设施、交通条件、（　　）、消费者因素。

A．消费者类型　　B．电力设施　　C．人口规模

D．城市规划　　E．地理因素

三、判断题

1．百货商店选址应在城市繁华区，交通要道。（　　）

2．大型综合超级市场，选址在城乡结合部、住宅区、交通要道。（　　）

3．专业店选址多样化，多数设在交通要道，商圈范围不定。（　　）

4．超级市场（标超）目标顾客主要为居民、单身者、年轻人，80%的顾客为有目的的购买。（　　）

5．便利店商圈范围窄小，一般设定在徒步 5～7 分钟能够到达的范围内。（　　）

参考答案 0-5

实 践 篇

项目一

大卖场营运管理

体系结构

任务一　大卖场商品管理
任务二　大卖场现场服务管理
任务三　大卖场商品防损与安全管理
任务四　大卖场经营业绩分析

项目目标

1. 会运用商品配置表进行商品陈列与盘点，理解陈列原则；熟悉商品的进、存货管理。
2. 掌握收银要领与处理顾客投诉的技巧。
3. 掌握商品防损与安全管理内容。
4. 能对门店经营业绩进行分析。

任务一 大卖场商品管理

引导问题

消费市场上的商品种类繁多，连锁卖场由于资源所限，不可能经营所有商品。因此，连锁卖场必须根据自己的经营条件和消费需求对经营的商品做出选择和安排。那么，卖场怎样对成千上万的商品进行管理？

学习内容 连锁卖场商品管理的概念十分广泛，本任务的内容主要包括：对商品品类管理的认识；商品配置表的制作；商品进、存货的管理；商品的陈列管理；商品的盘点管理。

学习目标 大卖场商品管理是门店管理的重点。要求在本任务中，掌握商品陈列与进、存货的相关知识。在理解品类管理、商品配置表和商品陈列工具等方面知识的基础上，遵循商品陈列的一般原则，对商品进行科学合理的陈列。学生应掌握日常商品的订货流程和退换货管理，以及存货作业管理要领。

学习重点

1. 卖场商品陈列工具管理。
2. 验货管理。
3. 盘点管理。

学习难点 运用品类管理和商品配置知识对货架、堆头、端头的商品陈列进行管理。

任务描述 本任务为导学性任务，具体内容为：

1. 按要求制作一份某类商品的商品配置表，绘制商品陈列表，运用陈列方法与技巧陈列商品。

2. 能按进货流程进行订货、验货、调拨货管理，能对存货进行管理，并会对商品进行盘点。

工作步骤 本任务的工作步骤见表 1-1。

表 1-1 商品管理工作步骤

序号	项目	工作内容
一	用品类管理理念进行商品配置	①理解品类管理；②了解商品配置表的作用与功能；③清楚商品配置表的制作程序
二	商品的进、存货管理	①商品的进货管理（订、进、验收、退换货）；②商品的存货管理（内仓存货、坏品管理）

续表

序号	项目	工作内容
三	商品陈列管理	①管理商品陈列的工具，如货架、端架、堆头和其他陈列工具；②在遵循商品陈列一般原则的基础上，掌握商品陈列的规范与检查要点，并对商品陈列进行控制
四	商品的盘点	①掌握盘点的方法；②知道盘点的流程

成果预期

本任务完成后，学生应认识和熟悉商品配置表的功能，掌握商品配置表的制作过程，并会修正商品配置表；熟悉订货流程与退换货流程；掌握商品陈列原则，按照商品陈列表陈列商品，能运用商品陈列方法进行商品陈列；掌握盘点作业要领；完成成果评价表的内容（表 1-2）。

表 1-2　商品管理成果评价表

考评点	分值	得分
商品配置表	15	
商品陈列表	10	
订货表填制	10	
验收、退换货要领	10	
陈列方法	15	
陈列效果	25	
盘点表填制	15	
合计	100	

工作内容

一、用品类管理理念进行商品配置

任务要求

通过对任务的分析掌握品类管理与商品配置表方面的知识，能理解商品配置表的作用和功能，并形成门店的商品配置修正的思路。其主要环节工作内容如表 1-3 所示。

表 1-3　主要环节工作内容

工作环节	工作内容
理解任务	研究任务的需求要点
知识认知	明确品类管理与商品配置表的 4 个知识性问题：品类管理是什么；品类管理的流程有哪些；连锁卖场应如何按照总部要求的商品配置工作，完成本门店的商品配置修正工作；如何进行商品配置表的修正
工作成果	能根据商品配置表的制作流程对卖场某一部门的商品进行配置与分类

问题 1　什么是品类管理？

（一）品类的概念

品类是指易于区分、能够管理的一组产品或服务；消费者在满足自身需要时认为该产品或服务是相关的或可以相互替代的。如所有用于消费者口腔护理的一系列产品就组成了口腔护理品类，包括牙膏、牙刷、漱口水、牙线等系列产品。

单品是商品分类中不能进一步细分的、完整独立的商品，是零售企业商品经营管理的基本单位。例如，200 毫升装飘柔滋润去屑洗发水。

品类管理是以消费者为中心，以品类为战略业务单位，以数据为依托，通过零售商与供应商的有效合作，发现并满足消费者需求从而提高业绩。

案　例

品类管理——沃尔玛与宝洁的尝试

1986 年，沃尔玛与宝洁进行了提高效率的尝试，在双方组织、信息交流、消费者研究、供应链效率等方面做了大量的探索，在 1988 年取得了品类管理合作的明显效果。1993 年美国食品营销协会首次系统地提出了品类管理的理念，TPG 咨询公司提出了品类管理整套流程，随着越来越多企业的运用，品类管理成为零售商与供应商之间合作的典范。品类管理从 1997 年引入中国，到目前已 20 多年了，随着市场竞争的加剧，越来越多的连锁企业使用品类管理来提高效率，但品类管理的流程需要持续跟进，有的企业坚持做了，效果较好，有的则半途而废。

（资料来源：中国连锁经营协会校企合作小组，2013. 连锁企业品类管理[M]. 北京：高等教育出版社.）

（二）商品结构的概念

商品结构特指商品的经营范围、商品的分类组织、商品的具体组合。从整体来说，有高、中、低三个层次（图 1-1）。

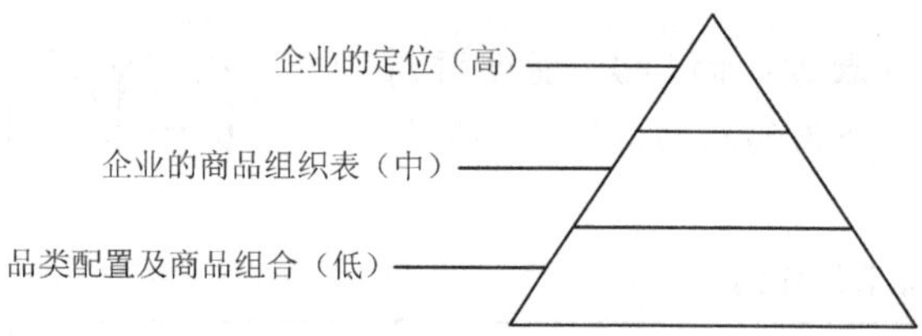

图 1-1　商品结构的层次

从高的层次看，商品结构是企业的定位，即企业在营业执照中已经明确的经营范围。

从中的层次看，商品结构是根据企业经营范围而确定的商品分类构成，一般分类至商品的基础类别，简单来说，就是企业的商品组织表。

从低的层次看，商品结构是基础类别之间的比例和基础类别内部的具体组合，前者与门店策略有关，后者与顾客的购物行为有关。

（三）商品组织表

1. 商品组织表的作用

（1）体现企业的定位

门店的商品组织表体现企业定位（如社区生活超市与商务区高端/精品超市）不同，商品组织表也有所不同。商品组织表是门店的“宪法”，是生产运营的根本纲领。

（2）确定零售企业的经营范围

一方面，商品组织表明确规范了门店的经营范围，如食品超市与药品超市因经营范围不同而商品组织表也有所不同；另一方面，我们可以根据对商品组织表的检查、对照来发现缺失的类别，找出缺失的品类，找出缺失的子品类，找出缺失的商品群，并给予补充。

（3）适时反映各方需求的变化

商品组织表应根据顾客需求、商品生产、市场环境、行业竞争、企业经营策略的变化而变化。

2. 商品群

商品群是依照商品观念所集合成的商品群体，它是门店商品分类的重要依据。一般可以根据销售地位把商品分为主力商品和辅助商品几个商品群。

主力商品是指完成销售量或销售金额，在商场销售业绩中占举足轻重地位的商品。卖场主力商品的增加或减少、经营业绩的好坏直接影响商店经济效益的高低，决定着卖场的命运。它的选择体现了卖场在市场中的定位以及整个商场在人们心目中的定位。

辅助商品是与主力商品相关的商品，其特点是销售力方面比较好，包括了那些价廉物美的商品、需要常备的商品、日用品等。

在品类创建的过程中，商品梳理是必需的。商品梳理的第一要义就是不能缺失品类、不能缺失子品类、不能缺失商品群，而商品群是商品结构的基层单位。

（四）品类配置

1. 品类配置的常见情况

通过对门店的定位、对品类的贡献率等因素的分析，来确定商品的调整计划。根据调整计划的不同，可以将品类分为舍弃品类、强化品类、弱化品类和基础品类。

1）舍弃品类，指在商品配置时，确定为下架，不再经营的商品品类。品类配置时，一般首先确定的就是舍弃品类。其次再根据配置的不同，将继续经营的品类分为强化品类、弱化品类和基础品类。

2）强化品类，指在商品配置时，确定为继续经营并将成为经营重点的商品品类。

3）弱化品类，指在商品配置时，确定为继续经营但经营地位较低的商品品类。

4）基础品类，指在商品配置时，确定为继续经营，而且目标消费群体广、购买频率稳定、实用性高的商品品类。

例如，某小区的住户以年轻的三口之家为主，那么老年保健用品则为弱化品类，婴儿用品为强化品类，而洗发水等各年龄段的人都需要的用品则为基础品类。

2. 根据门店类型进行品类配置

连锁门店的常见类型包括：

1）综合超市，综合超市又名大卖场，指营业面积在2500平方米以上，采取自选销售方式，以销售大众化实用品为主，并将超市和折扣店的经营优势结合为一体的，品种齐全、满足顾客一次性购齐的零售业态，比如家乐福、联华超市等。

2）便利店。便利店指以经营即时性商品为主，以满足便利性需求为第一宗旨，采取自选式购物方式的小型零售店，一般位于居民区附近。

3）专卖店。专门经营某一品牌的店铺，如鹰大服装店、LV皮包店等。

不同类型超市的商品组合配置也不尽相同。商品组合是指连锁企业根据战略目标的要求，对构成商品经营结构的广度、深度和相关性等方面所做出的选择。

所谓商品组合的宽度，是指连锁企业经营多少商品类别，拥有多少条商品线等，多者为广，少者为窄；商品组合的深度是指连锁企业经营的各种商品线内的商品项目的多少，多者为深，少者为浅；相关性是指各种商品在最终用途、生产条件、分销渠道及其他方面互相联系的程度。

以卖场为基准，这几种门店的差别在于：从商品组合的宽度来看，专卖店的面积较小，舍弃了大部分非专业的商品；便利店的宽度也较窄，对所有的商品都是有针对性地进行配置。从商品组合深度来看，便利超市面积较小，配置较高一点。不同类型门店商品组合的宽度和深度不同。

问题2　品类管理的流程有哪些？

品类管理的流程主要包括八个步骤，即品类定义、品类角色、品类评估、品类评分表、品类策略、品类战术、品类计划实施和品类回顾。

1. 品类定义

品类定义是指品类的结构，包括次品类、大分类、中分类、小分类等。领导性供应商都可以提供相关品类甚至非相关品类的品类定义。品类的定义不能与信息系统脱节，不少零售商都清楚品类的结构，但信息系统中没有相应的维护。当需要知道中分类、小分类的销售情况时，系统只能给出品类所有单品的信息，员工需手工计算某种分类或小分类的销售数据，极大地制约了品类管理的实施。另外，品类定义会随购物者购物习惯的变化而变化，如婴儿用品传统上分散于食品、服装、纸品等品类区域，为方便怀孕的妈妈或带着孩子的妈妈购物，出现了婴儿街、宝宝屋等购物区域，所有的婴儿用品集中陈列，一个新的品类（婴儿用品品类）应运而生。

2. 品类角色

连锁企业经营的商品成千上万，小分类也有好几百个，而一般企业的经营面积、人员配备、资金等资源有限，在实际经营过程中不可能对所有品类都给予平等的重视。那么，在实际的经营过程中，如何分配资源呢？品类角色便是用于资源投放的衡量依据，按不同的分类标准可以将品类分为不同的角色。

1）零售商导向的品类角色划分。根据销售额/毛利率模型，将不同的商品分为旗舰品类、吸引客流品类、提款机品类、受压潜力品类、维持观望品类和待救伤残品类六种角色。

2）顾客导向的品类角色划分。关注消费者的需求是品类管理的本质所在，根据经营商品的普及程度和购买频率对品类进行角色定位，是顾客导向的品类角色定位方法。根据此方法可以将商品分为主要品类、必要品类、差异品类和补充品类四种商品角色。

3）跨品类划分法。跨品类划分法本质上也是一种以顾客为导向的品类角色定位方法，是一种普遍应用的较为全面的品类角色划分方法。根据跨品类划分法，零售商的品类通常被分为四个单元，即目标性品类、常规性品类、季节性及偶然性品类和便利性品类。

3. 品类评估

品类管理实施之前，要对商店和品类现状进行评估。品类管理实施后，要对效果进行评估。品类评估不能只局限于销售、利润等财务指标，还需考虑库存、脱销、单位产出、人力投入等。因为品类管理涉及滞销单品的淘汰、货架的重新分配等，这些操作很大程度上优化了上述指标。品类评估还必须有深度，需进行跨门店评估、跨年度评估。

4. 品类评分表

品类评分表是相对于零售商而建立的品类角色实际效果分析工具，它可以使零售商的品类经理、供应商及经销商的管理人员的目标一致化。品类评分表是对品类角色和品类评估的提炼与总结。品类评分表提供了一个综合平台，将业务目标和衡量标准明确下来，通过统一的衡量标准反映实际情况与目标之间的差异，使得品类的整体状况一直被衡量和监控，以便随时发现问题，立即制定相关行动方案。

5. 品类策略

品类策略是制定相应的策略以满足品类的角色并达到评估目标的过

程，直接指导下一步战术的制定。品类策略的制定要做到因地制宜，根据零售商的目标和特点，基于顾客群分析、竞争对手分析、市场分析来制定品类策略。品类策略分为市场营销策略和产品供应策略两种。常用的品类策略有增加来客数、提高单价、促进销售、提升利润等。

6. 品类战术

品类战术是为实现品类经营策略和目标而采取的行动。品类战术的内容与市场营销组合策略十分相似，但更具体，更能体现零售业的特点。品类战术主要包括商品优化技巧、定价技巧、促销技巧、商品陈列技巧、新品供应技巧五个方面。

7. 品类计划实施

品类管理最重要的一步是品类计划实施。前面的流程靠几个人是可以完成的，但这一步需要采购、营运、后勤、财务等部门的有效协作。执行好的项目，品类管理作用会很快显现；执行差的部门，品类管理会因为执行走样而经受挫折。

8. 品类回顾

品类回顾是品类管理流程的最后一步。通过品类回顾，一方面评估目标的达成率，另一方面为下一次品类评估提供借鉴，进而调整品类评分表指标、品类策略和品类战术，完成新一轮品类管理。

问题 3　连锁卖场应如何按照总部要求的商品配置工作，完成本门店的商品配置修正工作？

商品配置表是用图表的方式将商品陈列位置及数量表示出来，供操作者按此表进行陈列作业，把商品摆放到哪个货架、摆放多少，必须要按照事先设计好的商品配置表来确定。运用商品配置表是将陈列纳入规范化、标准化、高效化管理的很重要的措施，是门店经营与管理商品最基本的工具。一个门店在开始营运之前，应先把商品配置表规划好，再进行硬件的配置与进货陈列。目前我国连锁企业普遍采用商品配置表对商品的陈列加以管理。

商品配置表，英语名称叫“facing”，日文名称为“棚割表”。“facing”是“商品排面做恰当管理”的意思。在日文中，“棚”意指货架，“割”则是适当的分割位置，也就是商品在货架上获得适当配置的意思。因此，商品配置表可以把商品的排面在货架上做出最有效的分配，并以画面表格规划出来。

（一）商品配置表的作用和功能

1. 有效控制商品品项数

每一个连锁企业的门店面积都是有限的，所能陈列的商品品项也是有限的，为此就要有效地控制商品的品项数。使用商品配置表，就能获得有效地控制商品品项的效果，使卖场效率得以正常发挥。

2. 有利于商品定位管理

卖场内的商品定位，就是要确定商品在卖场中的陈列方位、在货架上的陈列位置以及所占的陈列空间。商品配置表是商品定位的管理工具，有了商品配置表，才能做好商品定位。如不事先编制商品配置表，无规则地进行商品陈列，就无法保证商品持续一致、有序、有效地定位陈列。

3. 强化商品排面管理

商品的陈列排面管理，即提出商品配备和陈列方案，从而规划商品陈列的有效货架空间范围。在连锁企业门店所销售的商品中，有的商品销售量很大，有的销售量则很小，因此可用商品配置来安排商品的排面数。通常，畅销商品给予多的排面数，也就是占的陈列空间大。而销售量较少的商品则给予较少的排面数，即其所占的陈列空间也较小。对滞销商品则不安排排面，可将其淘汰。商品陈列的排面管理对于连锁企业提高卖场的商品销售效率具有相当大的作用。

4. 有效保护畅销商品

在连锁企业门店中，往往畅销商品的销售速度很快，若没有用商品配置表对畅销商品排面进行保护管理，常常会发生这种现象：畅销商品卖完了，又得不到及时补充，导致较不畅销商品甚至滞销品占据畅销商品的排面，形成滞销品驱逐畅销品的状况。这种状况会产生两个问题：一是会降低门店对顾客的吸引力；二是会使门店失去售货的机会，从而降低门店的竞争力。可以说，在没有商品配置表管理的连锁超市、便利店中，这种状况时常发生，而有了商品配置表管理后，畅销商品的排面是连锁企业总部检查门店商品补货与商品陈列质量的“重点”，成为连锁企业不断发现和分析畅销商品断档原因并加以改进的“关注点”。

5. 商品利润和控制管理

门店经营的商品中，既有利润较高的商品，也有利润低的商品。任何店铺都会希望把利润高的商品配置在好的陈列位置，多销售一些，提高整体利润；把利润低的商品配置在差一点的位置，以控制销售结构。而要达到这一目的，就需要通过商品配置表来对各种商品进行妥当的配置。

6. 连锁经营标准化管理的工具

连锁企业有众多的门店，各门店的商品陈列基本一致，促进连锁经营工作高效化，是连锁企业标准化管理的重要内容。标准化的商品配置表能使整个连锁体系内的商品陈列管理易于开展。同时，可以使商品陈列的调整和新产品的增设，以及滞销品的淘汰等管理工作的统一执行，有计划、有蓝本地高效开展。

（二）商品配置表的制作

每个商品都应占据一个相对稳定的空间，商品配置主要考虑该商品在商品结构中的地位，还要考虑商品配置对商品销售效果的影响，同时也应注意商品的关联性配置对销售效率的影响。

1. 商品配置表的制作原理

制作商品配置表最重要的依据是商品的基本特征及其潜在的获利能力。应考虑的因素为：

1）周转率。高周转率的商品一般都是顾客要寻找的商品，即必需品；其位置应放在商品配置表较明显的位置，还要与低周转率的商品有关联。

2）毛利。毛利高的商品通常也是高单价的商品，应放在较明显位置。

3）单价。高单价商品的毛利可能高也可能低；高单价又高毛利的商品应放在明显位置。

4）需求程度。在非重点商品中，具有高需求、高冲动性、随机性需求特征的商品，一般陈列在明显位置。销售力越强的必需品，给顾客的视觉效果应越好。其主要能见因素为：顾客的视线移动，一般由左到右；视线焦点一般在视线水平的商品；最不容易注意到最底层商品。

5）空间分配。运用高需求或高周转商品来拉顾客的视线焦点，纵横贯穿整个商品配置表；避免将高需求商品放在视线第一焦点，除非该商品具有高毛利的特性；高毛利且具有较强销售潜力的商品，应摆在主要视线焦点区内；潜在的销售业绩越大的商品，就应该给予最多的排面。

2. 商品配置表的制作程序

商品配置表的制作是一项实践性和操作性很强的工作，要求制作人员认真仔细，有很强的责任心。商品配置表的具体制作程序如下：

（1）确定分类商品配备

在调研的基础上，采购人员与门店管理人员共同讨论，确定超市的大分类商品的营业面积与陈列位置，绘制出大分类商品的配置表；针对每一大分类商品，确定相应的中分类，并配置到各自归属的大分类商品配置表中去，确定每一中分类商品的营业面积与陈列位置；依据同样方法将小分类商品的营业面积与陈列位置确定下来。

（2）确定单品项陈列量

单品项商品的陈列量要结合订货单位进行综合考虑，其目的是减少库存量，加速商品的周转。规划配置表时，要注意到陈列量与订货单位之间的比例关系，一般来说，每一个商品的陈列量最好是订货单位的 1.5 倍。例如，超市某商品的最低订货单位是 20 个，则陈列量设定在 30 个。

（3）确定货架数量

商品的陈列量和陈列面积是与商圈调查相联系的，如热销商品、常用商品可适当加大其陈列面积。同时，根据每个商品包装的特点和尺寸大小具体确定每个货架层面板之间的间距、陈列商品的货架位置和商品数量以及其他配件的数量及位置。在商品配置表上详细列出每一个商品的空间位置，每一个货架对应一张商品陈列表。

（4）确定单品项商品的陈列位置

结合企业的采购能力、配送能力、供应厂商合作能力、门店自我形象的塑造等因素，确定各单品项商品配置在货架上的位置，如上段、黄金段、中段还是下段等。黄金段通常优先考虑陈列那些易于采购、配送高效，或者与供应商合作紧密的商品，以加大这些商品的流通速度，为超市创造出可观的经济效益。找到商品合适的位置之后，要结合每种商品的销售个数来确定面朝顾客第一排商品的个数，第一排的商品数目要合理安排，过多或者过少都会影响超市的正常经营。

（5）执行商品配置表

公司制定好标准化的商品配置表之后，将商品配置计划落实到店铺经营中，按商品配置表进行陈列，并挂好价签，可以把实际陈列效果进行拍照留存；各门店必须严格按配置表上架陈列商品。

（6）修正商品配置表

按照实际的经营状况，可对商品配置表进行变更或修正。

（7）对商品配置表进行定期修正、调整

已进入正常经营店铺的商品配置也不可能一成不变，要根据经营状况定期更新，一个月或一个季度变更一次，一年大调整一次。这样才能确保店铺具有活力，增加店铺的新鲜感。图 1-2 为商品配置表示例。

<table>
<tr><td colspan="4">商品分类 No. 洗衣粉 (1)</td></tr>
<tr><td colspan="4">货架 No.12 制作人：×××</td></tr>
<tr><td>180
170
160
150</td><td>白猫无泡洗衣粉
1000 克
4F 120001 12.2</td><td>奥妙浓缩洗衣粉
750 克
4F 12005 18.5</td><td>奥妙浓缩洗衣粉
500 克
4F 12006 8.5</td></tr>
<tr><td>140
130
120</td><td colspan="2">白猫无泡洗衣粉
500 克
2F 12002 6.5</td><td>奥妙超浓缩洗衣粉
500 克
3F 12007 12.5</td></tr>
<tr><td>110
100
90
80</td><td colspan="2">白猫无泡洗衣粉
450 克
2F 12003 2.5</td><td>奥妙手洗洗衣粉
180 克
6F 12008 2.5</td></tr>
<tr><td>70
60
50</td><td colspan="2">佳美两用洗衣粉
450 克
4F 12004 2.5</td><td>碧浪洗衣粉
200 克
6F 12009 2.8</td></tr>
<tr><td>40
30
20
10</td><td colspan="2">地毯洗衣粉
500 克
4F 12011 12.8</td><td>汰渍洗衣粉
450 克
4F 12010 4.9</td></tr>
</table>

商品代码	品名	规格	售价	单位	位置	排面	最小库存	最大库存	供应商
12001		1000	12.2	桶	E1	4	3	8	
12002		500	6.5	袋	D1	2	15	30	
12003		450	2.5	袋	C1	2	20	32	
12004		450	2.5	袋	B1	4	32	50	
12005		750	18.5	盒	E2	4	12	40	
12006		500	8.5	盒	E3	4	8	20	
12007		500	12.5	袋	D2	3	15	45	
12008		180	2.5	袋	C2	3	25	90	
12009		200	2.8	袋	B2	6	35	90	
12010		450	4.9	袋	A2	4	4	40	
12011		500	12.8	袋	A1	4	12	42	

图 1-2　商品配置表示例

注：① 位置是最下层为 A，二层为 B，三层为 C，四层为 D，最高层为 E，每一层从左至右，为 A1、A2、A3、……、B1、B2、B3、……、C1、C2、C3、……、D1、D2、D3、……、E1、E2、E3……

② 排面是每个商品在货架上朝顾客陈列的面，一面为 1F，二面为 2F……

③ 最小库存以一日的销售量为安全存量。

④ 最大库存为货架放满的陈列量。

问题 4　如何进行商品配置表的修正？

任何一家连锁门店，商品配置不是永久不变的，必须根据市场和商品的变化做出调整，这种调整就是对原来的商品配置表进行修正。商品配置表受到节日、促销活动、流行趋势、商品功能的替代性等因素的影响，需要在一定时间内做出相应调整。商品配置表的修正一般是在固定时间进行，可以是一个月或一个季度修正一次，但不宜随意进行修正，因为随意进行修正会出现商品配置凌乱和不易控制的现象。商品配置表的修正可按如下程序进行。

（1）分析月销售状况

超市对商品的月销售状况作分析的过程中，能够总结出哪些商品畅销、哪些商品滞销、哪些商品销售状况一般。现代连锁企业都配备了POS系统，它会根据商品的进货量和库存量很快统计出商品销售情况，并且进一步分析原因。

（2）淘汰滞销商品

经销售统计可确定滞销商品，但商品的滞销原因很多，可能是商品质量问题，也可能是商品定价不当、商品陈列的位置不理想，或是受销售淡季的影响，还有可能是某些供应商的促销配合不好等。超市对于无法进行改善的滞销商品进行淘汰，以免影响超市总体销售利润。

（3）调整畅销商品，导入新商品

对畅销商品，超市要适当增加其陈列排面，并对其在货架上的位置进行调整；对于淘汰滞销商品而空出来的货架排面，应该导入新商品。

（4）执行新的商品配置表

新的商品配置表的下发，就是卖场进行商品调整的依据。

技能训练

学生以学习小组为单位，以校园小超市为研究对象，制作商品配置表，并做交流展示；或在调研的基础上，对校园小超市进行商品配置表的修正。

二、商品的进、存货管理

任务要求

通过对任务的分析掌握订货、验货、退换货及调拨作业方面的知识，并掌握商品订货的流程；同时形成商品的进、存货管理思路。其主要环节工作内容如表1-4所示。

表1-4 主要环节工作内容

工作环节	工作内容
理解任务	研究任务的需求要点
知识认知	明确卖场进、存货的6个知识性问题：什么是大卖场的订货作业，订货作业的流程是什么；卖场的进货作业流程是什么，验收人员的工作职责是什么；卖场的收货作业流程是什么；什么是卖场的退换货作业；什么是卖场的调拨作业；什么是卖场的存货管理
工作成果	明确商品进、存货管理的主要内容，并熟悉进、存货管理的流程

问题1 什么是大卖场的订货作业？订货作业的流程是什么？

大卖场的订货作业是指卖场依据计划向总部配送中心或总部所确定的供应商及自行采购单位，进行的叫货（或称为添货）的活动。

案 例

集中采购模式——沃尔玛

1962 年，当沃尔玛第一家店在阿肯色州的一个小镇罗杰斯城开业时，由于其位置偏僻，路途遥远，供应商很少愿意为其送货。因此，山姆·沃尔顿不得不在总部所在地本顿威尔建立了第一家配送中心，显然，一家店不可能单独支撑一个配送中心的运营成本，于是，他又以该配送中心为核心，在周围一天车程即 500 千米左右的范围内迅速开店。获得成功后，又迅速复制该运营模式。

（资料来源：http://wenku.baidu.com/view/fc08b725dd36a32d737581be.html?from=search.）

微课：订货作业的方式和流程

（一）订货方式及订单

1. 订货方式

（1）集中式订货

集中式订货指连锁企业的各卖场均将订单传送至连锁企业总部，由总部汇总后，再通知物流中心自行配送，或由厂商配送。集中式订货，实现了连锁卖场的规模化经营，统一的配送、统一的陈列、统一的促销策划、统一的核算，能真正地发挥连锁卖场的优势。

（2）分散订货

分散订货主要指部分分散订货，是指连锁门店总部对各分店的区域性较强的商品，以及一些需要勤进快销的生鲜品实行分散订货，由各卖场自行组织订货，而总部则对其他商品进行集中订货。分散订货具有较强的灵活性，使分店可以根据自身的特征采取弹性的订货方式，确保卖场业绩的实现。

案 例

分散采购模式——家乐福

家乐福采用供应商直供的模式。由于家乐福的选址绝大部分在一个城市的黄金商圈，且强调的是“充分授权，以店长为核心”的运营模式，因此商品的配送基本都以供应商直送为主，这样做的好处主要有以下几方面。

1. 送货快速、方便

由于供应商资源多集中于同一个城市，上午下订单，下午商品就有可能到达，将商品缺货造成的损失成本大幅降低。为了减少资金的占用及提高商品陈列空间的利用效率，超大卖场基本都采取“小批量，多频次”的订货原则，同城供应商能更有效地帮助此原则的实现。相对而言，沃尔玛的许多商店坚持的是中央集中配送的模式，由于路途的原因，虽然有信息系统的强大支撑，但商品到货的速度还是相对缓慢，因此在有的门店，“此商品暂时缺货”的小条在货架上随处可见。

2. 便于逆向物流

商品的退换货是零售企业处理过时、过期等滞销商品的最重要手段。如果零售商采用的是供应商直送的商品配送模式，零售商与供应商的联系与接触非常频繁，因此商品退换货处理也非常迅速，但如果采用中央配送模式，逆向物流所经过的环节大为增加，因此速度也相对变缓。

（资料来源：https://zhidao.baidu.com/question/47493385.html.）

2. 订单

（1）订单的定义

订单是指本公司通知供货厂商送货的书面凭证，也是公司收货和财务付款的重要资料。

（2）订单的分类

1）生鲜日订单。它是生鲜部门每日订货的单据，订货量由营运部门人员根据实际需求量填写。

2）RPS 订单。电脑系统对被设定为再订货系统（reorder proposal system，RPS）订货之商品，根据其被设定的订货条件、目前库存、在途货量及库存天数等计算出的建议订货数量。分店店长每日拿到建议订货数量报表后，根据历史销售量、未来销售趋势等调整建议订货数量，生成真正的订单。由此产生的订单，我们称之为 RPS 订单。它是对非促销商品设计的。

3）手工订单。指由人工依据商品库存量及需求，填写订货申请单，经由 ALC（administration logistics and control）列印出来的订单。促销商品用手工订单。

知识拓展

世纪联华超市的订货流程

1）系统订单，每周 2 次（周一、周四），B2B 平台可查看。

系统建议订货量＝平均销量×销售系数×（订货间隔＋供应商到货期限＋物流到货期限＋安全库存天数）＋最小库存－期末库存－在途订货＋预估退货

2）手工订单随时可下，B2B 平台可查。多为新品订单、团购订单及活动补单。使用较少，须由店长签字。

（资料来源：https://wenku.baidu.com/view/ea57658283d049649b665848.html.）

（二）卖场订货流程

1. 门店订货

从门店自身角度出发订货的流程见图 1-3。

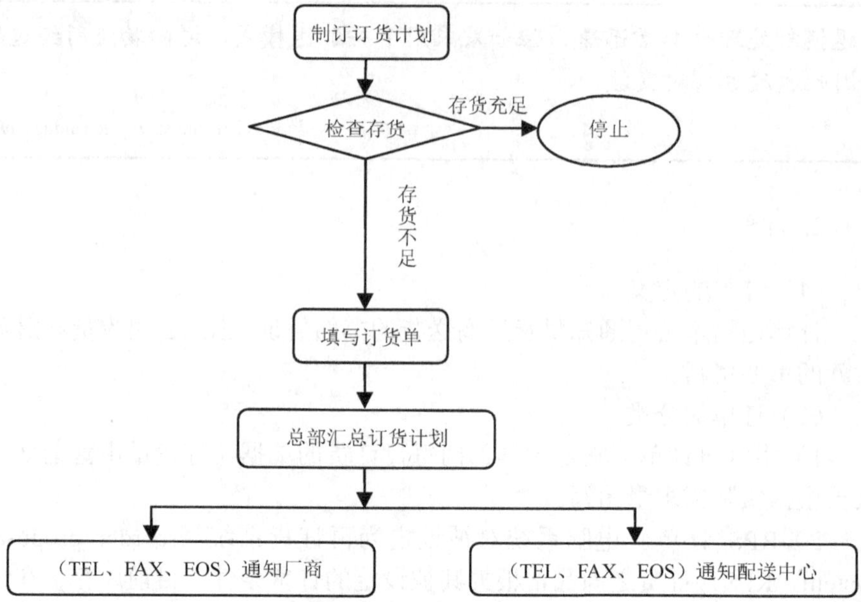

图 1-3　门店订货流程

（1）制订订货计划

由于到货时间上的延迟性，不可能等到缺货时再订货，因此应适时、适量地进行订货。制订订货计划时应考虑商品的订货周期、配送周期的安全存量、最小库存量、订货方式等因素。订货计划表见表 1-5。

表 1-5　订货计划表

门店名称：　　　　　　　　　　　　商品类别：　　　　　　　　　　　　制表日期：

品种	货号	供应商编号	规格	数量	单价	金额	购进方式	提货方式	订货日期	到货日期

（2）检查存货

订货人员根据规章制度，定期检查各个商品库存，当库存量小于安全库存量时，应及时发出订货单。

（3）填写订货单

在填写订货单时要注意准确无误。随着我国连锁经营规范化的发展，越来越多的连锁企业门店开始采用电子订货系统（electronic ordering system，EOS）。订货信息汇总到总部或传达到厂商后，由总部来配送商品或由厂商直接配送。

2. 门店订货的注意事项

（1）存货检查

考虑订货，处理过量商品，检查品质（有效期限及品质）。

（2）适时订货

注意时效性（超过订货时间视为逾期）。

（3）适量订货

确定商品每日的销售量、订货至送达门店的前置时间、商品的最低安全存量、商品的规定订货单位等。

知识拓展

某卖场订货要求

1）订货人员必须每天关注到货情况，及时补单，一般由收货部填制每日到货报表，供订货人员参考。

2）订货人员必须每周分析订货金额、到货金额、退货金额、预计销量、实际销量等数据和相关差异。

3）在月中，进货金额小于月中的销售额预算或实际销售额是非常危险的情况，必须跟进相关商品的订货，不然会出现缺货现象。

4）一般员工和促销人员不能参与部门订货。

5）订货是一项技术性很高的工作，没有相应的销售经验和判断能力，是不能负责订货工作的。

6）对员工要进行订货技能的培训，培训合格才可上岗。

（资料来源：中国连锁经营协会校企合作小组，2014. 连锁门店营运管理[M]. 北京：高等教育出版社.）

订货与补货的区别

订货指零售企业向供货商直接要货，简单说就是采购；补货是指零售企业门店直接向配送中心或总部要货，或者称为配送调拨。补货基本上属于企业内部流程范围，有的零售企业把补货工作称为“向配送中心点菜”，这样的提法非常形象。

（资料来源：https://wenku.baidu.com/view/623d0fee0c22590102029d6e.html.）

3. 补货流程

1）电脑根据销售量生成订货单。

2）门店当日在电脑中查询订货单，根据实际情况做手工订货补充，然后录入电脑。门店做手工订货补充的商品主要是促销商品和堆头商品。

3）采购部将电脑订货单和门店补充的订货单传给供应商订货。注意：新商品订货单由采购部直接向供应商发送。

知识拓展

沃尔玛的卫星信息传输系统

通过互联网与供应商信息共享，沃尔玛通过计算机联网和电子数据交换系统来与供应商分享信息，让供应商在第一时间内了解自己的产品在沃尔玛的销售和存货情况，以便于及时安排生产和运输，从而提高了供应商的经营效率，降低了供应商的成本，这也是供应商愿意向沃尔玛提供低价产品的原因之一。

（资料来源：http://www.docin.com/p-830192604.html.）

问题 2　卖场的进货作业流程是什么？验收人员的工作职责是什么？

大卖场的进货作业是指订货后对厂商或配送中心送来的商品进行接收或验收，从而使商品进入卖场或内仓。

进货作业对供应商或配送中心来说就是“配送”，而对门店来说，其作业重点就是“验收”。

（一）进货作业的流程

1. 卖场进货作业流程

卖场进货作业流程如图 1-4 所示。

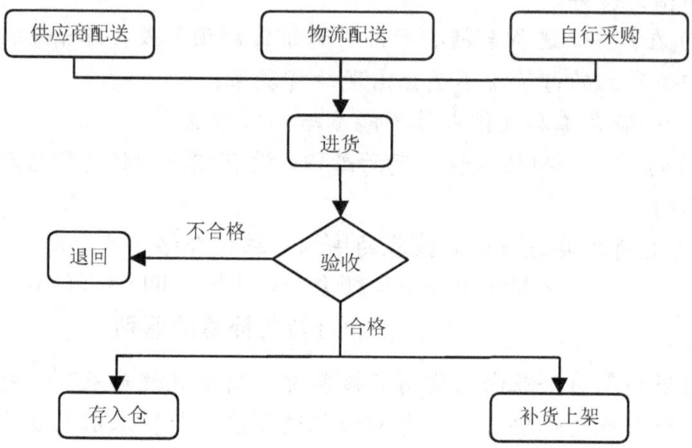

图 1-4　卖场进货作业流程

2. 进货作业注意事项

1）严格遵守企业总部规定的时间。
2）先办退货再办进货。
3）订货单、送货单、发票要齐全。
4）商品整理分类要清楚，并进行验收。
5）验收后部分商品直接进入卖场，部分则存入内仓或进行深加工后进入卖场。

（二）验收人员的工作职责

1）整理后场环境整洁。
2）将商品按收货单内容进行清点。
3）按总部的验收办法验收商品。
4）验收结束，再由理货员确认。
5）厂商退货必须检查退货单。

6）供应商带回的空箱，必须由验收人员检查确认。

7）门店员工购物，必须由验收人员检查确认。

知识拓展

卖场商品拒收标准

罐头食品：凹凸罐，外壳生锈，有刮痕，有油渍等。

腌制食品：包装破损，真空包装已漏气、漏液。

调味品：包装不密封，破损潮湿。

食用油：漏油，油脂混浊不清，有沉淀物或泡沫。

饮料类：包装不完整，有漏气、杂物、凹凸罐。

糖果饼干：包装破损不完整，内含物破碎、受潮。

冲调饮品：内含物因受潮成块状，真空包装漏气。

米及面食：内含物受潮、结块，内含物生虫或被虫蛀。

百货类：破损断裂划伤污渍，商品有瑕疵。

冷冻食品：商品形状不完整，颜色异常，解冻商品有软化现象。

加工肉品：商品发黑无光泽；商品过白的则表示可能含有漂白剂。

冷藏食品：奶制品颜色混浊、有沉淀物、结块。

豆制品：发霉，有酸臭味及黏液。

蔬菜水果：叶菜类蔬菜叶面有黄斑；西红柿、茭瓜、茄子有大量压伤；硬水果有虫眼，有花斑；软水果出水、变霉；瓜类有压伤，有大量未成熟。

（资料来源：http://www.cneln.com/club/pubset/column_list_detail.php?id=6402.）

问题 3 卖场的收货作业流程是什么？

收货是连锁卖场营运的第一环节，把好收货关是卖场营运顺畅的第一前提。卖场收货作业流程有不同的情况。

1. 总部配送中心配送商品的收货流程

1）配送车到达门店后，收货部准备好商品收货单据。

2）收货员引导配送车停在门店后部指定的出入口，提前空出卸货场地，卸货全过程要求司机在场。

3）对于整车配送，收货员打开车门后，应检查商品是否有倒塌现象。如有，应该与配送中心联系，并对全部配送商品进行明细验收。

4）卸货后，收货员根据配送商品单据对商品清点验收，如无误，司机离去。

5）按商品明细验收后，将配送商品分类存放在相应区域。如有差异，与配送中心联系并解决问题。

6）收货部传单员将单据传给柜组和票据办。

2. 由供应商直接配送到卖场的商品收货作业

1）建立并公布一个既方便供应商又方便门店的收货进程表（按天和小时），同时规定所有供应商直送商品必须由门店后部指定的出入口进入。

2）送货员需提供一份订货单、一份送货单。

3）要核对进货单据与订货单上所开列的商品品名、规格、金额是否相符。

4）要核对进货单据与实物是否相符。

5）清点购进的每一件商品，即使商品已装箱密封，也应打开所有箱子和盒子以核实商品的数量、大小等。如果订货单上该商品的数量在 20 箱以上，可以抽查 6 箱。一般开箱检查率为 30%。尤其是对散箱、破箱，必须进行拆包、开箱查验，核点实数。

6）对变质、损坏、过保质期或已接近保质期的商品拒收。

7）验收合格后方可在进货单据上签字、盖章。

8）如果供应商的实际供货少于进货单据上注明的数量，应要求供应商为这些短缺的货物给门店出具一个有供应商签名的补偿担保。

9）柜组对照商品验收单验收商品进行抽验，无误签字。

10）传单员将送货单据传给柜组和票据办。

问题 4　什么是卖场的退换货作业？

1. 退换货的原因

1）品质不良。

2）订错货。

3）送错货。

4）过期货。

5）代销商品。

6）总部明确的滞销品等。

2. 退换货作业

1）退换货作业可与供应商或配送中心进货作业相配合，利用进货回程顺便将退换货带回。一般定期办理（如每周一次或每 10 天一次），以提高其作业效率。

2）与厂商协调确定退货的日期、扣款方式等。

问题 5　什么是卖场的调拨作业？

调拨作业是连锁企业门店之间的作业，它是某门店发生临时缺货，且供应商或配送中心无法及时供货，而向其他门店调借商品的作业。

1. 调拨发生的原因

1）门店销售急剧扩大，而存货不足。
2）供应商送货量明显不足。
3）顾客临时下大量订单。

2. 调拨前的注意事项

1）若有临时大量订单，最好先联系其他门店。
2）商品调入与调出，须在店长同意下进行。
3）调拨车辆安排。
4）工作人员与时间安排。

3. 调拨时注意事项

1）填写调拨单，并签名确认。
2）由双方门店验收检查并确认。
3）调拨单一式两联。
4）调拨单需定期汇总送至总部会计部门，以配合账目处理。

4. 调拨后注意事项

1）拨入、拨出门店均须检查存货账与应付账是否正确。

2）拨入门店应注意总结教训，重新考虑所拨入商品的最低安全存量、每次订货量以及货源的稳定性，尽量避免重复发生类似事件。

问题 6　什么是卖场的存货管理？

1. 仓库作业管理

仓库作业管理是指连锁企业门店商品储存空间的管理作业。一般而言，门店配送能力能跟得上的话，门店最好不设内仓而实施无仓库经营商品，即零库存。根据目前国内的配送情况，门店如果不设内仓将会发生严重的商品缺货情况。

讨论：零库存的好处是什么？实现零库存的条件是什么？

目前，由于我国商品配送能力有限，门店实施无仓库经营较困难，许多门店要么设置内仓要么将货架加高，将上层作为储存空间，保持一定商品储备，以保证门店正常销售。

2. 仓库作业管理应注意的问题

1）库存商品要进行定位管理。要与商品配置表的设计相似，即将不同的商品按分类、分区管理的原则来存放，并用货架放置。仓库内至少要分为三个区域：第一，大量存储区，即以整箱或栈板方式储存；第二，小量存储区，即将拆零商品放置在陈列架上；第三，退货区，即将准备退换的商品放置在专门的货架上。

2）区位确定后应制作一张配置表，贴在仓库入口处，以便于存取。小量储存区应尽量固定位置，整箱储存区则可弹性运用。若储存空间太小或属冷冻（藏）库，也可以不固定位置而弹性运用。

3）商品存放不可直接接触地面，一是为了避免潮湿；二是由于生鲜保存的规定；三是为了堆放整齐。

4）要注意仓储内的温度与湿度控制，保持通风良好，干燥、不潮湿。

5）仓库内要有安全设施。仓库内要设有防水、防火、防盗等设施，以保证商品安全。

6）商品要遵循先进先出的原则。商品储存货架应设置存货卡，商品进出要注意先进先出的原则；也可采取色彩管理法，如每周或每月采用不同颜色的标签，以明显识别进货的日期。

7）仓库管理人员要与订货人员及时沟通。

8）仓储存取货要配合卖场销售的实际需要。

9）商品出库要做好登记。

3. 坏品处理作业

坏品指的是门店在销售或储存过程中发生的过期商品、包装破损不能再销售的商品，或因门店停电、水灾、火灾、保管不善造成的瑕疵品。损坏物品也会给门店带来很大的损失。

坏品处理的注意事项如下：

1）店长应查清坏品发生的原因，并尽快处理。坏品必须登记详细，记录进坏品统计表和坏品记录表。发生坏品的责任在门店，门店必须反省，不可退换的坏品不可任意丢弃，必须做好记录、集中管理。

2）要使门店的进货与存货作业完善和有效率，门店必须配合采用现代化的管理方式以及借助现代化的信息技术，最终达到降低门店的管理成本的目的，促进经营绩效。

学习效果

能利用实训室的模拟软件，进行订货、进货、收货与退换货的模拟操作。

三、商品陈列管理

任务要求

通过对任务的分析，清楚商品陈列的主要工具，并知道如何按照总部标准进行商品陈列操作，以便完成卖场商品陈列的维护。其主要环节工作内容如表 1-6 所示。

表 1-6 主要环节工作内容

工作环节	工作内容
理解任务	研究任务的需求要点
知识认知	明确商品陈列的主要工具与商品陈列的维护的 4 个问题：怎样对商品陈列的工具进行管理；商品陈列的原则是什么；商品陈列规范与检查要点是什么；如何对商品陈列进行控制
工作成果	能按商品陈列原则在陈列工具上陈列商品，并能对商品陈列进行检查与控制； 陈列堆头，也叫“打堆头”，它是卖场进行堆头商品陈列的俗称，是连锁经营管理专业学生必备的技能之一

技能训练

组织学生进行“创意堆头陈列”的陈列技能大赛，地点选择在一家超市或校内实训场地

问题 1 怎样对商品陈列的工具进行管理？

店内所有商品的陈列都必须通过陈列的道具和设施来辅助才能完成，因此熟悉各种陈列设施和配件，对于做好陈列是非常重要的。

商品陈列是指将销售的商品或服务，通过一定的方法和技巧，利用道具，将商品或服务有规律地摆设、展示，刺激消费者购买，提高销量。商品陈列工具的正确使用不仅能彰显商品，吸引顾客，而且便于商品的管理和归纳场地。卖场商品陈列的工具主要包括货架、端头和堆头、特价柜、促销台等。

良好的商品陈列是“沉默的推销员”，会令顾客感到赏心悦目，能有效吸引顾客的注意力和刺激顾客的购买欲望。目前，卖场销售约有 70%来自顾客的冲动购买，好的陈列能提高 10%以上的销售额。但良好的商品陈列必须有匹配的商品陈列工具与设施。下面介绍一些超市常用的陈列道具。

（一）货架管理

1. 货架规格与类别

大卖场商品陈列主要是通过货架展示的，货架是商店与消费者接触的界面，70%的店内营业额是由货架创造的，卖场 95%的营业利润来自货架产出，货架管理效率＝零售店的经营效率，适当的货架分配能防止缺货且能维持铺货的品项，正确的货架管理能减少临期品发生。

大卖场货品陈列丰富，所以对货架承重的要求较高。随着竞争的激烈化，卖场内货架的形式越来越多。

（1）货架规格

卖场货架规格，高度一般 90～180 厘米，宽度为 40～70 厘米，深度为 40～50 厘米。大卖场货架一般使用 1.65 米高的货架和 1.8～2.2 米的货架等；亚洲地区，如日本、中国香港的货架高度普遍比欧美货架低 15～20 厘米，采用 1.7 米高、1 米长的货架，适合东方人的身高，中国内地的连锁企业普遍采用这种规格的货架，如图 1-5 所示。

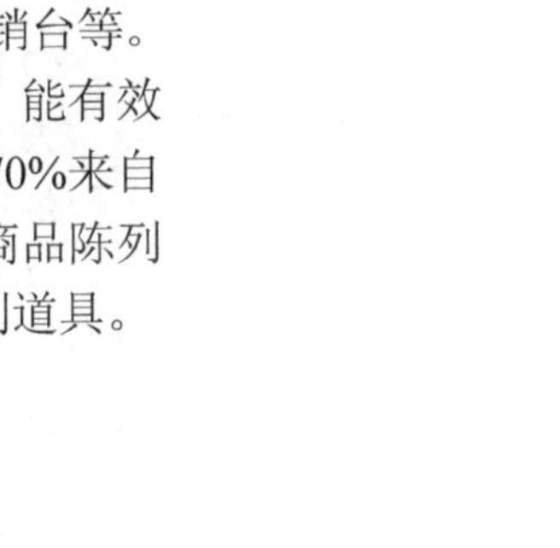

图 1-5 卖场货架

案　例

沃尔玛兵败韩国事出有因

2006 年，沃尔玛兵败韩国。其中原因之一是沃尔玛企业不够了解韩国消费者的需求，忽视了很多细节。沃尔玛的卖场像仓库一样，货柜很高，货品一直堆到天棚。在食品的多样性方面，沃尔玛的部分卖场甚至放弃了新鲜食品的进货，大量购进价格便宜的冷冻食品，无法满足韩国消费者在新鲜度方面的要求。韩国消费者不习惯一次性购买大量商品，而是喜欢精挑细选，对价格反而不太敏感。沃尔玛的低价产品固然诱人，但低价可能带来品质上的缺陷，使沃尔玛失去了购买力强的高端客户群体。

作为超市购物主力，韩国女性消费者喜欢舒适明亮的百货商场式购物环境，不习惯沃尔玛简陋灰暗的会员制卖场，特别是几米高的货架对身材娇小的韩国女性来说很不方便。因此，有专家在沃尔玛进入韩国时就建议其将货架改成 1 米多高的卖台，改善店内照明，营造舒适的购物环境。但沃尔玛并没有采纳，使其消费者流失，消费者选择了符合韩国人消费习惯的本土卖场购物。

思考：从以上案例你得到什么启示？

（资料来源：https://club.1688.com/article/1474457.htm.）

（2）货架类型

大卖场的货架一般分为两种：一种是靠墙货架，沿卖场四周墙壁摆放；一种是中心货架，根据卖场布局设置在卖场中间位置。

目前，大卖场的货架以钢质为主，另外，根据陈列商品的类型不同选择不同材质的货架，如陈列针纺类商品可以选择木质货架，上下左右的隔壁可以选择塑料材质或玻璃材质，以体现商品的识别感和层次感。

2. 货架管理的重要性

连锁企业管理必须一直管理到卖场的货架上，商品销售实践显示，在货架上的商品生动化陈列，是市场销售环节中连接消费者的最终桥梁。合理的货架陈列，有利于卖场销售业绩的提升。研究表明，成功的货架管理能使销量增加 18%～20%。

卖场的销售主要是自助式的，所以，卖场应遵循对货架管理的原则：首先，良好的货架管理，利于消费者比较与选择，帮助他们迅速发现目标；其次，注意不同类别的商品摆放，尽量做到分门别类；最后，货架管理中的黄金位置，以消费者视线为中心来决定。

知识拓展

怎样管理货架的黄金位置

货架管理的黄金位置（图 1-6）是以消费者的视线为中心来选择的。在国内市场，黄金位置是以中国家庭主妇的平均身高 160 厘米为基准，离货架 70～80 厘米，容易看得到的范围是视线下 20° 角的区域为中心，向上 10° 和向下 20° 之间；用手最容易拿到的高度是 80～130 厘米，相对容易拿到的高度是 65～155 厘米，用手拿到的极限高度上方为 155～175 厘米、下方为 35～65 厘米。

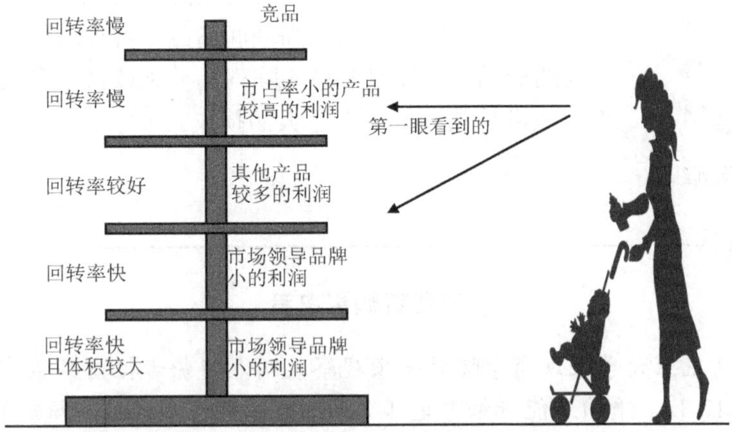

图 1-6　视平线上下 30° 角范围内的黄金位置

有的时候，如果产品摆放位置过低，虽然有存货在货架上，但是会形成通常所说的“视觉上的脱销”，这种情况与实际的产品脱销本质上没有区别，但都会造成销售上的损失。

（资料来源：http://www.bytc.cn/huojiazhishi/513.html.）

3. 货架陈列管理

货架陈列是连锁卖场开架式陈列的最基本方法，这种方法是将商品陈列在固定好的货架上，陈列货架一般高 165～180 厘米，长 90～120 厘米。货架按高低从上至下分为四个段位。这四个位置包括黄金陈列段、上段、中段、下段。四个位置的商品应根据陈列的要求加以设定。

货架陈列法最适合周转快的商品。下面以目前普遍使用的高度为 165 厘米的货架为例，将商品的陈列段位作四个区分，并对每一个段位上应陈列何种商品作一个设定，见表 1-7。

表 1-7　货架商品集中陈列表

陈列的层面	货架层	陈列的商品	销售量百分比/%
上段 120～160 厘米	第一层	陈列一些推荐品或有心培育的商品，该商品到一定时间可移至下一层即黄金线	10
黄金线 90～120 厘米	第二、三层	通常陈列高利润的商品；自有品牌、独家进口商品或重点销售商品，但不陈列低毛利商品	40
中段 50～90 厘米	第四层	通常陈列一些低利润但顾客需要的商品	25
下段 10～50 厘米	下层	通常陈列一些回转率很快、易碎、体积大、分量重或毛利很低的商品或消费弹性低的商品	25

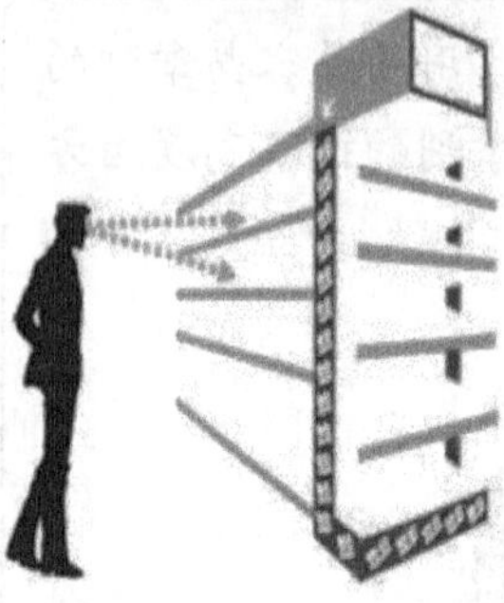

图 1-7　黄金陈列线

综上所述，货架陈列管理中的黄金陈列线尤为重要。以高度为165厘米的货架为例，将商品的陈列段位进行划分：黄金陈列线的高度一般在90～120厘米，它是货架的第二、三层（图1-7），是眼睛最容易看到、手最容易拿到商品的陈列位置，所以是最佳陈列位置。此位置一般用来陈列高利润商品、自有品牌商品、独家代理或经销的商品。该位置最忌讳陈列无毛利或低毛利的商品，那样对零售店来讲是利润上一个巨大的损失。

知识拓展

消费者购买决策

美国宾夕法尼亚大学沃顿商学院的一项观察表明，消费者把商品从货架上拿到购物筐里平均要用12秒，平均只能仔细考虑1.2个品牌。也就是说，在短短的12秒，消费者决定买哪一个品牌、哪一个规格、哪一种口味。当然，是在价格可以接受的前提下。

美国研究资料表明，一个商店只有40%品类的商品被购买，在被购买的商品中，只有47%是有计划购买的，而英国的资料表明只有33%是有计划购买的。

（资料来源：饶君华，2014. 连锁门店营运管理[M]. 北京：高等教育出版社.）

（二）端架管理

所谓端架是卖场的中央陈列货架的两端，主通道两侧的端架也叫作N架，N为英文单词new的第一个字母，表示新货。端头管理的优劣关系到连锁卖场形象。

端架管理的好坏将影响营业额、卖场的形象及库存情况。在卖场中，中央陈列架的两端是顾客通过流量最大、往返频率最高的地方，从视角上说，顾客可以从三个方向看见陈列在这一位置的商品。因此，端头是商品陈列极佳的黄金位置，是卖场内最能引起顾客注意力的重要场所。同时端架还能起到接力棒的作用，吸引和引导顾客按卖场设计安排不停地向前走。引导、提示、诉求可以说是其主要功能，所以端头一般用来陈列特价品，或要推荐给顾客的新商品，以及利润高的商品。在端头陈列架商品的配置上，一部分可以是跌幅很大的特价品，另一部分可以是高利润的商品或新商品。

1. 适合于端架陈列的商品

1）用于对新产品的介绍、推广。
2）高利润商品。
3）敏感性商品。
4）高周转商品。

5）特卖、滞销商品。

6）DM 快讯商品。

2. 端架商品陈列要求

1）在进行商品陈列时，要考虑品类集中的问题，不可出现跨品类陈列，同一排面尽可能陈列同类单品。

2）一个端架原则上只陈列一个单品，并商品与上隔板要留有足够多的空隙（以便顾客取放商品），侧面不留空洞，如图 1-8 为端架商品错误陈列的一种情况，图 1-9 为正确陈列的情况。

图 1-8 端架商品错误陈列

图 1-9 端架商品正确陈列

3）若是同品牌、规格、价位、不同口味或颜色商品陈列在一起，必须纵向陈列，但单品个数最好不超过两个。

4）端架陈列时商品价签放在视线平齐一层层板中间位置，当陈列两个单品时，需放在每个单品的左边。

5）所在端架最上层的层板必须调整到最高一个柱孔，确保端架高度统一。为减少库存积压，最高一层层板上方不做商品陈列。

6）端架陈列商品除黄金面位满陈列外，其他高度陈列单层，袋装的在后面垫空箱处理。

7）饮料等整件售卖的商品，在做端架陈列时，最下两层做整件整理，而且要有明显的价格的标识。

8）易碎商品陈列时必须加防护网。

9）每个端架必须配有大的价格牌，同通道内确保高度一致，和排面垂直悬挂。

10）所有层板都必须安装价格条。

11）端架使用挂钩陈列时，最顶层不加层板，端架需要调整到端架立柱最高的一个柱孔。

12）端架陈列应配有悬挂的 POP，并用特殊爆炸签放置货架黄金陈列位（1.2～1.6 米）。

3. 理货员的职业素养

超市理货员看起来只是做简单的整理货架工作，但在这简单工作的背后是无尽的重复和烦琐，工作单调却需要耐心细致。作为超市工作人员，必须让自己负责的区域保持清洁，整理货架排面，除了保持货架的商品充足、整齐之外，货物大小则是从上到下依次排列，换标签时要检查一下有没有临近保质期的食物，从而及时地换货和调整，这样顾客才能更满意地选购商品。

（三）堆头管理

堆头是指超市商品所形成的商品陈列，有时是一个品牌产品单独陈列，有时会是几个品牌的组合堆头。可放在花车上，或箱式产品直接堆码在地上，见图 1-10。

（a）　（b）

（c）　（d）

图 1-10　堆头陈列

堆头可以分为一般陈列堆头和形象陈列堆头，有平面型、梯形和特异型。

堆头陈列是最能突出商品表现力的陈列方式，而且堆头高度运用得当，可以增加卖场错落有致的感觉。对顾客而言，形象特色的陈列不仅增加了顾客对商品的印象，还能勾起顾客购买的欲望，从而也促进了商店的销售。

1. 堆头商品的选择

1）商场为了与竞争对手区别，选择吸引顾客、提高销售而主动让利的产品作堆头展示，可取得比周边竞争对手价格更低的优势。

2）供应商为了促进自身商品的销售而主动进行的促销调价，这种降价可能与周边市场同时进行。

3）本商场有特色的商品，如自有品牌商品。

4）新引进的商品，为了推广新商品而特意做堆头陈列。

5）供应商为了促进销售，愿意认缴堆头费从而取得某一堆头的陈列权。

6）做限时限量销售的促销商品。

知识拓展

端架、堆头资源的分配

端架、堆头一般都是供货商要向超市缴纳一定的费用才能申请到。对于最佳的堆头地段，供货商甚至需要通过激烈的竞争，付出最高价才能争取得到。这时，端架、堆头按供应商要求陈列，但时间到期，端架、堆头立即更换。端架、堆头商品陈列一般与DM广告一致。

（资料来源：饶君华，2014. 连锁门店营运管理[M]. 北京：高等教育出版社.）

2. 堆头商品的陈列管理

1）一个堆头原则上陈列一种单品，最多不超过两种，且价格低的商品陈列在最前面。

2）堆头陈列的商品高度应在1.4米左右。

3）堆头要和前N架对齐，主通道陈列的堆头应成一条直线。

4）堆头陈列的商品要有栈板（卡板）垫底，商品不能直接接触地面。

5）堆头陈列的罐装商品码放不超过两层，纸箱下面朝上，两箱之间不能留空隙。

6）堆头陈列的商品应以卡板尺寸为准，不能超出。

7）堆头与堆头之间的距离要保留相当于一个栈板左右的尺度；至少保持两辆购物车能同时通过的距离。

8）堆头商品必须有POP配合。

9）整箱打底的商品要交叉码放，可以采用空箱的方法进行陈列。

3. 堆头陈列的注意事项

1）陈列位置选择消费者最常走的路线。

2）堆箱陈列时，注意底垫的稳固性，可以使用交叉堆法、POP，产品包装下面均应面对消费者，高度适宜，容易拿取；在无固定、特制的堆头及陈列架的情况下，将成箱产品按箱体结构和商标印刷格式合理切割，一般以下面梯形剖至下腰部，既可使产品充分展示，又可利用箱体进行简易陈列。

3）堆箱时，注意底垫稳固性，可以使用交叉堆法，或使用垫箱陈列板，除承重底箱外，均应割箱陈列；POP及产品包装应将下面面对顾客，不可过高或过低，以容易拿取为标准。

4）清仓、负毛利商品不宜做堆头商品陈列。

知识拓展

割　箱

割箱堆头（图1-11）可提升销量5倍左右。

打堆头时，往往要涉及商品的割箱，割箱的要求如下：

图1-11　割箱堆头

1）准备一条直尺，量好动刀开割的位置。

2）刀要锋利。割出来的箱不能有毛边，刀口要平、齐。

3）堆头每一层割箱的高度要统一。

4）堆头每一列割箱的边线要对齐统一。

5）割箱时，不得割伤商品；为了避免割伤商品，可先将箱内的商品取出一部分，或者将介刀出鞘的长度调整到合适的长度（事先需要揣摩），使刀出鞘的长度稍长于箱的厚度，斜拿刀进行割箱，拿尺的手要用力。

（资料来源：https://zhidao.baidu.com/question/1577814859015834140.html.）

4. 堆头打底物的选择

堆头打底物的选择非常重要，它决定了打出来的堆头是否美观、整齐，卖场里的每一个堆头都不是独立的，它必须与周围的商品陈列相协调，包括颜色、形状。堆头的打底物一般来说有以下几种：

1）特意定做的堆头柜，上方用来陈列商品，下方柜内用于存放库存，对于店内面积有限的商场，采用堆头柜的陈列方式较好，同时，堆头补货可以很方便进行，这样可以节约劳动力。

2）用商品打底，但打底的商品品种不能太多，最多一个面一个品种，在货源充足的情况下，可以采用这种方式，但要注意打底的商品和堆头上陈列的商品要对应。

3）供应商做形象堆头，提供一系列堆头陈列所需道具。此时，卖场的主要责任在于对道具的把关，一定要是新的陈列道具。

4）在打底物上贴产品的广告纸或商场自己做的海报，由于不能保证堆头打底物和堆头上陈列的商品一致，此时，可采用空箱或其他商品来打底，然后在打底物上贴堆头陈列商品的广告纸，一定要注意必须将整个打底物贴满，不得露出打底物，而且贴纸必须贴平、贴齐。

（四）其他陈列设施管理

店内所有商品的陈列都必须通过陈列的道具和设施来辅助才能完成，因此，熟悉各种陈列设施和配件对于做好陈列是非常重要的。下面介绍一些超市常用的陈列道具。

1. 特价台

特价台（图 1-12）是目前各类卖场在举办短期性促销活动、季节性削价、处理积压商品时最常用的陈列设施。此种陈列方式的优点有很多，如商超可以随时更换商品、顾客可以自由选择商品等。要注意的是特价台是临时性的陈列，在陈列商品之前，应在特价台的周边适当添加醒目的 POP，以不超过 15 个大字的内容，明确、直白地告知所有的顾客“此商品是×××品牌，原价××元，现价××元，为期××天”，以激起顾客的好奇心和购买欲望。

图 1-12　特价台

2. 专柜

用来陈列贵重商品的工具，如精品商品、高档烟酒、化妆品等。

3. 隔物板

隔物板主要用来区分隔离两种不同的商品，避免混淆不清。隔物板是维持陈列面不可缺的物品，因为它可以防止隔壁排面的商品混入，而使缺货较易被发现。

4. 方形深篮

方形深篮通常用来陈列促销品，像体积小、耗量大的商品，如袋装食品、袜子、毛巾、洗衣粉等，或体积大、重量轻的商品，如棉被等。

5. 挂钩

挂钩是用来吊挂商品的，通常用来陈列服装、雨伞、袜子、文具、牙刷、球拍、五金、箱包、袋装小食品等需要吊挂的商品。挂钩有很多种类，如不带珠挂钩、带珠挂钩、单纯挂钩、双线挂钩、承重挂钩等。

6. 价签

价签主要用来展示货架商品的价格信息，是由物价部门和超市共同打印的一份标签，上面有商品的条形码和商品的规格，通常放置在陈列商品的左下角。

问题 2　商品陈列的原则是什么？

商品陈列的一般原则如下：

1. 分区定位的原则

卖场面积大，商品种类多，为便于顾客购买，要求每一类、每一项商品必须有一个相对固定的陈列位置，货物不要轻易变动。为了使顾客容易辨别陈列商品所在地，卖场应设置商品配置位置分布图和批示牌，以方便顾客准确地找到商品所在的位置。如货位发生变更，要及时修正商品配置位置分布图和批示牌。

2. 易见易取的原则

微课：果蔬的陈列技巧

卖场销售是自助式的，而卖场的商品陈列是自我展示，而卖场的目标顾客是家庭主妇，其一些是老年人，因此商品陈列必须易见易取。商品陈列要求包括：

1）商品要正面对着顾客，特别是商品的价签要正面对着顾客，POP吊牌要制作清楚，摆放准确。

2）每一种商品不能被其他商品挡住视线。

3）货架下面不易看清的商品，可以向后倾斜式倾斜，方便顾客观看。

4）货架上陈列的商品与上隔板要有一段距离，便于顾客的手能伸进去取放商品。这个距离要掌握合适，以手能伸进去为宜（二指原则）。

3. 丰满陈列原则

货架的商品必须要经常、充分地放满陈列，给顾客丰满的视觉感受，从而吸引顾客购买，同时减少内仓库存，加速商品周转。美国的心理调查显示：陈列丰富的卖场比不丰富的卖场销售额平均增加24%，因此商品陈列丰富感，会极大地吸引顾客注意力，提高商品销售率。所以，为保障丰满陈列原则，要做到以下几点。

1）货架每一个层板至少陈列3个品种，每平方米卖场陈列量应达11～12个商品品种。

2）货架要保持丰满、保证前排商品不留空位，及时补货。

3）货架商品要码放整齐。

4. 纵向陈列原则

纵向集中陈列不仅可以抢夺消费者的视线，而且容易做出生动有效的陈列面，因为人们视觉的习惯是先上下、后左右。垂直集中陈列符合人们的习惯视线，由于顾客选择商品不同品种时，视线上下垂直移动比横向移动方便，所以同类商品采取垂直陈列的方法，使同类商品在货架上的不同段位上都能享受到销售的机会，使商品陈列更有层次、更有气势，见图1-13。根据美国的一超市调查表明，若将横向陈列改为纵向陈列，销售额可提高42%。纵向陈列的优点如下：

1）方便顾客对同类产品的挑选。

2）使得系列产品能够集中陈列，便于顾客购买。

3）使不同系列的产品均享受到货架的利益。

5. 关联性陈列原则

微课：商品陈列

超市内的商品陈列，特别强调商品之间的关联性（图 1-14）。这种关联不是简单地像把牛奶、面包归类集中在一个区域陈列这样狭隘，可以以一个主题如“火锅节”组合商品陈列。关联性陈列要求在尽可能的情况下，端头陈列的商品与相邻货架商品有关联，让端头发挥一定的导购作用，就是相邻的堆之间陈列也要注意关联陈列，也要注意平稳过渡。好的关联陈列很容易在激发顾客购买 A 商品的同时，又购买了计划外的 B 商品，甚至 C 商品。

图 1-13　纵向陈列

图 1-14　关联性陈列

6. 先进先出原则

商品的销售是从前排开始的，为了保证商品生产的有效期，补充新商品必须是从后排开始的。当某一商品即将销售完毕时，暂未补充新商品，这时就必须将后面的商品移至前排面陈列（销售），绝不允许出现前排面空缺的现象，这就是先进先出陈列的原则。卖场的商品，尤其食品类商品，保质期较短，因此，采用先进先出的方法来进行商品补充陈列，可以在一定程度上保证顾客购买商品的新鲜度，也确保了卖场的利益不受损失。

案 例

关联性陈列

在某卖场，方便面区域被调整到二楼电梯口，而香肠、鸡翅、鸡腿、榨菜等食品则被放在方便面货架的最底层。原本摆放在三楼小家电区的果蔬清洗机被巧妙地安置在水果蔬菜区，原来一个月也卖不了一台，摆在这里一个月就销售了 15 台。世纪联华南国店的有关负责人告诉记者，此次超市的调整规模挺大，关联性陈列是此次调整的重点，他们就是运用商品之间的互补性，让顾客在购买某商品后，也可以顺便购买旁边的商品。这样，在方便顾客的同时提高了顾客购买商品的概率。

（资料来源：http://news.66wz.com/system/2009/09/18/101428850.shtml.）

7. 整齐陈列原则

做好货架的清理、清扫工作。陈列的商品要清洁、干净，没有破损、污物、灰尘。商品的陈列要有感染力，要引起顾客的兴趣。

问题3 商品陈列规范与检查要点是什么？

1. 商品陈列的基本规范

1）商品陈列的要点：正面朝外不倒置；能竖不躺上下齐；从小到大低到高；标价商品要对齐。

2）商品陈列基本规范：层板摆放一条线，端架高度一条线；地堆四角一条线，纸箱开口一条线；前置陈列一条线，上下垂直一条线；排列方向一条线，标志标牌一条线。

2. 商品陈列维护的检查要点

1）商品的价格标签是否为面向顾客的正面。

2）商品有无被遮住，无法“显而易见”。

3）商品上是否有灰尘或杂质。

4）有无价格标签脱落或价格不明显的商品。

5）是否做到了取商品容易，放回也容易。

6）商品群和商品部门的区分是否正确。

7）商品分布图是否处于店内明显易见的地方，是否根据商品分布的变化及时地修正该图。

8）货架上每一层最上面的商品是否堆放得过高。

9）商品陈列架上是否有空闲区，如果有则要将周转快的商品陈列上去。

10）商品陈列尤其是在补货陈列时，是否遵守了先进先出的原则。

11）同类的不同品种商品是否做到了垂直陈列。

12）商品包装是否整洁并具有魅力。

13）商品陈列是否与上隔板保持一定的间距。

问题4 如何对商品陈列进行控制？

1. 商品陈列维护重点

（1）缺货的控制

卖场应注意缺货的控制，缺货率应控制在2%左右为恰当。缺货率控制的一个重要手段，是发生缺货率断档时，一律不允许用其他商品来填补，宁可让其开“天窗”，以便分析原因和追究责任。

（2）排面量的控制

排面量是指一个商品在这组货架摆放几个排面，这个排面的后面有多少库存量。排面管理是现代大卖场的一项基础性管理工作。通过卖场排面量的控制，可优化商品陈列，有效运用排面空间，提升陈列效果，使畅销商品可醒目地呈现在顾客面前，并能保证畅销品不缺货，有效地避免畅销商品不断缺货、不断补货的弊端，而滞销品又能有效控制库存，为卖场创造更多库存。

（3）陈列道具的控制

商品陈列的优劣决定着顾客对卖场的第一印象，卖场整体看上去整齐、美观是卖场陈列的基本要求。连锁企业总部所编制的商品配置表，往往能充分地将基本思想融入货架、端头、平台等各种陈列工具的商品陈列中。同时，卖场还要根据日常销售情况及时修正商品配置表。

（4）POP 广告的控制

商品陈列要注重 POP 的配合。顾客主要从陈列的商品上获得信息，除了陈列的高度、位置和排面之外，POP 等提供的信息也非常重要，它往往给以顾客非常直接的感受。

（5）销售时段控制

销售时段控制，即密切注意商品的销售动态，把握好商品补货的时间或商品促销时间。

2. 商品陈列维护作业

1）按照排面维护检查表定期进行排名维护检查整理，确保商品陈列位置不被移除移位。排面商品位置没经店长同意不得擅自调整。

2）检查时注意商品是否依大中小分类、价格带垂直陈列。

3）按时段依排面补货检查表进行补货检查。

4）确定检查时间。

案 例

商品关联性陈列

顾客买了一瓶啤酒，看见旁边有开瓶器，就顺带买了一个开瓶器，然后记起来过几天要请客，于是再走几步，看到了旁边陈列着精致的玻璃杯，便又挑选了一组玻璃杯。本来顾客只是想买一瓶啤酒，结果因为买啤酒，而买了开瓶器和玻璃杯，甚至连杯垫也一起买了。

思考：从以上案例你得到什么启示？

（资料来源：胡启亮，2008. 连锁企业门店营运管理[M]. 北京：科学出版社.）

技能训练

1. 陈列堆头，也叫“打堆头”，它是卖场进行堆头商品陈列的俗称，是连锁经营管理专业学生必备的技能之一。组织学生进行“创意堆头陈列”的陈列技能大赛，地点选择在一家超市或校内实训场地。

2. 学生分组考察学校附近的一家大卖场，仔细观察商品陈列情况，体会纵向陈列原则、关联性陈列原则、丰满陈列原则等，并在现场领会商品陈列检查的要点。回校进行讨论，写出考察报告，并进行组间交流。

四、商品的盘点

任务要求

掌握盘点的方法和盘点的作业流程，并领会盘点作业的注意事项。其主要环节工作内容如表1-8所示。

表1-8　主要环节工作内容

工作环节	工作内容
理解任务	研究任务的需求要点
知识认知	明确盘点的5个知识性问题：什么是盘点，盘点的目的与原则有哪些；大卖场商品盘点的方法有哪些；盘点前有哪些准备工作；盘点作业及注意事项有哪些；如何进行盘点差异分析与处理
工作成果	能对门店的某一部门的中分类商品进行盘点，或对实训基地的某门店洗发水商品进行盘点，并填写盘点表

问题1　什么是盘点？盘点的目的与原则有哪些？

盘点是指将卖场陈列和仓库内现有商品的存量进行实际清点，与账上记录的数量进行对照，以确定商品的实际数量、状况及储位而进行的清点作业。

1. 盘点目的

盘点目的主要有两个：一是控制存货，以指导日常经营业务；二是掌握损益，以便真实地把握经营绩效，并尽早采取防范措施。

2. 盘点原则

1）实事求是，不弄虚作假。
2）科学准确，注重细节。
3）分工明确，各司其职。
4）团队协作，提高效率。

问题2　大卖场商品盘点的方法有哪些？

1. 账面盘点法

账面盘点法是将每一种商品分别设立“存货账卡”，然后将每一种商品的出入库数量及有关信息记录在账面上，逐笔汇总出账面库存结余量。

2. 现货盘点法

现货盘点法是对库存商品进行实物盘点的方法。

（1）期末盘点法

期末盘点法是指在会计计算期末统一清点所有商品数量的方法。由于期末盘点是将所有商品一次盘点完，因此工作量大、要求严格，通常采取分区、分组的方式进行。分区即将整个卖场陈列商品区域划分成多个责任区，不同的区由专门的小组负责点数、复核和监督，因此，一个小组通常至少需要两人分别负责清点数量并填写盘存单，复查数量并登记复查结果，第三人核对前两次盘点数量是否一致，对不一致的结果进行检查。等所有盘点结束后，再与计算机或账册上反映的账面数核对。

（2）定期盘点法

定期盘点又称为闭门式盘点，即将卖场其他活动暂停一定时间，对存货实施盘点。一般采用与会计审核相同的时间跨度。

（3）循环盘点法

循环盘点法是指在每天、每周盘点一部分商品，一个循环周期将每种商品至少清点一次的方法。循环盘点通常对价格高或重要的商品检查的次数多，而且监督也严密一些，而对价格低或不太重要的商品盘点的次数可以尽量少。循环盘点一次只对少量商品进行盘点，所以超市连锁店通常只需保管人员自行对照库存数据进行点数检查，发现问题按盘点程序进行复核，并查明原因，然后调整，也可以采用专门的循环盘点单登记盘点情况。

（4）抽样盘点法

抽样盘点法是由审查单位或其他管理单位所发起的突击性质的盘点，目的是对门店是否落实管理工作进行审核。抽样盘点法可针对卖场、内库、仓库管理员等的不同方向进行。

（5）临时盘点法

临时盘点法是指因为特定目的对特定商品进行的盘点等。超市加盟连锁店在经营中要得到最准确的库存情况并确保盘点无误，可以采取账面盘点与现货盘点平行的方法，以查清误差出现的实际原因。

知识拓展

盘点要诀：盘好不盘坏，拼板不拼箱，箱箱要过目，件件须过手。

清点原则：见货盘货，从左到右、从上到下，逐货架、逐卡板、逐堆头。

问题 3　盘点前有哪些准备工作？

1. 盘点分类

大卖场盘点工作分为月度盘点、季度盘点和年末盘点。现在许多超市委托第三方盘点公司进行盘点。

知识拓展

第三方盘点业务流程

委托企业与第三方盘点公司在前期共同确定盘点流程和盘点步骤，这项工作大概会持续一天。盘点计划的前期准备工作由以下几方面组成。

1）设计详细的盘点说明。

2）指导盘点公司前期准备工作的安排以及在盘点过程中盘点公司参与管理工作。

3）盘点时间表。

4）其他计算机系统的相关问题及盘点软件的更新［盘点设备（如WIS500数据终端、计算机、打印机等）由盘点公司提供］。

如企业希望自己的店员参与盘点工作，这些店员将由第三方盘点公司进行相关技术操作方面的专业培训。

在盘点前3天，培训人员将到达第一家分店进行前期准备工作。盘点公司培训人员在两天内对企业参与盘点的员工进行盘点培训，并在余下的一天进行盘点前巡店工作，依据盘点说明对店内的准备工作进行复查。

后仓盘点通常安排在8:00到18:00进行，楼面盘点一般安排在20:00至次日8:00进行。生食、果蔬、熟食通常不在盘点范围之内。

盘点公司会派出12位左右经验丰富的经理或主管人员，按照盘点服务计划分配指导盘点工作。具体人员安排如下：1位盘点总负责人、2位计算机操作员、3位盘点培训主管、6位辅助主管。参与盘点的店员被分为几组，每组固定人数，分别安排盘点时间。建议企业在同一城市但不同分店选拔人员参与盘点工作。

盘点完成后，第三方盘点公司应出具相关报告。

2. 盘点前准备

1）盘点前门店将有关单据按规定的程序传至财务部记账，并将腐烂、过期、缺损和换季商品分别作报损或退货。

2）整理盘点区域。

① 库房：将商品按一定次序分类堆放。

② 排面：将商品按条码摆放，单品清晰，无散货。

③ 端架：无其他商品堆垫。

④ 促销区：无其他商品和空箱堆垫。

3）门店将没有条码的商品贴上条码并打上价签。

4）准备盘点所需的相关库存资料及工具仪器。

5）打印盘点所需的表单等。

6）组织盘点人员的培训（商品知识培训、盘点方法培训等），使其熟悉盘点各项工作。

问题4 盘点作业及注意事项有哪些？

1. 盘点工作分工

将盘点部门分成几个区域，盘点人员各自负责不同区域，提高效率。

2. 盘点作业

1）先盘点库房，再盘点卖场。

2）盘点要依序从左到右、从上到下进行。

3）盘点时，要顺便观察商品保质期，过期商品要随时取下并记录在案，同时对即将过期的商品做临期商品记录。

4）若营业中盘点，从盘点扎账那一刻起所有商品全部盘上，收银员不撕小票，并在小票的盘后商品名称后打√，做好标记。

5）盘点人员将自己所辖区商品认真清点清楚，以防漏盘或多盘。

6）所有商品（如纸、烟、牛奶等）全部按照最小单位点数。

7）对于数量大或陈列较满的商品，下架放在购物篮中点数。

8）盘点期间注意相似商品（如洗发水、香皂等）不能混淆。

9）盘点期间不允许上货或调整商品。

10）盘点时以条形码为单位进行点数，对于没有条码或扫不过去的商品，要用盘点单，手工记录下来，交给扎账人员处理。

11）监盘人员拿好手中的盘点枪，认真将盘点数量输入盘点枪，盘完后将盘点枪亲自交给扎账人员，不许乱放。

12）盘点完成后由盘点负责人组织盘点人员巡视有无漏盘商品。

13）盘点原则上分初点和复盘两次进行，其中复盘工作必须核对商品的编码，检查有无漏盘、数量相加或相乘错误。

3. 盘点后期处理

1）将盘点数据导入电脑后，先按柜组打印商品重大的差异明细表，由实物负责人核实商品的差异，属录入或盘点错误的要及时更正。

2）盘点的当天就将盘点金额有差异的商品进行复点，找出差异原因。

3）对于盘盈商品，必须查找原因（真正的盘盈是不存在的），找到混盘的商品对盘点数量进行修改。

4）对于盘亏金额、数量较大的商品，必须查找盘方原因，采取措施。

5）盘点差异 24 小时内责任人无异议，方可结束商品盘点。

问题 5 如何进行盘点差异分析与处理？

1. 盘点差异原因分析

盘点若发现重大差异时，首先应检查盘点期间的工作是否存在问题（如输入的单据不完整、盘点人员未尽职尽责、盘点有误等），其次由门店的运营管理层分析可能存在的损耗原因，并制定出改进措施。

2. 实施奖惩

1）在盘点中，盘点人员应耐心、负责，切实进行盘点各项工作，对表现优秀者进行奖励。如有玩忽职守、隐瞒事实者，将予以惩罚。

2）根据盘点的损耗结果，公司应分别采取相应的措施，以达到更好地控制损耗的目的，具体惩罚措施参照公司相关奖惩制度和听取公司领导的意见，见表 1-9。

表 1-9 针对盘点损耗的措施

损耗	相应措施
正常范围内（5‰～7‰）	接受盘点结果，对损耗超过标准的门店必须由经理负责寻找原因，提出改进措施，给予一定程度的奖励
优秀范围内（5‰以下）	接受盘点结果，对损耗低于标准的部门给予奖励
异常范围内（7‰以上）	查明原因，核对盘点流程和运营失误，决定是否重新盘点，再次盘点后损耗依然处于异常范围内的，则对管理层及超标门店追究失误责任，并给予处罚

技能训练 对实训基地的某门店洗发水商品进行盘点，并填写盘点表（表 1-10）。

表 1-10 超市盘点表

品名	上存	领货	销售	结存	备注

同步训练题库

一、填空题

1. ______是指易于区分、能够管理的一组产品或服务；消费者在满足自身需要时认为该产品或服务是相关的或可以相互替代的。

2. 商品结构有高、中、低三个层次，具体是______、______、______。

3. 零售商的品类通常被分为四个单元，即______、______、______和______。

4. 商品配置表是用______的方式将商品陈列位置及数量表示出来，供操作者按此表进行陈列作业。

5. 盘点目的主要有两个：______以指导日常经营业务；______，以便真实地把握经营绩效，并尽早采取防漏措施。

二、单选题

1.“黄金陈列面”一般是指货架（　　）厘米的那段高度。

A. 10～50　　B. 50～90　　C. 90～120　　D. 120～160

2. 在连锁超市中陈列的啤酒旁边同时陈列启瓶器和玻璃杯，属于（　　）。

A. 关联性陈列　　B. 垂直陈列　　C. 分类陈列　　D. 主题陈列

3. （　　）是商品分类中不能进一步细分的、完整独立的商品，是零售企业商品经营管理的最基本单位。

A. 单品　　B. 品类　　C. 品项　　D. 商品

4. 理货一般顺序为（　　）。

A. 从左到右，从上到下　　B. 从左到右，从下到上

C. 从右到左，从上到下　　D. 从右到左，从下到上

5. 生鲜商品的订货管理不需要考虑（　　）。

A. 时令　　B. 价格走势　　C. 库存　　D. 陈列位置

三、多选题

1. 端架陈列的商品包括（　　）。

A. 新品　　B. 低毛利商品

C. 特卖商品　　D. 快讯商品

2. 商品陈列应考虑（　　）。

A. 可获利性　　B. 陈列点

C. 方便性和稳定　　D. 价格

3. 商品陈列的控制包括（　　）。

A. 缺货的控制　　B. 排面量

C. 陈列器具的控制　　D. 价格的控制

4. 盘点时需要持有的配置图包括（　　）。

A. 商品配置图　　B. 仓库存货配置图

C. 通道设计图　　D. 出入口设计图

5. 普通商品的补货方式包括（　　）。

A. 长期订单　　B. 临时订单

C. 电脑补货　　D. 手工补货

四、判断题

1. 订货是一项技术性很高的工作，没有相应的销售经验和判断能力，是不能负责订货工作的。（　　）

2. 商品盘点可以确定商品的现存量，不能确认企业损溢，但也可以核实商品管理成效。（　　）

3. 当某一商品的库存数量为零时，为断缺货，具体是指“货架”上或“存货区”无货

可卖的情况。（　　）

4. 货物验收工作需要精确、及时，但不需要经济。（　　）

5. 收货作业按进货的来源，分为由企业总部配送中心到门店的商品收货作业和由供应商直接配送到门店的商品收货作业。（　　）

参考答案 1-1

任务二　大卖场现场服务管理

引导问题

客户体验决定了顾客对大卖场的评价，良好的评价是客户满意、客户忠诚的基石，而现场服务则是创造良好客户体验的必要环节。因此，连锁卖场必须在与客户的服务接触中强化客户服务理念，通过收银、投诉处理、退换货等环节，确保客户在卖场舒心消费。那么，大卖场怎样做好现场服务呢？

学习内容

本任务主要包括收银员的工作职责、收银员的工作流程、收银主管的能力要求、妥善处理客户的投诉、合理处置顾客退换货、对客户服务中心工作的日常组织等内容。

学习目标

现场服务管理直接影响顾客在门店的消费体验。在本任务中，要求掌握现场客户服务相关知识，具体而言包括三大内容：首先，在正确认识卖场收银员的基础上，掌握收银员的工作职责、工作流程，了解收银主管应具备的六项能力；其次，在理解客户投诉含义、客户投诉分类、客户投诉处理意义的基础上，遵循客户投诉处理的原则，能够妥善处理客户问题，使学生掌握客户投诉处理工作步骤及客户退换货流程；最后，通过了解客服中心日常管理工作，全面培养学生客户服务理念。

学习重点

1. 收银员工作流程。
2. 客户投诉处理工作流程。
3. 客户退换货工作流程。

学习难点

正确运用客户投诉处理原则，对客户投诉进行妥善处理。

任务描述

本任务为实际操作性任务，具体内容为：

1. 按照要求完成收银操作，能够完成营业前、营业中、营业后收银员各种工作。

2. 按照要求完成客户投诉处理，能够运用客户投诉处理原则妥善进行服务补救。

工作步骤

大卖场现场服务管理的工作步骤见表 1-11。

表 1-11　工作步骤

序号	项目	工作内容
一	收银员工作职责与流程的分析	正确认识卖场收银员及其营业前、营业中、营业后的工作流程
二	收银主管的能力要求	六项能力
三	客户投诉的处理	①准确把握客户投诉；②正确处理客户投诉；③合理处理退换货
四	客户退换货处置	①售前检验；②退换货原则；③退换货流程
五	客服中心管理	①客户关系管理；②公共关系

成果预期

本任务完成后，学生应理解客户投诉的含义、客户投诉的分类、客户投诉处理的意义和客户投诉处理的原则；掌握收银员的工作职责、收银员的工作流程、客户投诉处理的工作流程；了解收银主管的能力要求、客户服务管理中心的日常任务。要求学生完成现场服务成果评价表（表 1-12）的内容。

表 1-12　成果评价表

考评点	分值	得分
营业前收银工作	10	
营业中收银工作	10	
营业后收银工作	10	
客户投诉处理原则	15	
客户投诉处理流程	25	
客户退换货处置流程	20	
客服中心日常工作	10	
合计	100	

工作内容

一、收银员工作职责与流程的分析

任务要求

通过对任务的分析，学习并掌握收银员的工作职责及其工作流程。其主要环节工作内容如表 1-13 所示。

表 1-13　主要环节工作内容

工作环节	工作内容
理解任务	研究任务的需求要点
知识认知	明确收银员工作职责与流程的 3 个知识性问题：何谓卖场收银员；卖场收银员的工作职责有哪些；卖场收银员的工作流程是什么
工作成果	掌握收银员工作职责及工作流程

问题 1　何谓卖场收银员？

收银员是指超市、商场等经营场所为顾客结账的员工。

问题 2　卖场收银员的工作职责有哪些？

（一）为顾客提供结账服务

首先，收银员应先做好营业前的准备工作，如预备好零钞，以便找赎；检查使用的收银机、计算器、验钞机等设备，并做好清洁保养工作。其次，收银员在提供结账服务时不仅要快捷，唱收唱付，而且必须准确。不可将低价位的商品以高价打出，损害顾客利益；也不可将高价位的商品以低价位打出，损害企业的利益。对于扫描不出条码的商品，应输入商品的条码，在输入时应看清数字，杜绝错误。准确打印各项收款单据、发票。对各种钞票必须认真验明真伪；收到伪钞自赔。最后，按银行培训的使用规定和操作程序办理信用卡结账。

（二）为顾客提供咨询服务

收银员不仅要熟练掌握收银工作技能，还要全面了解整个卖场商品的布局。在顾客询问时，要能够准确回答顾客的问题，并能热情礼貌待客，做好导向服务。

（三）现金管理

1）按照“长缴短补”原则管理每日收入现金，出现长款或短款，必须如实向上级汇报；按公司财务规定，长款入公司账，短款当事人自赔。

2）按公司外汇兑换率收取外币，不得套取外币，也不得自兑外币。

3）确保每天收入的现款、票据与单据相符，认真填写营业报表（字迹清晰，不得涂改），连同收款菜单、卡单、签单等单据核对后交审核员审核对账，之后转交会计签收做账；现金、信用卡票据等款项交出纳，营业收款单据交审核员并签收。登记客人需要发票，确保主管签名。

4）专人保管备用周转金、即时收银钱，且必须天天核对，遗失自赔，不得私自挪用。

5）保管好营业收入现金。未经总经理批准，不准乱支或借给任何部门或任何个人。

6）当班营业结束后，检查当班营业收入单、卡数量与现金签单、扫描支付及信用卡结算等是否相符，同时根据当天票、款、账单做出营业报表上交财务审查。

另外，超市收银员还有着一些特有的职责。与传统的百货商店售货员不同，超市员工一般并不直接或主动与顾客打交道。顾客在店内通过比较，选购自己喜欢的商品之后，自行到超市出口处结账。这时候，超市收银员的重要性就显现出来了。

在局外人看来，收银员的工作很简单，就是把顾客所选物品的价款结清。很多超市的出入口都与前台收银作业区设计在一起，顾客踏进超市，往往看到的第一个超市员工就是收银员；选好商品结账时，直接接触的还是收银员。收银员的言谈举止、一举一动都代表了超市的形象。因此，超市收银员的工作职责还包括为顾客提供良好的礼仪服务这一重要内容。另外，超市作为一个经营实体，其经营特点决定了超市收银工作必须配合整个超市的经营工作，以达到超市利润最大化。所以，超市收银员的工作职责还包括推广促销活动及防损等内容。

（四）超市防损

顾客在结账时，会因某种原因将一些商品留在收银台上，这时收银员应及时对顾客不需要的商品进行清理，方便工作人员将其归位到货架上，避免不必要的损耗。从某种程度上说，收银员也是兼职防损员。

（五）推广促销活动

超市经常有各种各样的促销活动，收银员在推广促销活动中，除正常收银作业以外，应特别注意做好宣传和告知工作。告知的内容主要包括以下三项：

1. 得到优惠或赠品的条件

当顾客所购商品的金额已接近这次活动所需金额时，收银员应提醒顾客再选购一些商品就可以得到某种优惠或赠品等，这样可以使顾客获得某种意义上的满足并感到被尊重。

2. 有关注意事项

收银员在解答顾客关于促销活动的问题时，应将有关注意事项告知顾客，如截止日期、参与条件等。

3. 促销活动的类型

促销活动有“累计”计算和“不累计”计算之分。在“不累计”计算的促销活动中，收银员应注意此项活动特点的宣传与说明，避免一些不愉快的场面出现。

问题 3　卖场收银员的工作流程是什么？

1. 营业前

1）领取备用金，兑换充足的零钞，在登记本上签名。

2）取下并放好收银机机罩，依次开 UPS 电源、显示屏、主机，将显示屏及客户屏调整到最佳角度。

3）输入密码，进入销售状态，打开钱箱，放入备用金。

4）检查前一日银行卡是否结账，如有异常，立即向当班班长或主管汇报。

5）认真检查收银机、扫描器、消磁板是否正常，如有异常，立即向主管汇报。

6）将营业所需的收银专用章、私章、印台、取码器等摆放好，清点办公用品是否齐全，并注意合理摆放，检查购物袋存量是否足够。

7）分类整理好公司有关促销传单，并合理摆放，准备营业。

2. 营业中

1）顾客来到收银台前，及时热情接待、问候。入机前应先对顾客购买的商品做大致分类，根据顾客购物量的大小选择合适的购物袋，并迅速将袋口打开，放在收银台上，然后将商品逐一入机并装袋。

2）正确、规范地在扫描器最敏感的地方，按扫描器箭头方向将商品划过（商品与扫描器应保持适当距离，不能将商品在扫描器上摩擦，或在扫描器上不停晃动），当听到“嘟”的响声后，核对商品与计算机显示的品名、规格、单价、数量是否一致。

3）商品输入计算机后，要认真核对商品品名、规格、单位、数量、价格。当计算机显示的商品资料与实物不符时，按具体情况进行处理。

① 柜台打错价时，可在收银检查员证明后，按底标价售出，差价由柜台负责人赔偿，收银员应立即向主管及相应柜组汇报。

② 商品品名、规格、条码（编码）不符或商品无条码时，应委婉地向顾客解释并及时统计还原。

4）一款商品读取完毕，接着以同样方式对下一款商品进行条形码扫描读取。

5）询问顾客是否有会员卡，对持有会员卡的顾客，收银员登录顾客的会员卡卡号或直接用机器读取会员卡号。

6）向顾客报读购物金额，使用现金或卡类交易方式结账。

7）使用小票打印机，打印顾客的购物发票。

8）向顾客表示谢意，致“欢迎再来”“谢谢光临”等服务语。

3. 营业后

1）拿好备用金、营业款及各类单据到指定地点做单，金额超过 3 万元须请防损员护卫。

2）按公司规定的金额留存备用金。点备用金时，首先从面额最小的开始点起，点完后要复核一遍。

3）按规定格式填写现金缴款单，要求字迹工整清晰，不得涂改。

4）填写现金缴款单时，应将现金全部点完并整理好，复核一遍后，再根据现金面额逐一填写缴款单。填写完毕后，复核缴款单的小计数额、合计数额是否正确，然后用计算器直接将现金加一遍，复核缴款单内容是否填写完整。无误后将现金缴款单的第二联与营业款装入现金袋内并锁好。

5）拿好现金缴款单、备用金、营业款、卡袋，到指定地点，在登记本上签名后，交主管签收，将备用金有序地放入保险柜内。

6）晚班收银员须待顾客全部离场后方可退出工作状态，再按规定关机，锁好收银专章及办公用品，交出钥匙，罩好机罩，把购物袋挂满。

7）做好收银台前陈列商品的卫生清洁工作。

知识拓展

使用信用卡结算的程序

1）核查信用卡是否在接受范围，卡两面是否有疑点（大小、材料、图案、标志等），确认属于哪种信用卡。

2）核对起止日期是否有效，因为过期卡和未到卡没有支付能力。

3）核查止付名单（银行公布的名单），按信用卡在银行公布的止付名单上查找。册上有名不给办理结付，若超出限额时，需有人担保才可结算。

4）填写签购单必须清晰、无涂改，填错单据易发生银行拒付。

5）请持卡人签名，并核对签名信用卡的签名是否相符，如有疑问，请顾客出示身份证核对，避免冒用他人信用卡。

6）将已签名的签单副联及结算单交给顾客。

发票的管理使用

1）使用范围限于本单位营业收入，不得代他人或其他单位开发票，也不许将发票借给外单位及个人使用。开具发票时必须用复写纸套写。

2）必须顺号使用，写错作废；必须三联顺号贴在存根上，不得撕掉，并须专人管理登记。另外，还要定期接受税务机关审查。

3）发票遗失必须登报声明作废，一切登报费用由遗失人员负责，不得报销。

技能训练

学生以学习小组为单位，模拟大卖场收银员工作情景，展示收银员工作流程。

二、收银主管的能力要求

任务要求

通过对任务的分析，学习并掌握收银主管的能力要求。其主要环节工作内容见表1-14。

表1-14 主要环节工作内容

工作环节	工作内容
理解任务	研究任务的需求要点
知识认知	明确收银主管能力要求的1个知识性问题：收银员主管的能力要求是什么
工作成果	掌握收银主管的能力要求

问题 收银主管的能力要求是什么？

案 例

一振美商贸有限公司（世纪华联大卖场）收银主管招聘启事

1. 公司简介

天津市一振美商贸有限公司自2008年成立以来，经过多年的努力和发展，现已在郑州、天津、河南等地建立了多家集餐饮、商超和快捷酒店为一体的连锁店。到目前为止，该公司在天津已经拥有四家大中型连锁超市；除此之外，公司还加盟了美国加州牛肉面连锁店，在天津、安阳、洛阳、郑州等地又加盟格林豪泰酒店、如家快捷酒店。一振美商贸有限公司的成功在于有一套精细的管理制度、简洁的组织结构、强大的商品管理机构，公司本着低成本、低利润率、样多、质优、大流量的经营理念，致力于以国际化为背景的员工队伍、专业合法的人力资源管理体系，赢得了顾客的高度信赖与认可。

2. 大卖场收银主管职责描述

1）负责收银部员工的招聘面试、培训发展、绩效评估、人才培养、日常排班等，确保部门人员配置合理化，使员工保持在稳定而高效的工作状态。

2）制定和控制部门成本与损耗，管理并指导下属员工的日常工作，使其严格遵照公司营运流程标准执行。

3）及时处理各项收银特例和其他突发事件，确保收银现金的安全。

4）控制收银差错率，对“溢出”或“不足”的情况采取查看监控及调查措施。

5）有效管理收银操作，把收银损耗降到最低。

6）对定金及各项供应商代收费用进行核查及清理，有效控制风险，确保资金安全和清晰。

7）与商店各部门保持良好的沟通与工作配合。

8）负责处理顾客投诉及其结果跟进，维护公司的优质顾客服务形象。

9）保证商店操作流程的规范化运作，将营运问题及时反馈给上级，提出有利于提高商店标准与销售的建议。

3. 大卖场收银主管岗位要求

1）3 年以上大型超市门店收银或服务台管理经验。

2）具备良好的数学和统计学知识。

3）具备优秀的执行力。

4）具备优秀的顾客服务意识。

5）熟练使用 Microsoft Word、Excel 等办公软件。

6）具备基础财务知识，对数字敏感。

7）具备良好的沟通、计划和组织能力，有强烈的责任感。

物美葛沽大卖场收银主管招聘启事

1. 北京物美商业集团股份有限公司简介

目前，物美在华北及华东已经拥有了满足顾客一站式购物需求的大卖场，提供大社区全面服务的生活超市、便利店和中高端百货公司等各类店铺 700 余家，遍布于北京、天津、上海、杭州等大城市，年销售总额突破 300 余亿元，员工 3 万余人，拥有中国华北地区规模最大，现代化、信息化、自动化水平最高的 70 000 平方米的物美新物流配送中心，建立了服务于城乡居民的连锁零售网络，推进了中国流通产业现代化的进程。

2. 大卖场收银主管职位描述

1）配合大卖场经营活动运行，确保营业时间内店内收银工作的顺利进行。

2）负责账管课员工的工作安排、业务技能培训等各项人员管理工作，逐步提高收银员的顾客接待、服务技巧及水准。

3）负责收银线的工作规程监督，确保销售款项安全，规避由于偷盗、破损及收银员失误造成的各种损耗。

4）订购及控制收银耗材；维护收银台及收银区的对外形象。

5）在权责范围内处理好与金融机构的业务工作，并做好内部报表、票证的管理工作。

3. 大卖场收银主管任职条件

1）2 年以上大型超市工作经历，1 年以上收银课管理工作经验。

2）熟悉超市客服部相关工作内容及流程，具备相关专业知识和动手能力。

3）具备良好的团队管理能力及培训能力。
4）具备及良好的敬业精神和沟通能力。

综合考虑收银员的工作职责及诸如上述案例中收银主管的职位描述和任职要求，本书将卖场收银主管的能力要求归纳如下：

1）必要的财务知识。

2）一定的计算机操作和统计能力。

3）优秀的客户服务意识。

4）良好的团队领导能力。

5）沟通协调能力，妥善处理好部门与金融机构及公司其他部门的协作关系。

6）一定的人力资源管理能力，能够较好地独立或配合人力资源部门完成部门内部员工的面试、绩效考核、培训等工作。

技能训练

学生以学习小组为单位，通过浏览招聘网站、参加招聘会、阅读报刊招聘启事等形式，收集大卖场收银主管能力要求相关信息。

三、客户投诉的处理

任务要求

通过对任务的分析，学习并掌握客户投诉处理流程。其主要环节工作内容见表 1-15。

表 1-15　主要环节工作内容

工作环节	工作内容
理解任务	研究任务的需求要点
知识认知	明确实现需求功能的 5 个知识性问题：何谓客户投诉；客户投诉处理的意义是什么；客户投诉处理的原则是什么；客户投诉的处理流程是什么；客户投诉的处理技巧是什么
工作成果	学会处理客户投诉

问题 1　何谓客户投诉？

1. 客户投诉的定义

所谓投诉，是指顾客不满情绪的直接表达。不满的来源包括产品质量、服务态度等，不满的表达对象主要有商户、卖场客服中心等。卖场客户投诉包括不同的类型。

2. 客户投诉的类型

在“市场营销”课程中，我们都学过“整体产品”的概念，商家若要使得顾客愿意和乐于购买自己的产品或者服务，必须从整体产品的概念层次认识和设计产品价值体系。换句话说，如果整体产品体系中某个环节出现问题，势必引起顾客的不满，其结果可能是失去市场机会、损坏企业形象，也可能是被客户投诉等。回顾整体产品的概念，我们不难发现客户投诉可能源于以下几个方面。

（1）对商品的投诉

1）顾客因产品质量而不满。一方面，顾客买到的产品质量不符合国家相关部门的质量标准。例如，顾客在家电卖场购买冰箱，收到货后，发现冰箱无3C认证标识，也无其他同类标识。另一方面，顾客在使用产品过程中，感觉达不到自己的预期。该问题产生的主要原因在于顾客在购买决策过程中，对产品质量的过高估计。例如，某些网络广告为了刺激顾客的购买欲，经常将产品功能夸大展现，使得顾客相当渴望获得该产品，并对其抱有相当高的功效期望。可想而知，顾客必然在购买商品后的使用过程中会产生强烈的不满情绪。

2）顾客因商品价格而不满。一方面，价格标识误导。不少商家为了吸引顾客购买或者诱导顾客溢价购买，在商品价格标签上做文章，以误导顾客。例如，某些卖场的商品价格标签区分会员价和普通价，将较低的会员价字体设置得很大，许多非会员被误导。另一方面，价格承诺不兑现。商家为促进销售，在价格标签上做出返利、差价成倍返还等承诺，但顾客要求各种“返”实际发生的时候，却不兑现。

3）顾客因标识而不满。一方面，由于店内宣传海报、POP广告等与实际发生偏差，导致顾客产生受骗感。导致该问题的原因可能在于店内宣传资料更新不及时，可能在于店铺宣传人员与一线营销人员沟通不及时，也可能源于卖场与各商户缺乏营销策略调整的统一性。另一方面，产品包装模糊也是顾客投诉的一大原因。由于包装印刷问题、物流装卸搬运问题、产品保管问题，甚至商家恶意行为等导致产品包装模糊，影响了顾客在购买和使用过程中，对产品质量、功能等特征的了解和判断，以致侵犯顾客正常利益。

（2）对服务的投诉

1）顾客因服务员的表现而不满。服务员是顾客与企业接触的窗口。顾客对服务员的评估直接影响顾客满意状况及企业形象。但服务员不尽人意的表现往往成为顾客满意度提升的绊脚石，具体而言主要包括三个方面：第一，服务人员服务态度不良。服务人员因为工作、家庭、自身素质等原因，在工作中，不能微笑服务，甚至以恶劣的态度对待顾客。第二，服务人员技能不足。顾客在购买和使用产品过程中，需要服务人员的专业支持，包括询问产品材料、产地、价格核算、使用注意事项等，有时候还需要服务人员负责产品的安装、调试、维修等服务。这时候顾客期望从服务员处得到相应的帮助，以解决自身在购买和使用过程的种种问题。因此，服务人员必须成为相关服务的专家。例如，顾客进入卖场之后，可能会询问有关商铺分布的问题，倘若服务员不能准确指出顾客所问商铺的位置，顾客很可能因此而浪费很多时间，当然会影响顾客的心情。第三，服务员仪表不符合规范。职业化礼仪是目前服务人员从业的基本要求。礼仪的规范性，体现企业经营管理的正规性及服务员对于顾客的礼貌程度。

2）顾客因服务作业而不满。服务作业是指经营管理部门为规范服务人员工作表现、工作内容所订立的制度性服务操作，具体包括服务流程、服务作业项目等。第一，服务项目不足。顾客在购买和使用产品过程中面临多种问题，存在多种需求。在市场竞争非常激烈的形势下，虽然在有些情况下，服务属于商家提供给顾客产品的附加值，但是顾客会因此而对不同商家进行比较。所以，倘若顾客所面对的这些服务问题不能得以很好地解决，顾客对商家的评价必然会降低，最终可能招致顾客的不满和投诉。例如，在家电卖场，很多顾客希望采用分期付款方式购买产品，以缓解资金压力。国美电器等企业顺应顾客需求，推出分期付款购买服务，得到顾客的肯定。而有些商家却因为没有该服务项目或者服务员对该项目不精通，而导致顾客不满。第二，服务流程安排不当。所谓服务流程，是指服务过程的步骤性安排，该安排中说明了服务步骤、服务步骤之间的相互关系、各服务步骤参与者的配合关系等。服务流程决定了商家为顾客提供服务过程的效率和效果。

（3）对安全和环境的投诉

首先，意外事故风险因素控制力度不够。由于顾客服务现场中存在大量安全隐患，一旦经营管理者没有予以足够的重视，不进行相应的整改、不采取提示措施，便会增加顾客的购物安全风险。安全问题势必影响客户的购买体验，甚至危害顾客的健康。产生安全风险的因素，除诸如上面提到的卖场自身因素之外，还包括顾客财务安全等因素。其次，顾客服务体验干扰严重。随着人们生活水平的提高，卖方和买方越来越强调体验在交易中的作用。所谓体验，是指顾客在购买产品、接受服务过程中，因使用产品、消费环境、与服务人员接触等所产生的心理感受。顾客服务接触过程是体验发生的主要阶段。很多商家不重视服务体验，往往在不知不觉中成为被投诉对象。

知识拓展

电动扶梯的“危险区”

商超电动扶梯上可能发生危险的主要有五处区域：扶手槽、扶手带下方进出口、阶梯和围裙板之间的缝隙、梳齿板与踏板之间的缝隙、扶手与建筑物形成的“三角区”。

扶手槽：位于扶手与围裙板之间，好奇的孩子容易用手指抠戳扶手槽缝隙，从而导致手指被夹住受伤。

扶手带下方进出口：位于电动扶梯两头的下方，倒地的成年人或孩子的手，触碰时容易被卷进槽口受伤。

阶梯与围裙板之间的缝隙：是发生险情较多的区域，乘坐不当时，女士的长裙、裤脚及人的脚部易被夹住，甚至卷入缝隙内。

梳齿板与踏板之间的缝隙：进出电动扶梯的两头，软底鞋、女士高跟鞋、松散的鞋带容易被卷进缝隙；儿童倒地后，衣服袖口、手、脚容易卷进缝隙内造成伤害。

危险“三角区”：即扶手与建筑物形成的“三角区”，成年人身体斜倚扶梯扶手，不注意时，头部极容易碰到建筑物，而儿童在乘坐扶梯时乱伸头、伸手，在扶梯的带动下，身体也极容易进入“三角区”，从而造成严重的身体伤害。

乘坐扶梯时，这五处区域很容易发生危险，而在扶梯上一旦出现手指、脚部等被夹的情况后，往往会对乘客的身体造成巨大伤害，甚至可能殒命，给救援也带来不小的挑战。

（资料来源：http://jsnews.jschina.com.cn/system/2014/04/01/020675036.shtml.）

问题 2 客户投诉处理的意义是什么？

据沃顿商学院一项调查显示，顾客投诉的表达和解决程度决定了顾客的回头率的高低，且两者呈正向关系——投诉的表达越充分、投诉处理越满足顾客需要，顾客的回头率就越高。而顾客回头率又决定了客户的忠诚程度。在目前激烈的竞争环境下，获得顾客忠诚是商家的生存之道。同时，顾客忠诚能够带来诸如价格敏感度降低、服务失误容忍度提高、顾客推荐等利益。

如果企业处理顾客投诉不力，必然会产生诸多负面影响。一个小小的质量问题的处理不当，可能引发报纸、电视等媒体的负面报道，最终使门店公众形象大大受损，以致陷入一场灾难性的服务危机。

知识拓展

蝴蝶效应

失了一颗铁钉，丢了一个马蹄铁；丢了一个马蹄铁，折了一匹战马；折了一匹战马，损了一位将军；损了一位将军，输了一场战争；输了一场战争，亡了一个国家。

——欧洲民谣

问题 3 客户投诉处理的原则是什么？

1．以客户为中心

以客户为中心是妥善处理客户投诉的首要原则。该原则要求全体员工充分认识客户及处理客户投诉的重要意义，树立市场导向的服务意识。所谓以客户为中心，是指工作人员在接受客户投诉时，要进行换位思考，站在客户的角度，为客户的利益着想。按照以客户为中心的原则，工作人员要诚恳地对待客户的投诉，本着客户是上帝的理念，为客户解决相应的困扰或者提出建议。

2. 以事实为依据

以事实为依据是妥善处理客户投诉的基础。该原则要求接待人员在处理客户投诉过程中，在以客户为中心的基础上，本着实事求是的精神，准确分析客户投诉产生的原因及结果。既要对客户坦诚相待，又要保证企业自身利益不受损失。以事实为依据原则，告诉我们在处理客户投诉时，要合理适度地维护客户的利益。

3. 以投诉处理制度为准则

处理客户投诉是企业的一项长期工作，关乎企业与客户之间的关系、企业形象及企业的生存与发展。所以，企业必须将客户投诉处理制度化。所谓制度化，是指有明确的客户投诉处理流程、明确的客户投诉处理责权分工、明确的投诉处理工作管理规范。只有通过制度化，投诉处理工作才能有章可循，才能对工作人员产生足够的约束和激励作用。通过长期制度化的管理，企业才能充分收集客户意见，以提高自身服务能力。

4. 以持久的关系为归宿

以持久的关系为归宿，要求企业全体员工树立客户关系管理理念。一方面，在买方市场条件下，客户有更多的选择权，成为市场竞争的裁判。只有不断得到客户的认可和选择，企业才能继续经营和发展。另一方面，调查统计表明，当前竞争激烈的市场环境下，开发新客户的成本至少是维持老客户成本的五倍以上，而且如上文所述，老客户还具有许多新客户不具备的优点。因此，对于客户投诉处理，企业不能就事论事，而是要把客户投诉作为自身发展的宝贵机会，充分利用，以求和客户尽可能保持长久、良好的关系。

问题4 客户投诉的处理流程是什么？

1. 一般流程

微课：客户投诉的处理流程

处理客户投诉的一般流程见图1-15。

（1）平复情绪

根据客户投诉敌意曲线理论，顾客情绪激动时，其理智行为能力最低。在顾客情绪激动的时候，客户投诉处理人员的解释和分析一般处于徒劳状态，甚至可能引起相反作用，即对客户关系产生破坏性影响。为此，当产生投诉时，客服人员应该先尽力使顾客的情绪趋于平和，以利于客户理性的恢复。

（2）认真倾听

分析和解决客户投诉问题的基础在于搞清楚顾客所抱怨的问题的来

龙去脉。因此，在顾客情绪平缓后，接待投诉人员应该换位思考，通过不断提问引导顾客，把其投诉的产品、问题、疑惑、要求等一一阐述清楚。这样一方面可以使顾客的情绪因为倾诉而进一步平和化，顾客行为的理智性更强；另一方面，通过换位思考和认真倾听，促使工作人员详细掌握顾客投诉的因果，以利于进行后续处理工作。

（3）表示歉意

工作人员在前两个阶段过程中，一定要在换位思考的基础上，对顾客所受遭遇表示遗憾性的歉意，让顾客感到被同情，甚至找到归属感。但是，工作人员此时一定注意，这种遗憾性的歉意，旨在安抚顾客的不良心情，而不一定是实质性承担责任的道歉，因为顾客遭遇的成因尚未进行调查分析。

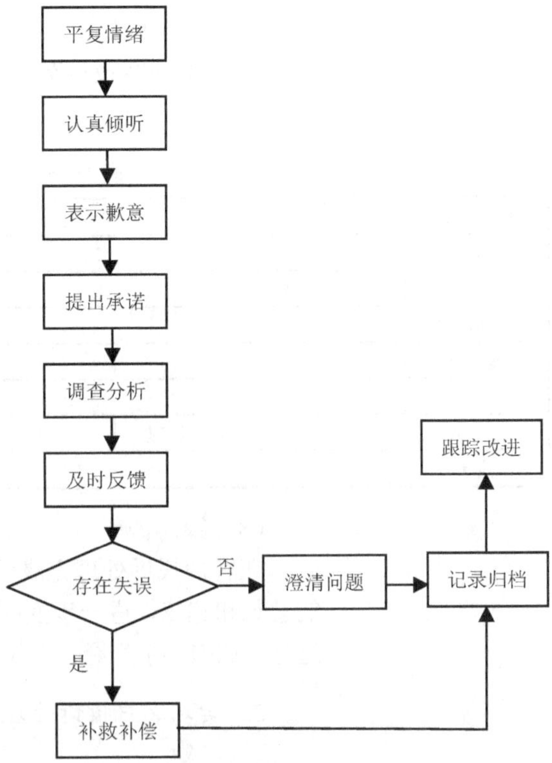

图 1-15　客户投诉处理的一般流程

（4）提出承诺

任何进行投诉的顾客，最希望获得的就是商家的“一个说法”，即商家对问题的解决态度或者解决承诺。所以，工作人员详细掌握顾客投诉的原因后，要及时进行分析，如果当场能够判断问题的成因，且自身具备解决问题的职权，可以当场向顾客做出解决问题的时间承诺和处理方式承诺。倘若工作人员不具备上述条件，则不可轻率做出承诺，应该在充分考虑的基础上，给顾客以处理问题过程性承诺，如多久给顾客一个回复等。

（5）调查分析

向顾客做出承诺后，要安排好时间进行调查或者督促相关工作人员及时完成调查工作，分析顾客投诉产生原因，以按照承诺时间，给顾客以答复，确保顾客对公司的信任不会减弱。

（6）及时反馈

在调查分析的基础上，按照约定时间，及时向顾客回复投诉问题处理情况。如若商家自身不存在失误，则应该向顾客阐述调查分析过程，以解释清楚问题责任不在商家，与此同时，进一步了解客户投诉产生的背景，并尽可能帮助顾客找到问题成因及解决办法。如若商家自身确实存在失误，则应该向顾客说明企业的哪个工作环节或者哪些员工存在失误，同时向顾客说明已经根据顾客的投诉进行相应的处置，并再次向顾客表示歉意。为了挽留顾客，商家要给予顾客象征性的补偿，同时，表达对顾客提出宝贵意见的谢意。

（7）记录归档

将上述顾客投诉处理过程登记到顾客投诉处理表，以备日后查阅和使用，见表 1-16。

表 1-16　顾客投诉处理表

顾客姓名		联系电话		受理日期	
投诉问题			投诉方式		
受理地点					
投诉理由					
处理经过					
处理结果					
承办人		客服经理	店长		
其他事项					

（8）跟踪改进

在客户投诉处理完成后，要进行必要的回访，了解顾客对投诉处理过程的意见和建议，进一步挽回顾客的信任和好感。与此同时，就客户投诉问题进行企业内部生产经营工作的改进，总结经验教训，以避免类似问题再次发生。

2. 卖场客户投诉处理流程

卖场客户投诉处理的流程见图 1-16。

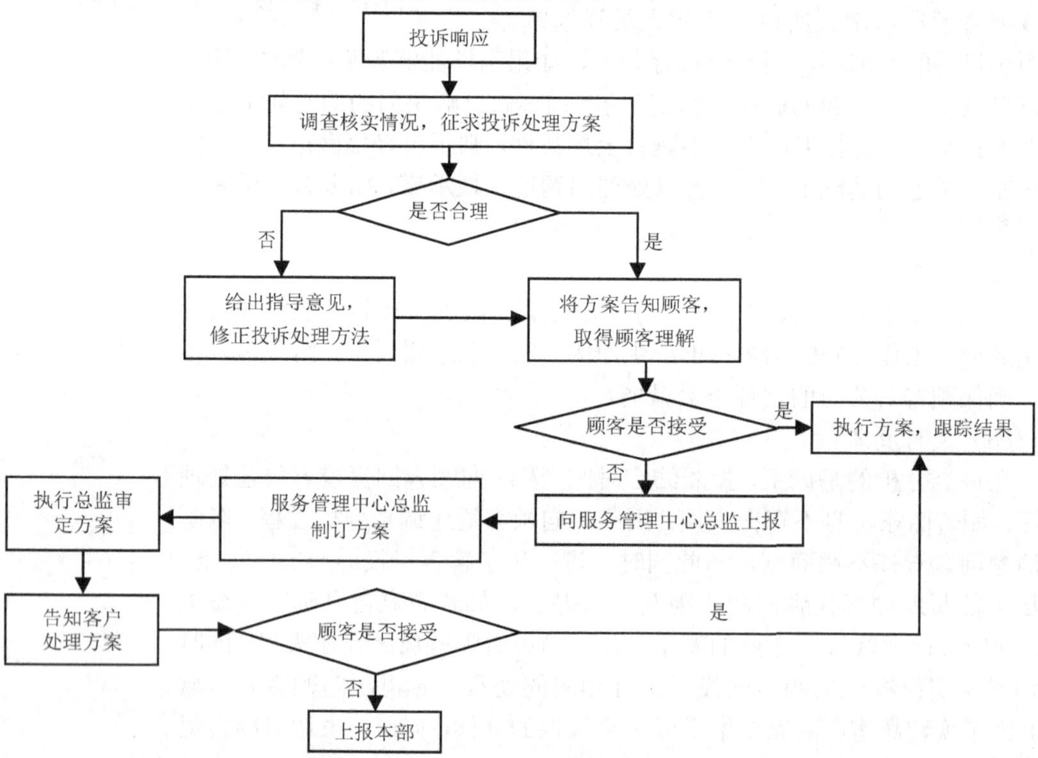

图 1-16　卖场客户投诉处理的流程

问题 5 客户投诉的处理技巧是什么？

1. 诚恳的态度

首先，态度是否诚恳既关系到客户情绪是否能够由激昂转为平和，也关系到客服人员能否运用同理心充分考虑顾客的遭遇。其次，态度是否诚恳关系到客服人员与顾客沟通内容能否为顾客很好地接受。通过观察客户投诉处理流程，不难发现提出承诺、及时反馈、澄清问题等环节，顾客是否愿意和能够接受沟通内容是处理投诉的关键。因此，只有诚恳的态度，才能起到妥善处理客户投诉，博得客户进一步信任和认可的作用。

2. 适当的解决承诺

承诺是顾客进行投诉时的一种心理诉求。从心理学角度来讲，当人的某种需要没有得到满足时，就会产生紧张和不安，因而导致某种动机和行为的产生。同样，当顾客获得承诺的心理诉求没能得到满足时，顾客会感到紧张、不安、愤怒，进而形成不利于企业的动机和行为。例如，顾客在门店大闹情绪，会对门店日常经营及形象造成不良影响。再如，顾客为了使自身利益得到保证，可能到相关部门投诉或者倾诉，对企业造成不良的社会影响。因此，面对顾客投诉，客服人员必须给予适当的承诺，以使顾客的不安情绪得到缓解。然而，这种承诺并非要完全符合当时顾客意愿，而要做到适当，否则，客服人员会因为无法兑现对投诉处理的承诺，而激起顾客更强烈的不满。

3. 及时的反馈

反馈是将客户投诉信息传递给客户的过程，是客户能够及时了解其问题解决进程的重要途径。客户在进行抱怨表达之后，非常关心商家对其抱怨的态度，期望得到商家的肯定，同时客户更加关心自己所受各种利益损害能否得到合理补偿。于是，在这种信息不对称条件下，客户心理出现一种失衡状态。而解决这一问题的关键就在于投诉处理信息的及时反馈，以减少客户的各种猜疑及随之不断增强的不满。因此，处理客户投诉过程中，客服人员必须及时将投诉处理信息反馈给顾客。正如许多快递公司通过全球定位系统向客户展示其包裹所处地理位置一样，即使包裹距离目的地还很遥远，客户也会因为快递过程的透明化，而感到安心。

技能训练

学生以学习小组为单位，以情景剧的方式，模拟扮演客户、客服人员、客服主管等角色，演练大卖场客户投诉处理过程，并以旁白的形式，说明其中涉及的主要问题、投诉处理原则等内容，完成投诉处理表格。

四、顾客退换货处置

任务要求

通过对任务的分析，学习并掌握顾客退换货流程。其主要环节工作内容如表1-17所示。

表1-17　主要环节工作内容

工作环节	工作内容
理解任务	研究任务的需求要点
知识认知	明确顾客退换货处置的3个知识性问题：何谓售前检验；退换货的原则是什么；客户退换货的流程是什么
工作成果	学会处理顾客退换货

问题1　何谓售前检验？

在店铺经营过程中，顾客要求退换货在所难免，属于店铺正常业务。但过多的退换货，不仅给门店经营带来巨大的麻烦，而且会给顾客带来强烈的不满，尤其是一些不该发生的品质事件。因此，在销售之前，销售人员先要对产品进行售前检查，以便减少退换货事件发生的可能性。所谓售前检验，是指销售人员在进行商品销售之前，对商品包装、有效期、规格、质量等方面的检验，杜绝问题商品售出，同时在售出商品时，提醒顾客保留好购买凭据，以备接受售后服务时使用。

问题2　退换货的原则是什么？

知识拓展

某大卖场退换货原则（部分）

1）顾客提出商品退换时，应提供完好的购物票据。

2）一般有质量问题的商品，凭票一个月之内调换。若无质量问题，在不影响第二次销售的情况下15天之内凭票退换。

3）食品、日化用品，包装完整、不影响二次销售情况下，一周内凭票调换。

4）特价商品及粮油、蔬菜、肉类、水果、散装食品、内衣不在退换范围内。

5）服装售出一周内未使用和洗涤过，吊牌完好无损，可按原价退换。

6）皮衣售出一月内自然断面、起皮、脱浆可按原价退换。

7）服装售出七天内颜色不一致，领子歪，袖子、裤腿扭曲的可按原价退换。

8）电器类商品售出一周内未使用过、不影响二次销售，持购物小票可按原价退换。

9）电器类商品自购机之日起15天内出现质量问题经售后检测，且无人为原因损坏、包装完好、附件齐全，可调换同型号新机。超出15天者，按国家“三包”规定维修或保修。

10）电器类商品由于消费者自行损坏或私拆，不属于保修范围。

各门店商品退换原则有所不同，但又不乏共性。

第一，任何商品退换，都要求顾客出具购物小票、发票等购物凭据，因此门店工作人员一定在顾客提货时候，叮嘱顾客保存好购买凭证，以免给双方带来不必要的麻烦。

微课：卖场商品退换货原则

第二，不同店铺不同种类商品可退换时间不同，时间的计算以顾客购买之日起开始。客户人员和销售人员一定把握清楚不同的时间期限要求，以免造成误导消费者或者其他工作失误。同时，工作人员有责任就退还期限问题向客户解释清楚。

第三，门店受理客户退换货要求之前，都要进行质量、包装等检验，以分清事故原因属于哪方，并决定相应的退换货服务。但一定注意，任何换货服务都要以不影响二次销售为前提。

第四，关于特价促销产品的退换原则，不同店铺规定不同。因此，销售人员和客服人员在销售时，一定要将店铺关于特价促销商品退换政策说明白。

第五，某些特殊商品，如散装食品、内衣等，不在退换范围之内。

第六，商品退换货政策服从国家相关法律规定。

第七，商品退换虽然是很多商家不愿意遇到的事情，但是，商品退换服务一样要遵守以客户为中心等原则，以维持店铺良好形象。

问题 3　顾客退换货的流程是什么？

顾客退换货流程用于指导妥善处理商品退换货，以提高处理速度和效率，最终提高门店顾客满意度。

1）顾客直接到销售门店要求退货的，第一个接触到顾客的导购员应负全程跟踪处理的责任。导购员应该在第一时间打开顾客的商品并进行必要的判定，如果符合退换货的商品，及时给予顾客退换货服务。

微课：大卖场退换货流程

2）导购在处理完退换货后，应该规范填写商品退换货登记单（表 1-18），做好信息记录，经过店长或者客服经理审核签字后，完成退换货流程。

表 1-18　商品退换货登记单

商品名称	条形码	日期	数量	退换货原因	顾客签名	经办人
客服经理				店长		

3）对于不符合退换货条件，但顾客强烈要求退换的商品，导购员应向客服经理申请后，及时妥善解决。

4）鉴定商品是否属于退换货范围之内，应该参照企业的退换货标准。如果是可以退换货的，应该立即表示歉意，并为顾客解决问题；如果不能马上解决的，要向顾客表示歉意，告知大概的处理时间并及时跟进；如果是不属于退换货范围之内的，也应该向顾客表示歉意，耐心解释不能退换货的原因。碰到非常难缠的顾客，也不能与之发生争执，可交由店长处理。

案　例

在超市买到过期糖果要求退货

楚天金报报道，2014年3月17日家住汉口常青花园的王先生反映，2013年5月28日他在汉口新华路一家超市买了几瓶糖果，付款后发现该糖果已经过期，要求退货时商家却以不是他们超市售出的为由拒绝。

据王先生介绍，当时买了3瓶瑞士糖和1瓶脆皮软糖。“付完钱后，我打开瑞士糖的瓶子尝了一颗，发现味道不对。”王先生查看瓶底生产日期，竟是2011年12月5日。“瑞士糖的包装上明确写着保质期1年，2012年12月5日这瓶糖果就已经过期了。”王先生当即找到该超市服务总台。“工作人员说这糖果不是他们超市卖出的，但我出示了当天的发票后，他们又说要退货的话可以给我退。”王先生说，超市工作人员的言辞前后不一，弄得他一头雾水。“后来我忙着上班，此事就一直悬而未决。”王先生说。

2014年3月17日中午12时许，记者和王先生一起赶到该超市。超市的周经理表示，总服务台工作人员业务不熟练，查找批次时没有核实清楚，才说出了“不是该超市卖出的糖果”的不当言辞，仅存的几瓶过期糖果去年已经销毁，并承诺给予王先生10倍货品价格的赔偿。

（资料来源：http://news.sina.com.cn/o/2014-03-18/063029731508.shtml.）

技能训练　学生以学习小组为单位，以某大卖场为研究对象，通过角色模拟方式，完成客户投诉商品退换货登记单的填写。

五、客服中心管理

任务要求　通过对任务的分析，学习并了解门店客服中心管理的日常任务。其主要环节工作内容见表1-19。

表1-19　主要环节工作内容

工作环节	工作内容
理解任务	研究任务的需求要点
知识认知	明确客服中心管理的2个知识性问题：客户关系管理是什么；公共关系管理主要有哪些内容
工作成果	了解连锁门店客服中心管理日常任务

问题 1　客户关系管理是什么?

1. 客户关系管理工作的主要职能

所谓客户关系管理，是指借助计算机、数据库、网络等先进技术，通过客户识别、客户区分、客户互动、客户个性化、客户关系测评等环节，使连锁门店与客户之间的关系持久化的过程。

1）客户识别。这是进行客户关系管理的第一步，也是后续工作的基础。所谓客户识别，是指通过商品满足需求特征描述、商圈调查、卖场收集客户资料等工作，认清门店客户特征，记录和初步判断谁是客户的过程。

2）客户区分。“顾客是上帝”这句话，对于客户关系管理工作来讲，并非完全正确。要判断我们的顾客是否是“上帝”，首先我们要调查分析某位顾客是否为目标客户。具体可以通过收集客户以往交易记录，然后通过 ABC 分类法、RFM 分类法、CLV 分类法等方法进行客户区分。

3）客户互动。所谓客户互动，主要是指通过问卷调查、客户沙龙、客户座谈会等形式与客户进行沟通，以了解和把握客户的动态需求。通过前两步工作，门店认识了谁是自己的客户，同时判断出客户为门店创造价值的不同，发现目标客户。客户关系管理的最终目的是留住客户，留住客户的基本要求在于满足客户动态变化的需求，而满足客户需求的关键在于正确认识客户需求及其变化。

4）客户个性化。实际上前面的工作只是基础或者说准备工作，把握到客户的动态需求，接下来就要对客户的动态需求进行满足，进而留住客户。所谓客户个性化，是指在客户区分及互动的基础上，针对客户类别及客户的需求特征，进行程度不同的个性化满足。

5）客户关系测评。通过客户个性化，连锁门店仅满足了客户动态需求中的一部分，然而因为客户的消费情景及市场状况在不断变化，所以，对于门店来说，必须经常考察客户与门店的关系是否发生变化或者正在发生变化，这就需要进行客户关系测评工作。所谓客户关系测评，是指采用客户满意度调查、客户忠诚度调查等形式，测评客户对门店的态度，并依据测评结果，进行客户挽留、关系维护等工作，以期提高客户关系质量。

2. 客户关系管理工作的日常表现形式

上述客户关系管理工作日常具体表现形式为：

1）客户意见调查。通过网络、面谈等形式收集客户意见：其一，门店在售前、售中、售后，请客户填写客户调查问卷；其二，在售前、售中、售后，以对话的形式收集客户意见；其三，在客户的投诉、退换货中收集客户意见。

2）客户基本资料收集。门店主要通过发放奖品、发放会员卡等形式获得客户个人信息。

3）客户交易信息收集。门店通过销售人员日常台账或者连锁门店销售管理系统获得客户购买行为信息。

4）配合市场营销工作。客服中心将收集的客户需求信息反馈给市场营销部门，以利于市场营销活动开展。

5）组织客户活动。门店通过客户沙龙、客户联谊、客户集体旅行等形式与客户进行互动，使得客户感受到门店的关怀，提高客户对门店的归属感和认同感。

6）处理客户投诉。

7）处理客户退换货要求。

8）日常信息提醒，如向客户发出生日祝福、节日祝福，提醒顾客车辆限行号码、天气状况、注意安全、注意防盗、门店促销信息、门店新品信息等。

9）门店以外事故处理。

技能训练

某超市入口和出口处的玻璃大门上均张贴着一张蓝色的“温馨提示”：“凡老、弱、病、残等行动不便的顾客，因安全原因，至本商场购物时务请家属一起陪同。谢谢配合。”

请就此案例中的“温馨提示”进行讨论。

问题 2　公共关系管理主要有哪些内容？

所谓公共关系管理，是指对门店与周围小区居民、学校、其他企业等社会公众之间的关系进行的管理活动，旨在改善社会公众对连锁门店、连锁门店品牌的形象评价，间接促进门店经营业务的开展。公共关系管理活动是一项需要长期开展、人人参与的长远性工作。连锁门店进行公共关系管理活动的具体形式包括：

1）慈善公益活动，如救济灾区、建设希望小学、免费社区健康讲座等。

2）新闻发布会，如连锁门店品牌发展状况新闻发布会、门店劳动模范先进事迹新闻报道、门店引入新便民服务项目或设备报道等。

3）增加便民服务项目，如水费交费、电费交费、机票订购、生活提示等。

4）门店店面形象装潢、店员仪表规范化、店员服务礼仪标准化、店铺服务流程制度化等。

案 例

2014 年 6 月 21 日上午，郑州慈善总会联合郑州华联商厦、煌明煌珠宝有限公司在郑州华联商厦东广场共同发起“爱暖童心·慈善大卖场”公益活动。在食品、服装、鞋帽等不同区域，每个商户面前都摆放着一个透明的慈善募捐箱，同时有慈善志愿者现场监督善款的捐赠情况。共有 60 多个商户拿出了上百种商品进行义卖，销售价格比超市要便宜得多，同时，商户还拿出销售额的 10%～50%用于捐赠。

（资料来源：http://www.wenming.cn/syjj/dfcz/hn/201406/t20140623_2019149.shtml.）

技能训练

学生以学习小组为单位，以某大卖场为研究对象，通过现场观察、访问等方式，对卖场客服中心日常工作进行调查，进行小组讨论，分析调研对象主要特征，并指出完善对策。

同步训练题库

一、填空题

1. 卖场收银主管的能力主要有_______、_______、_______、_______、_______、_______。

2. 按照_______原则，收银员管理每日收入现金，出现长款或短款，必须如实向上级汇报，按公司财务规定长款_______，短款_______。

3. 所谓投诉，是指_____________。不满的来源包括_______、_______等，不满的表达对象主要有_______、_______等。

4. 据沃顿商学院一项调查显示，顾客投诉的表达和解决程度决定了顾客的______的高低，且两者呈______关系。

5. 处理客户投诉，的一般流程包括_______、_______、_______、_______、_______、______、______、______。

二、单选题

1. 收银员为顾客提供结账服务时，发现商品条码扫描不清，正确的做法是（　　）。

A. 输入条码数字　　B. 要求顾客换货

C. 通知理货员换货　　D. 委婉拒绝销售

2. （　　）最能体现商场收银员与超市收银员工作的不同。

A. 现金保管　　B. 收银台清洁

C. 促销　　D. 解答顾客疑问

3. 下列不属于顾客对服务的投诉的是（　　）。

A. 服务员态度恶劣　　B. 服务员不专业

C. 服务流程效率低　　D. 服务场所不安全

4. 所谓（　　），是指工作人员在接受客户投诉时，要进行换位思考，站在客户的角度，为客户的利益着想。

A. 以客户为中心　　B. 以事实为依据

C. 以投诉处理制度为准则　　D. 以持久的关系为归宿

5. 工作人员详细掌握顾客投诉原因后，要及时进行分析，如果当场能够判断问题的成因，且自身具备解决问题的职权，可以当场向顾客做出解决问题的（　　）承诺和处理方式承诺。

A. 时间　　B. 地点

C. 费用　　D. 商品退换

三、多选题

1. 卖场收银员的工作职责有（　　）。

A. 结账服务　　B. 咨询服务

C. 现金管理　　D. 推广促销活动

2. 下列属于收银员营业前工作的是（　　）。

A. 领取备用金

B. 分类整理好公司有关促销传单

C. 按规定格式填写现金缴款单

D. 使用小票打印机打印顾客的购物发票

3. 客户投诉的类型主要包括（　　）。

A. 对商品的投诉　　B. 对服务的投诉

C. 对安全和环境的投诉　　D. 对商品标识的投诉

4. 客户投诉处理的原则包括（　　）。

A. 以顾客为中心　　B. 以事实为依据

C. 以投诉处理制度为准则　　D. 以持久的关系为归宿

5. 客户投诉的处理技巧是（　　）。

A. 诚恳的态度　　B. 适当的解决承诺

C. 及时的反馈　　D. 认真倾听

四、判断题

1. 收银员是指超市、商场等经营场所给顾客结账的员工。（　　）

2. 收银员要保管好营业收入现金。未经收银主管批准，不准乱支或借给任何部门或任何人。（　　）

3. 顾客对商品质量的投诉源于商品不符合国家质量标准。（　　）

4. 顾客投诉说明门店服务等方面存在问题，因此，客户投诉对门店没有一点好处。（　　）

5. 客户投诉处理一般流程中的表示歉意，是实质性承担责任的道歉。（　　）

参考答案 1-2

任务三 大卖场商品防损与安全管理

引导问题

卖场要想在竞争中获取优势，防损工作中一个不可忽视的管理要点就是想方设法减少营运过程中的商品损耗。然而严重的盗窃现象使商品非自然损耗直线上升，经营成本居高不下，已成为困扰卖场的一道难题。如何解开这道难题也成为卖场管理者面临的一个重要课题。那么，卖场怎样防止商品损失？

学习内容

本任务主要介绍防损的概念、形式、手段和防损设备，介绍卖场的安全管理及食品卫生安全管理的内容。

学习目标

大卖场的安全管理不仅要保证商品的安全，还要保证每位顾客及员工的安全。在本任务中，学生应掌握大卖场商品防损的意义、设备和手段，以及安全管理的方法、对食品卫生安全的要求，能为大卖场提供商品防损、大卖场安全及食品卫生方面的建议，最终学会查阅、整理资料，并锻炼自己的讲解、介绍能力。

学习重点

1. 大卖场商品防损管理。
2. 大卖场安全管理。
3. 大卖场食品卫生管理。

学习难点

1. 大卖场防损的手段和设备。
2. 大卖场食品卫生要求及安全管理。

任务描述

本任务为导学性任务，具体内容为：
1. 理解防损的意义和形式。
2. 理解安全管理的重要性。
3. 理解大卖场食品卫生管理的内容。

工作步骤

本任务的工作步骤见表 1-20。

表 1-20 工作步骤

序号	项目	工作内容
一	防损主题研究	①防损的概念与理念；②防损的意义
二	防损主要形式分析	①商品防损（产生的原因：商品作业、偷窃）；②安全防损；③设备防损

续表

序号	项目	工作内容
三	防损主要手段的确定	①防损手段；②常见的防盗设备
四	安全管理	①安全管理的内容和事故发生的原因；②安全管理的重要性
五	食品卫生安全管理	①食品安全的概念；②食品安全的要求；③食品安全的制度

成果预期

本任务完成后，学生应理解大卖场防损的意义和重要性，能够了解防损的主要手段和设备，掌握防损的几种主要形式，理解安全管理的重要性和安全管理的内容，理解大卖场食品卫生管理的内容，能够给大卖场提供防损和安全管理的相关意见和建议。要求学生完成成果评价表的内容（表 1-21）。

表 1-21　成果评价表

考评点	分值	得分
防损原因	20	
防损手段	20	
防损设备	20	
食品安全要求	20	
食品安全管理制度	20	
合计	100	

工作内容

一、防损主题研究

任务要求

通过对任务的分析，学习并掌握防损的概念、理念及防损的意义。其主要环节工作内容见表 1-22。

表 1-22　主要环节工作内容

工作环节	工作内容
理解任务	研究任务的需求要点
知识认知	明确防损主题研究的 3 个知识性问题：大卖场防损的概念是什么；大卖场为什么要防损；大卖场防损的理念是什么
工作成果	理解防损的概念、意义和理念

问题 1　大卖场防损的概念是什么?

在日常工作中,“损耗”是非常令人耳熟的字眼,但是,这并不意味着大卖场的每位职员都能完全明白其含义。大多数员工以为损耗源于盗窃,也有一部分员工认为是由商品损坏所致。其实,损耗是由盗窃、损坏和其他各种因素共同引起的。也就是说,损耗是大卖场收进货时的商品零售值与售出后获取的零售值之间的差额。当然,损耗因素会受到一个或多个因素的影响,大卖场出现其中的任何一个因素,都会减少利润额,增加损耗。

众所周知,控制和维持损耗的最低水平,可以防止对利润的蚕食,相对加大大卖场的发展空间。为此,应该清醒地认识到,减少和控制损耗因素是大卖场上至管理高层,下至每个员工永远的责任。

所谓商品损耗,就是那些看得见的损坏并且不能出售或折价出售的商品(不包括促销商品)与看不见的丢失商品,当然也包括由于商品品质等原因售出去后,被顾客退回来的商品等。广义来讲,损耗是大卖场的损失;狭义来讲,损耗是账面的库存与实物盘点库存的差额。

防损就是指根据本单位的人流、物流、信息流的活动规律和特点,通过合理的人员安排、流程规定、管理制度,对可能产生损耗的不安全因素的每一个环节进行监督和控制,从而达到全面控制损耗和保障安全的目的;避免由此造成所经营商品的账面金额与实际盘点金额不符或因经营、管理、使用不当等因素造成企业信誉、人员和设施设备所产生的损失。防损核心内容在于“防”,防止或减少问题的发生,而不是以解决已发生的问题为核心。

问题 2　大卖场为什么要防损?

大卖场的损耗会给企业带来很多的经营危机,商品非正常的损失消耗会给大卖场造成巨大的影响甚至会出现倒闭。要想大卖场在同行业之间有所发展,就要重视防损工作。

从大卖场的角度出发,防损的意义主要有两点:一是通过防损可探查开发大卖场利润的源泉;二是通过防损可搭建提升大卖场管理的平台。

1. 大卖场利润的源泉

“开源节流,挖掘利润”这个老调如何弹出新曲,是摆在每位大卖场经营管理者面前一个亟待创新的课题。众所周知,大卖场每天面对着数额庞大的损耗数据,损耗这个“恶魔”每时每刻都在吞噬着大卖场的利润,而遏止这个“恶魔”的有效方法就是防损。“狗熊掰棒子”的故事几乎家喻户晓,问题是我们如何能从这则故事中得到启迪。当前,许多大卖场都不同程度地存在类似“狗熊掰棒子”的做法:一边用九牛二虎之力提高销售额，一边却对居高不下的损耗视而不见，到头来本已丰厚的利润缩减了许多，有的甚至落了个“埋头干一年、赔本赚吆喝”。其症结就在于没有准确探查和开发大卖场利润的源泉。利润是大卖场的生命，而损耗恰似利润的天敌。显而易见，损耗与利润呈反比关系，损耗率高，利润率则肯定低；利润率高，损耗率则必然低。因此，毫不夸张地说，防损是挖掘大卖场利润源泉的最佳途径。

2. 大卖场管理的平台

“降低营运成本，提升管理水平”是大卖场管理者所追求的目标。据资料显示，我国每年仅零售业损耗额就高达数百亿元。许多优秀企业案例证明，只有最大限度地减少损耗，才能提高大卖场的管理水平。世界著名企业沃尔玛有一个重要的管理切入点，就是“防损无处不在”的管理新理念。在它的业绩当中有相当多的利润是由防损带来的，也就是说防损在天网（指通信卫星）、地网（指物流配送体系）的网络下，实现了利润最大化。防损工作的好与坏，不仅是衡量大卖场经营管理是否成功的一个重要指标，也是衡量每位经营管理者是否合格的一个标准。对大卖场而言，只有成功构建“防损”这个大卖场管理的平台，才能对“防损”这个入侵的“敌人”筑起一道坚固的“防御工事”，有效保护企业的有形财产和无形财产，这就是防损工作的意义所在。

数据表明，以国际商品丢失率 0.5%为依据，以国内大卖场实际损耗比例为基数计算，一个 5000 平方米的大卖场年损耗率（自然损耗、人为损耗、边缘损耗之和）达到 1.7%时为预警线，达到 5%时为生存线，达到 8.3%时为死亡线。

问题 3　大卖场防损的理念是什么？

大卖场防损的方针是预防为主，要有全员防损意识，需要全体员工在很多方面加强管理，来降低经营成本，维护正常的购物秩序和经营秩序，提高我们的竞争力。所以要求管理人员要教育员工在工作中处处要节约成本，并且要通过对于工作技术和防损方面的培训，做到防患于未然，培养忠诚的员工，规范服务，提高素质，保障良好的购物环境，从而提高顾客的购物欲望。

1. 全员防损

防损不仅是个别部门的工作，也是全体员工的责任和义务。因此，防损是员工工作中不可缺少的重要工作。全员防损的目标是：员工积极配合并遵守防损管理规定，积极参与防损监督和举报，及时为防损部门提供损耗线索。

防损已涵盖大卖场经营与管理的全过程，防损已不再仅限于防盗或商品损失上，它已经涉及大卖场里的每位员工、各个角落、所有部门。因此说，大卖场防损工作应是全方位的。例如，总经理的正确决策可以最大限度地降低经营成本，一个普通的理货员轻拿轻放可以避免商品受损，一位内场保安认真负责的巡视可以减少内盗外窃事件的发生，每一位管理人员合理使用办公用品可以延长耗材的使用时间等。

2. 全过程防损

任何一项工作流程中的错误都会直接或者间接导致损耗。因此，大卖场会对每一个可能出现损耗的环节进行有效监控。全过程防损的关键是流程合理高效，员工都能按质按量完成工作。

3. 防损等于纯利润

1）商品损耗是大卖场的“敌人”，降低损耗是取之不尽的利润源泉。

2）商品销售带给大卖场是销售毛利，但商品损耗不仅会损失商品的价值，还会损失运输成本、包装成本、人工成本等。因此，损耗损失的不仅是利润，还是纯利润。

4. 防损工作以“防”为主

防损工作的重点在“防”字，防患于未然。将损耗控制在发生之前，才是成功的防损。事后的防损主要在于尽量地弥补损失，其目的是防范和避免类似损耗。

知识拓展

防损部门应充当什么角色

防损涵盖大卖场所有财产和利益的维护，并尽可能地使损失降到最低程度。大卖场流程复杂、运营环节烦琐，要彻底控制各方面损耗，只有开动脑筋、运用智慧，才能达到理想效果。下面便谈一谈防损部门在连锁大卖场中应充当什么样的角色。

防损部门应充当四种角色。

1）防损部门应该是大卖场的管家。防损员遍布大卖场各部门，涉及各岗位，信息比较灵通，有控制损耗的先决条件，但是需要防损员具有高度的责任心和使命感。大卖场规模庞大，部门系统资产繁多，这都是防损的对象。防损部门应以主人翁的态度尽职尽责地维护大卖场每份财产，绝不允许有损耗，杜绝浪费现象，打击损公肥私的侵占行为，切实做好大卖场的管家。

2）防损部门是问号部门。防损部门要善于开动脑筋，这是每一个防损员必备的基本素质。在工作上需要细节管理，需要深思熟虑，不要放过每一个存在的问题，对每一个看似普通平凡的事情都要以敏锐的目光去审视，对每件事情、每个过程，甚至每个人都要多打几个问号：这样做合理吗？这样做安全吗？他为什么会是这样……只有这样才能发现问题。如果对所有问题、所有事情都是熟视无睹，恐怕发生问题都发现不了。所以防损员在工作时应该多开动脑筋，多打几个问号，防患于未然。

3）防损部门是坚实的城墙。为什么会有小偷入院？是因为篱笆不牢。防损部门应该形成一道牢不可破的防守阵线，把所有部门囊括在防损部门的视线之内、监控管理之中，水渗不透，风吹不倒。

4）防损部门应做一面放大镜，防微杜渐。损耗有有形和无形两种，无形损耗占了很大比例。防损部门应该从各种细微之处着手，像一面放大镜般仔细观察有可能造成损耗的事物。防损员应熟悉各部门的操作流程，且善于观察、敢于纠察，把各种造成损耗的苗头放大来看，努力降低损耗，维护利润。

综上所述，防损部门应结合自身工作性质，树立高度的主人翁意识，将这四种角色的特点贯穿到日常的工作中去，大胆纠察管理，从点滴之处做起，把损耗降到最低。

（资料来源：https://wenku.baidu.com/view/c6cc44c08bd63186bcebbc0a.html.）

技能训练

2018 年 6 月上旬的一个上午，某购物广场防损员针对收银台偶尔出现的商品与条码不符的情况进行了跟踪。商场进口的日本红富士苹果上贴有商品标签，防损员拿掉标签后去计量科计量，计量员没有看到标签，就按普通红富士苹果的价格给防损员计了价（进口红富士苹果 5 元/斤，而普通红富士苹果只卖 2 元/斤）；而去收银台买单，收银员也未发现，防损员将调包后的苹果轻而易举地拿出了商场。试想，如果有顾客将价格不一的同类商品混装起来按低价打价买单，必将造成商场商品的流失，从而影响公司利益。

阅读本案例，分析为什么会造成商品流失，怎样才能预防商品流失。

二、防损主要形式分析

任务要求

通过对任务的分析，学习并掌握防损的形式及原因。其主要环节工作内容见表 1-23。

表 1-23　主要环节工作内容

工作环节	工作内容
理解任务	研究任务的需求要点
知识认知	明确防损主要形式分析的 3 个知识性问题：商品防损的形式是什么；安全防损的形式是什么；设备防损的形式是什么
工作成果	理解商品防损、安全防损和设备防损的形式和内容

问题1 商品防损的形式是什么?

(一)商品损耗产生的原因

大卖场商品损耗的原因主要包括以下几个方面，见图1-17。

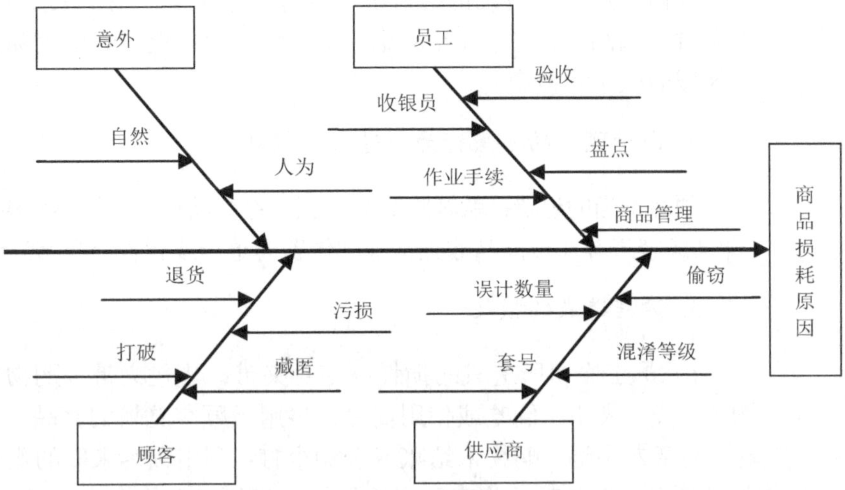

图1-17 商品损耗原因鱼骨图

1. 由于员工的不当行为所造成的损耗

(1)收银员的行为不当所造成的损耗

收银员对收银工作不熟悉，按错部门类别；收银员与顾客借着熟悉的关系，故意漏扫部分商品或私自输入较低价格抵充；收银员因同事关系而发生漏打、少算的情形；由于价格无法确定而错打金额；对于未贴标签、未标价的商品，收银员打上自己臆测的价格；误打后的更正手续不当；收银员虚构退货而私吞现金；商品特价时期已过，但收银员仍以特价销售。

(2)由于验收不当所造成的损耗

大卖场员工搬入的商品未经点数，造成短缺；仅仅验收数量，未做品质检查所产生的错误；进货的发票金额与验收金额不符；商品验收时点错数量；进货商品未入库。

(3)由于作业手续上的不当所造成的损耗

商品调拨的漏记；商品领用未登记或使用无节制；商品进货的重复登记；漏记进货的账款；坏品未及时办理退货；退货的重复登记；销售退回商品未办理进货退回；商品有效期检查不及时；商品条码标签贴错；新旧价格标签同时存在；POP或价格卡与标签的价格不一致；商品促销结束未恢复原价；商品加工技术不当产生损耗。

（4）商品管理不当所造成的损耗

未妥善保管进货商品的附属品；进货过剩导致商品变质；销售退回商品未妥善保管；卖剩商品未及时处理，以致过期；因保存商品的场所不当而使商品价值减损；因商品知识不足而造成商品价值减损；姑息扒窃。

（5）盘点不当所造成的损耗

数错数量；看错或记错售价、货号、单位等；盘点表上的计算错误；盘点时遗漏品项；将赠品记入盘点表；将已填妥退货表的商品记入不明负责区域而做了重复盘点。

2. 由于顾客的不当行为所造成的损耗

顾客不当的退货；顾客将商品污损；将商品打碎；将不购买的孤儿商品（即被顾客遗弃在该商品非正常陈列位置的单个或者多个商品）进行藏匿。

3. 偷窃造成的损耗

1）员工偷窃所造成的损耗：随身夹带；皮包夹带；购物袋夹带；废物箱（袋）夹带；偷吃或使用商品；将用于顾客兑换的奖品、赠品据为己有；与亲友串通，购物未结账或金额少打；利用顾客未取的账单作为废账单退货而私吞货款；将商品高价低标，卖给亲朋好友。

2）顾客偷窃所造成的损耗：随身夹带商品；皮包夹带、购物袋夹带、将扒窃来的商品退回而取得现金；将包装盒留下，拿走里面的商品；调换标签；高价商品混杂于类似低价商品中，使收银员受骗。

4. 由于供应商的不当行为所造成的损耗

误记交货单位（数量）；供应商套号，以低价商品冒充高价商品；混淆品质等级不同的商品；擅自夹带商品；随同退货商品夹带商品；暂时交一部分订购的货而造成混乱；与员工勾结实施偷窃。

5. 由于意外事件所造成的损耗

1）自然意外事件：水灾、火灾、台风和停电等。

2）人为意外事件：抢劫、夜间偷窃和诈骗等。

（二）商品防损的作业方式

对商品的保管和陈列方法不当、商品标价错误、商品鲜度管理疏忽等原因造成的商品损耗，要求做好如下工作。

1）做好商品陈列中的损耗预防，在商品陈列过程中应注意以下几点：货架上要标有货架号码和商品名称卡，以便做好商品管理；商品一般不堆积在地上；商品货架摆放应符合标准，商品不可堆积过高。

2）加强商品标价的管理采取的应对措施主要包括：随时注意货架条

形码变动情况，特别防止低价条形码贴在高价商品上；商品不得随意标价，标签字迹应清楚；收银员在顾客结账时，要一边念出价格，一边注意显示屏幕的数字是否一致（若不一致，一定要停止其他作业，登记该项商品代号、品名和价格）；将价格差异表呈交负责人员，进行核对，查明原因后更正商品价格标签时，应将原标签撕去，再贴上正确标签；如果购物人员为本公司现场工作人员时，应当场通报店长，追究责任；每天检查大卖场POP的价格与标价是否一致，不一致时，要立即更正；特卖后要将商品标签价格更改回原价。

3）加强商品鲜度管理。生鲜食品现在已成为大卖场的一大卖点，应以保质、保量、保鲜吸引目标顾客。针对此项内容，可以从以下几方面考虑。首先，冷冻冷藏设备要定期检查，发现故障及时排除，一般每月检查3次为宜。同时，食品商品必须严格控制库存，订货一定要由部门主管或资深员工亲自参与。其次，食品商品有些需当日售完，如鱼片、绞肉、活虾等，可在销售高峰期就开始打折出售，以免成为坏品。再次，食品商品的管理人员应彻底执行翻堆工作，防止新旧食品商品混淆，使鲜度下降。同时，工作人员应尽量避免作业时间太长或作业现场湿度过高，造成商品鲜度下降。

知识拓展

关于超市生鲜经营：你必须知道这些秘诀

生鲜经营绝不简单，由于容易腐败变质，生鲜的经营成本颇高，家乐福麾下主打生鲜的冠军超市就曾因难以负荷高成本而退出中国市场。超商生鲜经营对于进货、库存、架构搭配甚至货品陈列与切割刀手等都有非常细化的管理和诀窍，这些环节导致生鲜经营的优劣甚至决定了超商业者的核心竞争力。

1. 先进先出，加速周转

诸多从业者反映，生鲜是集客能力最强的超商经营板块，因为“民以食为天”。生鲜商品还能拉动其他商品的销售。

“首先当然是进货，进货的方式可以控制成本，并不能解决生鲜经营的核心问题——新鲜度。”有从业者如是说，并给记者算了一笔账，比如进货价2元/斤的某种蔬菜，在新鲜时的确可以卖2.5元/斤，可一旦不新鲜出现部分烂叶则可能只能卖2.1元/斤了，再滞销则连成本价2元/斤也卖不到，因此加速周转是保持新鲜度，让生鲜产品保持竞争力的关键。

“这里不得不说一下生鲜管理的主要原则，要加速周转首先要在每日销售高峰尽量售出生鲜品，避免成为损耗，新品和旧品一定要分开放置，不能混淆，不能给客人造成不新鲜感，也防止新鲜品与非新鲜品的‘交叉’，避免整体新鲜度下降。因此生鲜部的人员一定要时常做巡查，保持生鲜商品的适合冷藏温度。”在大型零售企业担任管理层约10年的沈先生强调，生鲜商品若要保持新鲜度和高速周转率，那就一定要遵循“先进先出”原则，严格控制库存，保持货品“先进先出”。

家乐福则将这项研究推向了极致。“我们会将最吸引顾客的那类生鲜货品亏本出售，即做成负毛利商品，用这些低价且最吸引人的货品来拉动顾客购买，但要知道，往往顾客不会只买一件商品，我们会在商品架构和陈列设置上将负毛利、中毛利与高毛利商品混搭，如此一来，客人冲着低价商品而来，但结果还购买了大量中、高毛利的生鲜商品，其实是零售商赚到了，也加速生鲜品周转率。”曾是家乐福中国区高管的一位人士向记者透露。

2. 辅助手段多样

除了上述各种法则，还有不少辅助手段也可以帮助生鲜商品管理。

“时间差”是世纪联华一家门店曾经使用的方法，该门店管理人员注意到很多家长尤其是老年人在早晨送完孩子上学后就顺便到卖场购物，此时顾客购买的大多是生鲜食品。但有很多卖场在这个时间点还没有开门，于是该世纪联华门店就比其他卖场提前一小时开业，并且在这一个小时内做生鲜商品的限时特卖，这招吸引了诸多附近居民争相购买。而到了晚市即夜间 20:00 后，该店很多生鲜货品也会打折出售。这种利用“时间差”来做文章的生鲜促销方式大大加速了货品周转率，减少了损耗。

此外，生鲜品的摆放如今越来越体现促销艺术，如 OLE 超市会以不同颜色将果蔬并列堆放，且堆放生鲜品时营造一种溢出感，让顾客觉得货源充足、货品新鲜。有些超市还会在果蔬上洒水，伴随着盈盈水滴的果蔬品尤其体现出新鲜感。据业内不完全统计，这些陈列技巧能提升 10%～15%的生鲜货品销售额。

直接影响生鲜管理的因素是人。“在卖场生鲜部，顾客看到的是已切割好的肉品，但在后台则是一整头猪，这要经过专业刀手对整猪进行不同部位的切割后按不同的价格摆放在前台冰柜出售，这也就意味着一个好的刀手可以将猪肉分割合理，尽量多地分割出有效出售的部位，将收益最大化。反之，缺乏经验的刀手则会造成肉材浪费。有时一个好的刀手可以比一个差的刀手在一头猪上多切割出约 100 元甚至数百元价值的猪肉。这将直接影响生鲜部收益。”

为了激励生鲜部员工，华润万家近期推出了“生鲜合伙人制度”。记者在一份华润万家的内部资料中看到，不同生鲜员工的岗位设置，有不同的计分点，根据各单项指标达成情况计算奖金，其中，目标奖金额可以根据团队的固定工资额，也可以由业务单元单独确定；季度指标达成 100%～150%时，季度指标奖金金额为 0～30%；年度指标达成 100%～150%时，全年指标奖金为 0～50%。这种“生鲜合伙人制度”也有利于生鲜管理人员和一线员工力拓生鲜业绩。

记者暗访了数家卖场后发现，其实要遵循“先进先出”原则并不容易，毕竟陈旧的货品比较滞销，而新鲜货容易出售，于是一些生鲜部人员有时会将新旧货品混搭，甚至是“后进先出”。

“做生鲜一定要给人新鲜感，因此遇到变质或即将变质的生鲜品一定要处理掉，不要认为这是浪费，其实损失一部分的变质货品，让生鲜货架整体看起来更新鲜，反而会加速正常生鲜品的销售和周转，整体而言是有利于生鲜板块收益的。反而是不愿意处理滞销货的生鲜柜台前会门可罗雀，结果导致新鲜品也滞销进而变成变质品，造成更大浪费。”沈先生坦言。

（资料来源：http://www.linkshop.com.cn/web/archives/2014/312838.shtml.）

（三）大卖场运营过程中的损耗防止

1. 提高收银作业的质量

收银作业过程中要严明收银员的作业纪律，并制定相关的处罚条例，严格执行；收银主管要严格按程序组织并监督收银员的交接班工作，要认真做好记录，以备日后查证；连锁企业大卖场一般采用 POS 机管理，除特殊情况外，应严禁收银员采用人工输入方式结账，否则要详加追查。若收银员采用人工输入方式，应严格按照公司规定的作业方式进行操作。特殊情况有条码标识错误、未贴条码、扫描仪器无法显示或NON-PLU商品等。

2. 做好商品的验收作业

1）在核对送货单据和商品时，应认真检查以下项目：检查商品名称和规格、大小是否相符；检查商品数量；对于外表有破损或污垢的商品，要打开检查；检查商品上的生产日期和进货日期；对于破损的商品，要在送货员在场时，确认破损的数目。

2）问题商品一律拒收。对于品名、数量、价格、标签、重量不符者一律拒收。大卖场对问题商品的具体处理方式一般是：验收商品不同或数量过多时，要当场点清，退还给送货员；当商品数量不够时，要在货品不足的账目里予以记录，并由送货员和验收人员同时签章和签名给予确认；日后补送不足的商品时，要加以确认；商品有破损时，按照破损数量，全部退货。

3）特殊商品的验收。验收人员必须仔细检查上面登载的品名、数量有无差错，并先将送货单保管起来，待进货传票送至时进行对照，然后在验收单上签收。

3. 规范盘点作业

盘点作业一定要按照步骤严格进行。盘点时，要根据盘点作业规定，经盘点的商品以纸条将数量写上，贴放在商品旁，以便主管抽查，也可确认盘点正确与否；营业中盘点时，需先将销售情况记下，等盘点结束时，再核对；部门主管要随时抽查盘点情形。

4. 加强员工日常作业管理

员工日常作业要采取的应对措施主要有：定期检查商品价格的标识有无错误或漏标现象；由于顾客不小心或商品堆放不合理而造成的损坏或破包，各部门可以针对这种情况在仓库里留出一小片地方作为退货商品堆放区，并由专门的资深员工负责退货和管理，把损耗降到最低；定期检查货架上商品的有效期限，做好先进先出的商品管理；仓库中的库存品也应进行定期检查，因为大卖场仓库存储面积有限，除畅销品以外，其他商品不要有太多库存或最好无库存；严格检查货物出仓情况，核对有关单据，监督货物装卸，以防被窃、被损，每天检查后锁好仓门，与仓库人员共同监督保管钥匙；对于提高售价的商品，应该立即更换标签（更换时，要注意需先将旧标签撕下，才能贴上新标签）；员工应认真填写账目查核表，表中应有应收账款、现金支付表、价格变动和损坏报告等项目，还应有详细的支付明细；定期检查仓库、门锁及防盗设施。

5. 贯彻会计处理制度

会计处理要采取的应对措施有：商品、自用品、设备的采购由专职的采购部门负责；核准采购单后，才能订货；购进商品由专责的验收部门负责验收；会计部门收到验收单位的单据后，应立即制作传票，记入应付账款总账及明细账；严格控制付款天数；适时抽查账簿。

（四）大卖场运营过程中的损耗处理

商品被窃的比例逐渐升高，逐渐成为商品损耗的主要原因之一。商品偷窃主要有顾客偷窃、员工偷窃和供应商偷窃三种类型，卖场应做好以下工作。

1. 顾客偷窃事件的防范与处理

（1）顾客偷窃的行为表现

顾客偷窃的行为主要表现为如下形式：顾客利用衣服、提包等藏匿商品，不付账带出超市；顾客更换商品包装，用低价购买高价的商品；顾客在大包装商品中，藏匿其他小包装的商品；顾客未付账白吃超市中的商品；顾客撕毁商品的标签或更换标签，达到少付款的目的；顾客与店员相互勾结，进行盗窃活动；盗窃团伙的集体盗窃活动。

（2）顾客偷窃的防范

1）设置便衣安全员。设置便衣安全员是防止和发现顾客盗窃的有效手段，他们的隐蔽性好、专业反扒能力强，是超市防盗的强有力队伍。通常安全员通过如下异常现象来发现外盗：购买的商品明显不符合顾客的身份或经济实力；购买商品时，不进行挑选，大量盲目地选购商品；在商店开场或闭场时，频繁光顾贵重商品区域；在超市中走动，不停地东张西望或到比较隐蔽的角落；拆商品的标签，往大包装的商品中放其他商品，撕掉防盗标签或破坏商品标签；往身上、衣兜、提包中放商品；几个人同时聚集在贵重商品柜台前，向同一售货员要求购买商品；顾客表情紧张、慌张、异样等。

2）员工防盗意识的教育。防盗不仅仅是安全员和安全部的事情，也是所有员工的责任。企业中要形成人人都是安全员的风气。人人都有很强的防盗意识，小偷得手的机会就会大大减少。当发现可疑的顾客时，可以微笑着向顾客走过去，进行整理商品、清洁或补货等，或主动同他打招呼，引起注意，从而制止犯罪。当发现顾客已经有盗窃的种种迹象时，可以不动声色地跟踪，并立即通过电话、对讲机或其他同事报告给安全部，等待安全员来顶替自己，绝不能当面质疑顾客。

3）连锁企业的防盗系统。现代化的大中型大卖场除采用人工监控的方法外，还通常采用安全门系统、监视系统、张贴各种警示标语、防盗标签、广播等手段和方式进行全方位的防盗监控。

（3）顾客偷窃的处理

1）发现可疑迹象：安全员现场发现可疑顾客和可疑动作，或员工举报或监视系统发现可疑顾客。

2）秘密跟踪：安全员秘密进行超市内跟踪。

3）是否结账：认真仔细观看顾客是否将所有商品全部结账付款，是否没结账或没完全结账。

4）出超市门口：当顾客即将通过安全门离开超市的时候，不管是否引起报警，都要制止顾客，请顾客到办公室处理。

5）抓住盗窃者：将盗窃者比较平静地带到办公室，切忌用激烈的手段，必要时可多名安全员协同作业。

6）谈话对证：与盗窃者当面对证，进行谈话记录，并阐明盗窃的危害性，注意不能对盗窃者进行罚款、人身伤害、拘留、扣押证件等行为。

一旦确定偷窃行为，可以用以下方式处理：和解方式，对于盗窃情节轻、金额少或未成年盗窃者，一般给予严厉的教育和警告，并记录在档，并采取等价买回偷窃商品等方法进行处理。偷窃商品价值在400元以上者，可送公安机关，大卖场需开具一个商品零售价证明，并盖财务专用章，当事人、赃物、证人、谈话记录应齐全。抓获 14 岁以下（含 14 岁）偷窃人员，应对其批评教育，让其写书面检查，通知监护人或学校来人将其带回；对盗窃情节严重、金额大，且多次来本超市的惯偷，或属于团伙盗窃的，或认错态度不好的，送交司法机关处理。注意，对偷窃者，超市不能采取公开其照片、姓名等个人资料，或进行殴打、使其当众出丑等违反法律的行为。

2. 员工偷窃事件的防范与处理

（1）员工偷窃

员工偷窃行为是指员工通过实施不正当或违法的行为使公司的财物和金钱受到损失，主要包括以下情形：员工直接偷窃公司的商品、赠品、用品；员工直接偷窃公司同事的私人财物；员工未按有关程序而故意丢弃公司的商品，以逃避责任；员工与员工或外人勾结、策划、协助进行盗窃或一条龙的盗窃活动；员工偷吃公司的商品或未经许可试吃商品；员工利用改换标签或包装，将贵重的商品以便宜的商品或价格结账；员工未经过正常的程序，故意将价格标低，使自己的朋友、亲属受益；员工未按公司的程序，私自将售卖的文具、工具、用具拿来自己使用；员工未经许可，私自使用或占有供应商提供的赠品；员工贪污公款，携款潜逃；收银员从收银机盗窃钱款；收银员为亲属、朋友等少结账或不结账；收银员利用其他手段从收银机中盗窃公司钱款；客服人员利用退货、换货等手段偷窃公司钱款；员工接受供应商的回扣、礼品、招待、用餐、消费及旅游等各种形式的馈赠。

（2）员工偷窃的防范

内部偷窃防范是大卖场管理中的重要一环，管理者要降低损耗、控制损失，必须在内盗的防范上进行严格有效的管理。

1）员工的预防教育。对员工进行从入职开始的不间断的教育工作。教育分正面、反面等多种方式，采用开会、板报、活动等多种方式。同时必须阐明：公司具备严格的管理制度和监视系统；公司对偷窃严厉打击的措施和处罚方法；员工应具备在本行业工作的最基本的道德规范；员工因偷窃将给个人带来严重的后果，包括承担刑事责任；偷窃不仅损害公司的利益，同时损害所有工作同事的利益与福利。

2）内部举报制度。控制损耗是超市每一位员工的责任和工作内容，应鼓励员工检举偷窃行为，调动员工的积极性，设立内部举报制度和奖励制度。内部举报必须是实名举报，不接受匿名举报。公司对举报者的举报姓名、内容予以保密。设立举报电话、员工信箱，接受内部员工的举报。对于举报的查证，由安全部负责，并在规定的时间内完成。对于举报经查证属实者，对举报者给予一定的经济奖励，根据举报案例所挽回的经济损失，具体决定奖励金额。

3）内部防盗检查和监控。针对员工偷窃行为制定专门的处罚办法，并公布于众，严格执行。严格要求员工上下班时从规定的员工通道出入，并自觉接受大卖场保安人员的检查；员工所携带的皮包不得带入大卖场或作业现场，应暂时存放在指定点；对员工在上下班期间的购物情况要严格规定，禁止员工在上班时间去购物或预留商品；员工在休息时间所购商品应有发票和收银条，以备保安人员和验收人员检查。

（3）员工偷窃的处理方法

所有内盗的人员，无论其盗窃的金额是多么少，商品是多么小，理由多么充分，一旦发现确实，一律立即解聘。企业有权通过合法途径追回被盗的商品和要求赔偿盗窃的金额；内盗的司法处理根据其盗窃行为情节的严重和金额的大小，移交司法机关处理；所有内盗事件的曝光不得公开盗窃者的私人资料；内盗事件的曝光只能在本企业范围内进行，不得在公共媒体进行。

3. 供应商偷窃事件的防范与处理

（1）供应商偷窃的行为表现

供应商偷窃有很多方式，主要包括：供应商派驻超市的促销人员偷窃；将已经收货完毕的商品重新按未收货点数；利用收货员的疏忽，趁机偷窃商场商品；在收货员称重时，进行作弊行为；私自丢弃应属于退货的商品等。

（2）供应商偷窃的防范

针对供应商偷窃事件，企业要有严格的防范管理制度：由收货人员进行全过程的收货操作，将已经收货/未收货的商品按区域严格分开；由操作人员和收货人员共同配合，做好每日商品的退换货工作；安全员严格对供应商的进出进行控管，对进出携带物品进行检查核实；不允许供应商人员进入仓库。

（3）供应商偷窃的处理方法

1）发现偷窃：一般由收货部、安全人员发现供应商偷窃。

2）调查取证：安全部对事件进行调查取证，特别是供应商现场偷窃人员的书面对证。

3）通知采购部：将事件及有关的材料证据提交到采购部。

4）赔偿损失：由安全部提出赔偿的数额，由采购部进行执行。

5）处罚：凡是发生偷窃现象的供应商，可考虑与其中断合作关系，并要对因此而给超市造成的预计损失进行赔偿；对已经造成的损失进行赔偿，对其行为进行罚款处理，对因此而造成的超市的预计损失进行赔偿，甚至中断合作关系。

问题 2　安全防损的形式是什么？

安全防损主要包括安全陈列和人员损耗两部分。

1. 安全陈列

商品陈列必须安全美观，商品陈列切忌过高、不稳固。严禁将破损、过期、变质的商品陈列在货位上，保证商品的稳定性和质量，避免造成对顾客人身安全的威胁和企业商誉的不良影响；如商品包装原因导致商品陈列存在安全隐患，可以选择适当的器皿协助陈列。

安全陈列应遵循以下几个原则：

1）先进先出原则。生产日期在先的商品摆放在销售前端、防止商品损耗。

2）货签对位原则。商品与价签应一一对位，价签、POP、价格立牌、贴签等标明商品价格或性能的标识应醒目清晰，避免价格欺诈损失。价签放在商品的左下角，不得重叠和破损。除 POP 与商品对应外，端头上竖式陈列的单品左下角还需放置一张价签。

3）关联陈列原则。在陈列商品时，商品与上层隔板之间应留有 1～2 指的空隙（3～5 厘米），让顾客的手容易进入拿出，并方便放回原处，防止顾客夹伤或商品破损。

2. 人员损耗

人员损耗是指由于机构设置不科学、职能重叠、人浮于事，或者违法违纪、假公济私而引起的损耗。

人员防损工作必须坚持“以岗定人”的原则；“对事不对人”，防止人浮于事造成的工作效率低下，是人员防损的主要中心内容。

1）明确岗位责任制，应做什么，不应做什么。针对各岗位的职责要求展开跟踪检查，以此为依据向上级领导提出建议。

2）以公司总计划为前提，以部门考勤为依据来衡定岗位的工作量，以此来确认各岗位的工作效率，是否存在“人浮于事”的现象，并对岗位编制等提出建议。

3）从防损角度跟踪各项工作，保证各项工作、各个环节的健康性。

4）以公司《员工守则》为标准，对公司工作人员行为举止不端而影响公司形象的，适时做出警示，特别是一些高级管理人员的行为举止。

5）开展经常性的巡查工作，以公司制度为准绳，坚持“对事不对人”，对工作中违纪、违章的现象及时纠正并上报主管部门以供领导决策。

6）随时掌握员工的思想动态，对不利于公司建设的言论及谣言予以及时的制止，并立即报告主管部门，采取措施，确保公司内部的员工队伍安定团结。

知识拓展

某商场的《员工守则》

为了完善商场员工的日常管理，提高工作效率及经济效益，保证商场各项工作的有序进行，促进商场的繁荣发展，特制定如下制度：

1）按时上班，不迟到、不早退、不旷工。有事需要请假、调班、调休或离开岗位时，必须经过店长或督导批准（请假时间达 3 天者需督导批准方可）。否则，将以早退或旷工论处。

2）上班前应换好工作服并检查个人仪容（衣着是否整齐规范，工作证是否佩戴），长发必须扎起，不准染异色发，上班不准穿短裙、短裤、拖鞋。

3）员工下班后不得穿工服或戴工牌进入商场。员工必须保管好各自的工牌、工卡、饭卡，如若丢失，按商场有关制度交纳相关补办费用。

4）上班时间，员工不许做与本工作无关事项，更不许说脏话，避免出现倚靠商品或货架、大声喧哗、吃零食等其他有损商场形象的行为。

5）员工购物必须是当班员工帮忙买单并确认小票签名。

6）认真做好防盗、防火、防突发事件的应急工作。

7）认真履行工作职责，热情、耐心地接待每位顾客，为顾客提供优质服务，提高工作质量，增强凝聚力，提高销售营业额。

（资料来源：https://wenku.baidu.com Niew/ceda7078a26925c52cc.5bf6e.html.）

问题 3　设备防损的形式是什么？

设备损耗是指设备非正常情况使用下而产生的损耗。防止设备损耗是控制成本、提高设备使用效率的有效途径。设备防损包括办公区设备防损、大卖场设备防损。

（一）办公区设备防损

1. 办公区设备损耗的原因

办公区设备防损的内容包括办公用品和办公设备，产生损耗的现象和原因如下：

1）办公设备的管理没有责任到人，造成能源消耗，如开无人灯、空调、水、电，用公司电话打私人电话，用计算机做私事、玩游戏，都是损耗公司资源的现象。

2）领用时没登记，领用的数量没有一定的限制，使办公用品在使用的过程中不节制，浪费现象严重或者公作私用。

2. 办公区设备防损的措施

1）建立一套从领用到使用办公用品的管理办法，杜绝各种浪费现象的重复出现，并坚持领用审批制度。从预算到领用，严格控制。

2）加强对使用效果的跟踪检查，对那些存在浪费现象的人和事，及时发出警告并限期改正，严禁办公用品挪作私用。

3）将办公室设备，如电灯、电话、电扇、空调、电脑、传真机等电器设备责任到人，指定专人负责，以便节约能源消耗，杜绝开长明灯、长流水的浪费现象。

（二）大卖场设备防损

大卖场设备防损的内容包括购物车、篮的管理与使用，商品的摆放、消防用具的保管，各种收银设施等。大卖场设备的防损措施包括以下几个方面：

1）购物车、篮应及时清理到位，防止外流现象的发生。

2）员工在现场作业时，禁止粗暴作业，以防损坏商品和设备。

3）各部门的消防设备应指定专人保管，严禁挪作他用或无故使用。

4）各种电源、线路的安装必须符合安全规定，防止设备老化、线路错误而导致的火灾隐患。

5）收银设备应经常检查保养，防止因设备损坏而导致收银作业受阻。

学习效果　能区分卖场损耗的原因并根据卖场损耗情况制定相应解决方案。

三、防损主要手段的确定

任务要求　通过对任务的分析，学习并掌握防损的各种手段及主要的防损工具。其主要环节工作内容见表1-24。

表1-24　主要环节工作内容

工作环节	工作内容
理解任务	研究任务的需求要点
知识认知	明确2个知识性问题：大卖场是怎样防损的；大卖场的防损设备有哪些
工作成果	理解防损手段，了解防损设备

问题1　大卖场是怎样防损的？

目前连锁企业竞争激烈，业内人士普遍认为，若能将连锁大卖场2%以上的商品损耗率降低到1%，则其经营利润可以增长100%，所以防损工作对于大卖场来说是一项非常重要的工作。

大卖场由于面积较大，员工众多，顾客人流复杂，其防损工作具有一定的难度。对大卖场内商品损耗较为突出的一些重点区域必须重点管理。

1. 收银出口处的管理

收银出口处必须设立安保员岗位，在营业时间内实行不间断的值班制度，可在收银出口处设立电子防盗监控系统。监管要点有以下几个方面：①收银出口处的监管在于正确、快速、满意地解决收银和防盗问题；②维护好收银出口处顾客的秩序，保持收银通道畅通，保证所有顾客能从进口进、从出口出；③监管人员要了解大卖场中的商品情况，当班时保持注意力集中；④注意收银区前手推车是否堵塞，设备是否有损坏。

2. 员工出入口处的管理

员工出入口处要设置安保员岗位。只要员工通道打开，安保员就要实行连续执勤制度。员工出入口处可安装防盗电子门来防止员工偷盗商品，设置密码锁储物柜为外来人员暂时安全存放物品。

（1）员工出入口处的监管要点

检查员工是否按规定执行考勤制度，检查在非工作时间员工进出大卖场是否符合规定；禁止员工携带私人物品进入大卖场，如属必须带入大卖场的物品，要进行登记；防止员工偷盗商品，特别是在防盗门报警时，严格检查是否将禁止带出大卖场的物品带出；对外来的来访人员要按规定进行电话证实、登记、检查携带物品等；对从本通道携带出的所有物品要进行检查。

（2）员工出入的管理规定

外来人员进入大卖场要登记，除指定的财务人员外，不准带包进入大卖场，必须携带物品的，应办理登记手续，并在出来时需主动出示，接受检查；在工作期间，所有当班员工必须且只能从商场的员工通道出入；所有进出人员都必须主动配合安全人员的安全检查，自动打开提包或衣袋接受检查，尤其是防盗电子门报警或在安全人员提出检查的要求时，要予以配合；员工的进出、物品的携出必须有管理层的书面批准，安全员核实后才能放行。

3. 收货口的管理

收货口应设置安保员岗位，只要收货通道打开，安保员就要实行连续值班制度。收货口卷帘闸门设置防盗报警系统。

（1）收货口的监管要点

收货门的打开和关闭必须由大卖场安保员协同收货部门主管负责；安保员负责维护收货现场秩序，对送货车辆的商品、车号进行基本了解，指定卸货车位；安排各送货车辆有序进出；车辆进入收货区，督促驾驶员不要离开收货区；查处收货员和供应商的各种不诚实、作弊、贿赂或接受赠品的行为；外来人员必须在指定的范围内，超出范围或进出大卖场必须办理登记和出入安全检查手续；非收货人员不能进入收货区；全面掌握并督促收货员的收货程序；保证货物通行和货物数量、品名正确，观察已收商品进仓库的情况；负责看管好食品箱格、清点数量，查看是否有遗留物；供应商取回箱格，须登记备案；商品必须由本大卖场员工亲自点验称重，避免重复点数称重；供应商的赠品、道具等进出，必须执行正确的收货程序；对退换货必须核实品名、包装单位、数量、换货品种是否正确及与货单是否一致；大单送货必须逐单核查，签字确认，并目送商品离开收货口。

（2）收货口的管理规定

收货的员工和供应商人员必须诚实作业，不得有故意作弊和损害大卖场利益的行为；所有员工不得接受供应商任何形式的贿赂和馈赠；收（退）货必须按流程，商品必须分别放置在不同的区域；供应商人员进入收货区必须办理登记手续，并进行安全检查；非商品收货，必须有赠品的标签和“道具携入/携出清单”手续；安保员对退换货、出货、物品离场都要进行检查，对收货进行抽查（特别是精品、家电、化妆品等贵重物品），对所有已经收货的商品必须监督是否已在收货区。

4. 精品区的管理

精品区及其出口处应设置安保员岗位，营业时间内实行连续执勤制度。精品区出口处设置电子防盗门系统和门禁系统。

（1）精品区的监管要点

顾客只能从进口进，从出口出；顾客不能将非精品区的商品带入精品区内，只能将其暂放精品区外；顾客在精品区内购买商品，必须在精品区内结账；检查顾客所持发票是否与商品一致，特别是包装是否符合精品包装要求；监督贵重物品的实物盘点。

（2）精品区的出口管理规定

电子防盗门报警程序运行良好；结账商品的包装、发票处理必须符合精品销售的有关规定；柜台（展示柜）在非销售时，须随时上锁处于关闭状态；外放贵重样品，应采取防盗措施；柜台销售商品采取先付款后取货的销售方式。

5. 大家电商品提货的管理

大家电检测提货处应设置安保员，营业时间实行不间断值勤制度。大家电检测提货口设置防盗报警系统，如未经密码许可强行打开，则报警。

其监管要点有：提货的大家电商品，必须由安保员检查签字；安保员检查顾客是否有收银发票，发票是否有异常，商品品名、型号、货号、数量是否一致，已提商品的发票是否盖有提货章，商品的包装是否封好；提货的顾客秩序是否良好，顾客是否站在规定的提货台区域外；监督内提人员是否对出门的商品进行了检查登记。

问题 2　大卖场的防损设备有哪些？

微课：大卖场防盗设备介绍

商家的电子防窃（electronic article surveillance，EAS）系统基本采用电磁、微波及无线等技术，在商品未付款被带出时，将产生声光报警提示，以保障商品的安全。

一般来说，大卖场防盗系统由以下几部分构成。

（一）电子防盗板

电子防盗板，是指专业用于超市、商场等场所的电子防盗门，主要用来防止盗窃，保护财物。它由一个发射器和一个接收器构成，宽度为 0.9～1.5 米，见图 1-18。

图 1-18　电子防盗板

1. 电子防盗板的工作原理

大卖场防盗系统的工作原理：发射支座发射低频电波，当标签进入检测区域时，检测系统激发标签共振，发出衰减次声波信号，同时系统发射停止，而接收程序启动。经过 4～8 个周期的接收、采样，检测确认无误后，才发出声光报警。在体积小、价值大、易于被盗的商品上附上一个电子防盗标签，在大卖场的出口处有一个检查防盗门，当有人拿带有防盗标签的商品通过检查门时会立即引发报警（如同机场入口处的登机检查），而正常的商品在经过收银台时，解码板会使标签失效，不会引发报警。对于经常丢失货物的超市、服装店、专卖店等经营场所，采用电子防盗板可以大大减少损失。

2. 电子防盗板与闭路电视系统的比较

1）效率高。电子防盗系统在小偷出门时把他当场抓住，对偷窃行为有巨大的威慑作用；而闭路电视系统即使监察人员观察到藏匿商品的行为，也只有等到他出门以后才能对其进行询问，跟踪的时间长，也不一定有效。

2）节省人力。闭路电视系统需要几个人一天到晚目不转睛地盯着屏幕，大大提高了大卖场的工资成本，加大了商场的经营难度，而电子防盗系统可由保安人员兼职管理。

（二）防盗标签

1）防盗标签，是指用于声磁防盗系统中保护商品的材料，主要有纸质标签（图 1-19）和硬标签（图 1-20）两类。纸质标签贴在各类影视盘片、录像带、超市货品上，标签上印有条形码。硬标签体积较大，用于服装、鞋帽等保护，一般以扣钉方式扣在衣服、皮包、手袋、皮鞋、电器等商品上，难以破坏和重复使用，依靠专业取钉器才能打开。

图 1-19　纸质标签

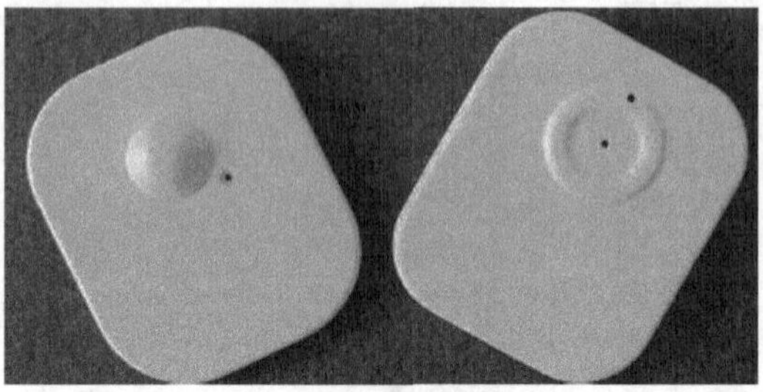

图 1-20　硬标签

2）防盗标签的原理：当磁性物体靠近线圈时，线圈就会产生电流，从而触发报警装置，以高分贝声音提示，达到防盗的目的。当线圈安装在出口时，就可以直接检查出来。

（三）电子消磁板

与防盗标签配套使用，安置在收款处，用于使纸质标签失效。当顾客付款后，店员需把货物贴近电子消磁板（图 1-21），以使标签失效。

电子消磁板的特点：快速非接触消磁，反应灵敏，消磁速度最快可达每分钟 160 张软标签。消磁高度最高可达 30 厘米，并可配合各种台式激光扫描器使用，消磁扫描同步，提高收银员工作效率。

（四）商品保护器

香烟保护盒用于高档香烟的防盗保护，盒内有标签感应，在收银台用专门开启设备开启。酒瓶保护套（图 1-22）用于对高档酒、饮料及瓶装、罐装物品的保护，外形类似绳圈，可自由伸缩，在收银台有专用设备开启。这类防损设施费用较贵，但可重复使用，原理类似于防盗标签。

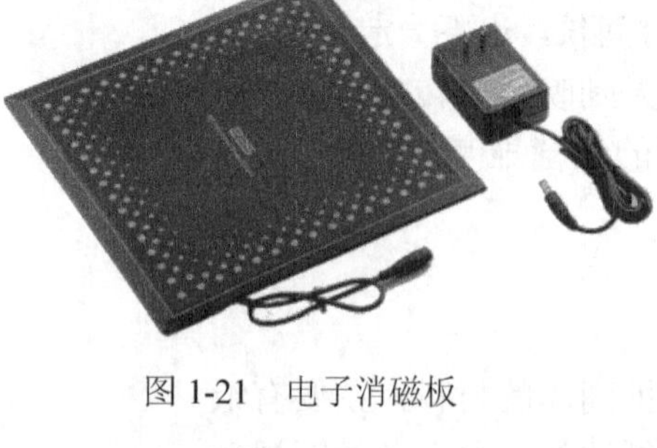

图 1-21　电子消磁板

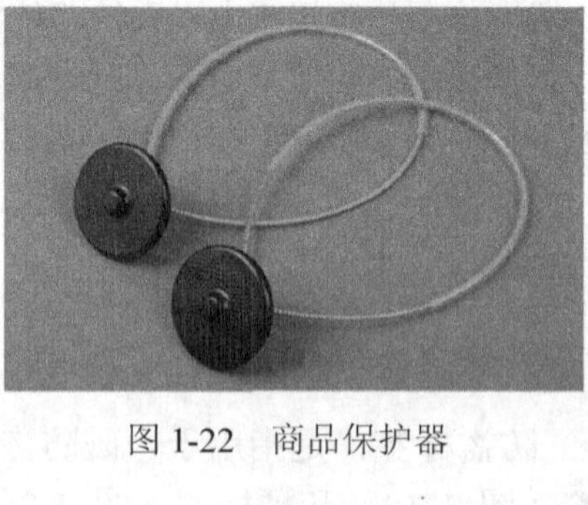

图 1-22　商品保护器

（五）监控器材

监控器材是指监控系统安装施工、技术实现中所用的器材统称。监控系统主要由摄像部分、传输部分、控制与记录部分、显示部分四大块组成，见图 1-23。

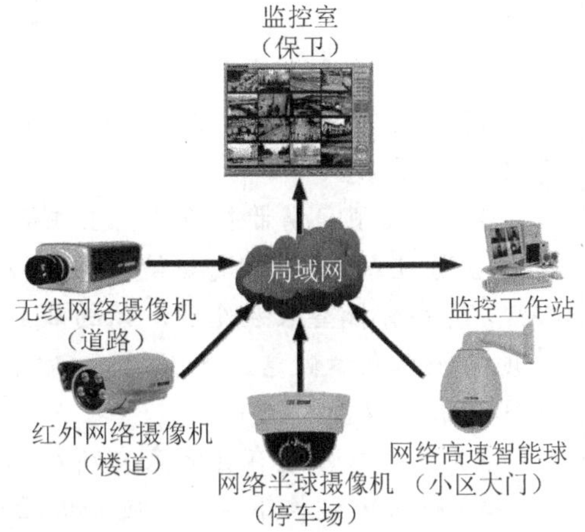

图 1-23　监控器材

1. 摄像部分

摄像部分是电视监控系统的前沿部分，是整个系统的“眼睛”。被监视场所面积较大时，在摄像机上加装变焦距镜头，可使摄像机所能观察的距离更远、更清楚；还可把摄像机安装在电动云台上，可以使云台带动摄像机进行水平和垂直方向的转动，从而使摄像机能覆盖的角度更大。在某些情况下，特别是在室外应用的情况下，为了防尘、防雨、抗高低温、抗腐蚀等，对摄像机及其镜头还应加装专门的防护罩，甚至对云台也要有相应的防护措施。

2. 传输部分

传输部分就是系统的图像信号通路。一般来说，传输部分单指的是传输图像、声音信号。同时，由于需要有控制中心通过控制台对摄像机、镜头、云台等进行控制，因而在传输系统中还包含控制信号的传输。在传输方式上，近距离一般采用视频线传输，不超过一两公里的距离一般采用双绞线传输，更远的距离则可采用光纤传输。对于远距离传输，还需配备视频信号放大、图像信号的校正与补偿设备。

3. 控制与记录部分

控制与记录部分负责对摄像机及其辅助部件（如镜头、云台）进行控制，并对图像、声音信号进行记录。目前，硬盘录像机的技术发展得较完善，它不但可以记录图像和声音，而且还包含了画面分割切换、云台镜头控制等功能，基本上取代了以往使用的画面切换器、画面分割器、云台控制器、镜头控制器等产品。如果客户要求能对云台、镜头（特别是高速球）进行非常方便的控制，则可以加配控制键盘。

4. 显示部分

显示部分一般由几台或多台监视器组成。在摄像机数量不是很多、要求不是很高的情况下，一般直接将监视器接在硬盘录像机上即可。如果摄像机数量很多，并要求多台监视器对画面进行复杂的切换显示，则须配备“矩阵”来实现。

知识拓展

防盗设备报警如何处理

1）面带笑容，有礼貌地让顾客退到检测区域外，然后对客户说："对不起，您所购买的商品上可能还有未经处理的标签，请您协助我们处理一下标签好吗？"切记不要用手去碰触顾客。

2）如果顾客携带着商品，在征得顾客同意后，手持顾客的商品在贴近检测器接收杆的位置通过（注意：一定要使商品尽量贴近接收天线），如果引起系统报警，可对顾客说："这些商品有标签未经处理，请随我到收银台让收银员为您处理。"如果系统没响，应诚恳地向顾客表示歉意，可以说："对不起，耽误您的时间了，谢谢您的合作。"最好将该顾客送出门口。

3）如果顾客还有其他来自商场的商品，应继续检测，直至检测完所有的商品。

4）顾客回到收银台后，应告诉顾客自己想查出是哪位收银员忘记处理标签，请顾客出示收银小票，并解释这样做是为了避免日后再次出错。

5）如果顾客出示了与商品相对应的购物小票，应立刻将标签摘下或解码，并向顾客真诚道歉，最好送顾客到大门口。

6）如果顾客拿不出发票或货票，可请他/她指出是哪位收银员收的款；当顾客无法说出是哪位收银员或在收银机上无法查出其付款的证据时，请他/她解释，如果解释不足以令人信服，请警方处理。只有在顾客承认拿了商品而没有付款时，才能按公司的有关规定进行处理。

7）如果顾客没有携带任何商品，可以提醒顾客是否在此购物而忘了付款。如顾客回答"是"，请他/她回到收银台付款。如果顾客回答"没有"，仍请他/她再次通过系统，以便确认，可以说："对不起，您是否能配合我们再走一遍，看看是怎么回事。"如果系统再次报警，应请顾客配合找到引起系统报警的物品，可使用这样的语句："您是否能配合我们找一下引起系统报警的东西呢？"

8）如果两个以上的顾客走出商场时系统报警，应让顾客全部退后，站在检测支座的监测区域外，然后依次进行处理。确定一位顾客引起系统报警后再让其他被拦下的顾客通过检测系统，直至处理完为止。

9）如果对方坚持没有买过任何东西而拒绝合作，我们建议商店让他/她离开，但他/她已确定商场采取了防盗措施，一般他/她以后就不敢再来了。如商店决定请警方，应注意在这个阶段只是为了请警方协助找到标签，还不能确认他/她就是偷了商店的东西。

（资料来源：https://club.1688.com/article/45573355.htm.）

学习效果

1. 能够分析大卖场应用何种手段进行防损。
2. 认识大卖场防损的设备，能够说出设备的名称、用途及其原理。

四、安全管理

任务要求

通过对任务的分析，学习并掌握大卖场安全管理的内容及其重要性。其主要环节工作内容见表1-25。

表 1-25 主要环节工作内容

工作环节	工作内容
理解任务	研究任务的需求要点
知识认知	明确安全管理的 2 个知识性问题：大卖场安全管理的内容有哪些；大卖场安全管理的重要性是什么
工作成果	理解大卖场安全管理的内容及重要性

问题 1　大卖场安全管理的内容有哪些？

所谓大卖场安全，是指大卖场及顾客、员工的人身和财物在大卖场所控制的范围内没有危险，也没有其他因素导致危险的发生。

（一）大卖场安全管理的含义

大卖场的安全管理包含三层含义：

1）大卖场及顾客、员工的人身和财物，在大卖场所控制的范围内不受侵害。大卖场内部的生活秩序、工作秩序、公共场所秩序等内部秩序保持良好的状态。

2）大卖场安全不仅指大卖场及其人员的人身和财产不受侵害，而且指不存在其他因素导致这种侵害的发生，即大卖场安全状态是既没有现实危险，也没有潜在危险的发生。连锁大卖场如果存在危险因素，又没有相应的防范措施，就很难保证大卖场安全。例如，大卖场中混进了盗贼、骗子和其他违法犯罪分子；连锁大卖场通道地面湿滑、地毯破损或铺垫不平；营业厅的电源插头损坏、电线裸露、吊灯安装不牢固，安全通道和安全门失灵或无明显的指示标志；大卖场的食品管理混乱或经常出现不洁食品等。因为所有这些因素都会在一定条件、一定场合、一定时间内突然发生危险，从而造成人身伤亡和财产损失，所以连锁大卖场安全就是在大卖场内不发生危险及对潜在危险因素的排除。

3）连锁大卖场安全就是把大卖场各方面的安全因素作为一个整体加以反映，而不是单指大卖场的某一方面的安全。因此，大卖场安全是指无危险存在，或无其他因素可能导致发生危险。

（二）大卖场发生安全事故的主要原因

一些统计资料显示，大卖场发生的安全事故中，较多的意外突发事件，往往并不是意外，而是由于大卖场人为的疏忽。概括起来，大卖场发生安全事故的主要原因如下：

1）大卖场设备的老化。许多连锁企业大卖场的设备老化或从不做定期保养和检查，如大卖场的各项消防设施、工作器械（补货梯、卸货车、铲车）等，一旦使用，往往会导致安全事故。这样不仅可能危害到消费者的利益，大卖场内部员工的工作安全也无法得到保障。

2）员工基本常识的不足。大卖场的员工对于安全方面的常识往往不足，有时甚至在观念上也有偏差。例如，在用电方面，出现超负荷用电或电源使用不当；在工作方面，存在不良的作业习惯；在遇到意外伤害时，出现不当医疗护理和时效上的延误；在消防设施、设备和器材方面，员工不知如何操作和根本不重视消防设施的维护等，这些也都是造成大卖场安全事故的主要原因。

3）员工警觉性的缺乏。大卖场的许多意外事故演变成重大伤害，往往是由于大卖场员工缺乏高度的警觉性，从而导致最终一发不可收拾的局面。例如，对于小火苗的发生掉以轻心，而演变成一场大火灾；使用各项器材设施，发现不良或故障时不引起注意；对于购物过程中顾客的特殊异常的行为或要求不予理会，而导致顾客受伤或使店内遭受财物损失等。因此，大卖场员工良好的警觉性是减少大卖场意外事件发生的有力保障。

问题 2　大卖场安全管理的重要性是什么？

服务企业的安全管理一直有令人遗憾的事件发生。在美国，据有关统计资料，服务行业有记录的工伤事故平均每年大约有 59 万例，其中包括每年平均 550 例死亡事故，其直接损失约为 22 万个工作日。特别是连锁大卖场、餐饮企业，事故发生的频率几乎是全美国所有行业平均水平的 3 倍。这些事故不仅给当事人带来了痛苦和灾难，而且导致员工士气低落，企业形象受损，损失是难以估量的。尽管如赔偿金、医药费等直接成本可以用货币计算出来，但员工受伤所造成的工时损失、与之有关的员工被迫停工造成的损失，以及文书工作费用、设备损害和原料浪费等损失远比直接损失多得多。据估计，这些间接损失几乎等于直接损失的 4 倍。而有的研究表明，间接损失可达直接损失的 20 倍之多。

直接损失和间接损失这两个术语近年来已被保险成本和非保险成本所代替，因为这样表述更为确切，也更容易引起企业管理者对这些成本的关注。但无论怎样定义，事故所带来的成本损失，其结果都对经营利润产生严重的影响。例如，在连锁大卖场的营业中，一次损失为 100 美元的事故，将使 5500 美元销售收入的利润丧失殆尽。

综上所述，管理大卖场安全工作的意义如下：

1）安全工作的好坏，直接关系到顾客的满意程度。连锁企业大卖场要满足顾客的需要，其营运与管理固然需要完善的设施、齐全的项目、优良的服务，但还需要令人放心的安全措施和制度，因为安全是顾客的基本需求。如果连锁企业大卖场的安全措施和制度残缺不全或形同虚设，监督不力，致使大卖场的治安秩序混乱、偷窃案件屡屡发生，火灾及食物中毒事件连续不断，顾客的生命和财产没有保障，又如何能为顾客提供高质量的服务，带给顾客良好的体验呢？

2）安全工作的好坏，直接关系到大卖场的经济效益。连锁企业大卖场安全工作不利所造成的损失，不仅表现为直接的经济损失（如发生火灾、食物中毒的财产损失、赔偿费的支出等），而且更主要地表现为一种无形资产的损失（如一次食物中毒事件就会导致名誉的损失，即形象的破坏）。这种损失具有一种辐射作用，往往难以用直接的数量指标来计算。具有安全“金字招牌”的商场，其牌子就是一种吸引力，使顾客纷至沓来；反之，则会使顾客望而却步。

3）安全工作的好坏，直接关系到员工的积极性。大卖场的安全管理也包括员工的安全。所以，如果一家大卖场各种防范和保护措施不力，工伤事故不断，员工健康状况不佳，就很难使员工积极而有效地工作。

大卖场安全，是连锁企业大卖场一切工作的保障。现代连锁企业大卖场是一个大型的综合型企业，其机构庞大、业务范围广泛。连锁企业大卖场工作的正常运行，一要靠连锁企业大卖场总经理有力的领导，二要靠科学的、严密的行政管理，三要有安全保障，三者缺一不可。如果大卖场内经常混杂着小偷、骗子，经常失火，食物质量也不能保证，顾客就不会光顾大卖场。因此，做好大卖场的安全保卫工作是保证大卖场其他部门正常运转的基本条件。

知识拓展

典型卖场安全事故案例

2006 年 12 月，新疆家乐福大巴扎店举行促销活动，拥挤致年逾六旬的顾客黄某死亡，由于家乐福拒不履行已生效的判决，死者家属申请强制执行。

2007 年 11 月，重庆市沙坪坝区家乐福进行“十周年店庆”活动，推出一系列优惠措施，吸引了众多市民抢购引发踩踏事故，当日 3 人死亡，30 余人受伤。

2008 年 8 月，南京市北京华联超市湖南路店举行“低价风暴”活动，包括鸡蛋、食用油等商品都低价促销，发生踩踏事故致多名顾客受伤，其中 4 人伤势较重。

2008 年 11 月 28 日清晨，在美国一年中最大的消费日“黑色星期五”，美国纽约长岛地区一家沃尔玛超市的一名职员被蜂拥而入的顾客撞倒并被踩踏致死。

2010 年 7 月，位于西昌市航天大道的世纪 MALL 购物中心沃尔玛西昌店开始试营业促销，发生踩踏事故致 8 人受伤。

2013 年 6 月 21 日，上海市嘉定区一超市两名保洁员将装满 15 箱饮料的平板推车推到自动扶梯上时，车辆脱离控制加速下滑，之后撞倒一名老太太，并致其死亡。6 月 26 日晚，佛山市禅城区印象城沃尔玛超市内，超市员工文小姐被购物手推车从背后撞到，导致受伤。

2014 年 8 月 1 日，广州一名 3 岁的小女孩和妈妈在宜家家居购物结账时，小女孩被妈妈放在了购物车里，小女孩突然从购物车上摔了下来，头上摔了一个很大的包。经过医院诊治，小女孩的颅脑多发性骨折。

2015 年 8 月 15 日，郑州市民王凤玲带 1 岁多的儿子到郑州大商嵩山路店购物，乘坐自动坡道式扶梯时电梯失控，突然加速运行，致两人负伤。

2017 年 11 月 11 日，上海市浦东新区祝桥江镇社区家得乐超市发生局部坍塌事故，事故现场搜救出8人，其中5人轻伤，1人重伤，2人死亡。

（资料来源：http://money.163.com/11/0105/02/6PJP4U6700253B0H.html.）

学习效果

1. 能够分析大卖场发生安全事故的原因并且提出解决办法。
2. 能够为大卖场提供事故预警及预案。

五、食品卫生安全管理

任务要求

通过对任务的分析，学习并掌握大卖场食品卫生管理的内容。其主要环节工作内容见表1-26。

表1-26 主要环节工作内容

工作环节	工作内容
理解任务	研究任务的需求要点
知识认知	明确食品卫生安全管理的3个知识性问题：食品安全的概念是什么；食品安全的要求是什么；食品安全的制度是什么
工作成果	理解食品卫生管理的内容

问题1 食品安全的概念是什么？

（一）食品安全的概念

食品安全指食品无毒、无害，符合应当有的营养要求，对人体健康不造成任何急性、亚急性或者慢性危害。1996年，世界卫生组织（World Health Organization，WHO）在其发表的《加强国家级食品安全性计划指南》中把食品安全解释为“对食品按其原定用途进行制作和食用时不会使消费者身体受到伤害的一种担保”，将食品卫生界定为“为确保食品安全性和适用性在食物链的所有阶段必须采取的一切条件和措施”。从目前的研究情况来看，在食品安全概念的理解上，国际社会已经基本形成共识，即食品的种植、养殖、加工、包装、储藏、运输、销售、消费等活动符合国家强制标准和要求，不存在可能损害或威胁人体健康的有毒有害物质致消费者病亡或者危及消费者及其后代的隐患。

（二）食品污染及其防治措施

1. 食品污染的概念和表现

食品污染是指食品受到有害物质的侵袭，致使食品的质量安全性、营养性或感官性状发生改变的过程。随着科学技术的不断发展，各种化学物质的不断产生和应用，有害物质的种类和来源也进一步繁杂，食品污染大致可分为生物性污染、化学性污染及放射性污染三大类。

食物从生产、加工、运输、销售、烹调等每个环节，都可能受到环境中各种有害物质污染，以致降低食品营养价值和卫生质量，给人体健康带来不同程度的危害。食用被污染的食品导致机体损害，常表现为：急性中毒，慢性中毒，致畸、致癌、致突变的“三致”病变。

2. 食品污染的防治措施

食品污染的防治措施主要有：①开展卫生宣传教育；②食品生产经营单位要全面贯彻执行食品卫生法律和国家卫生标准；③食品卫生监督机构要加强食品卫生监督，把住食品生产、出厂、出售、出口、进口等卫生质量关；④加强农药管理；⑤灾区要特别加强食品运输、储存过程中的管理，防止各种食品意外污染事故的发生。

问题 2 食品安全的要求是什么？

（一）熟食类

1. 进货质量安全要求

1）制作原材料必须新鲜、卫生，符合该类食品的行业标准，成品及半成品要有足够的保质期。

2）来货必须使用食品密封包装，生熟食必须分开。

2. 加工、制作安全要求

1）加工熟食不能使用明火炉具，使用高温炉具应有一定的保护设施或在可能接触到顾客的方向做显著标志，防止顾客烫伤。

2）制作过程中应随时观察加工产品的变化，保证制成品的质量。

3）视各品种的销售情况及时加工补充台面。

3. 保存、保鲜的安全要求

1）易变质的食品应存放在保险柜内，不宜在高温或常温下长时间摆放。

2）气温较高时，对于卤水类食品要每隔 2 个小时就放入沸腾的卤水浸泡 5 分钟。

3）对于烧烤类食品，应存放在保温箱内，不宜在温度较高的空气中长期存放。

4. 人员卫生安全要求

1）加工人员必须保持双手卫生，以下情况必须用消毒水洗手：①上岗前；②离岗后返回或触摸其他非熟食的物品；③洗手后经过 2 小时又继续烹饪、加工时。

2）直接与食品原料、半成品和成品接触的人员不允许戴手表、戒指、手镯、项链和耳环，不得涂指甲油、喷洒香水。

3）工作时不得抓头皮、擤鼻涕、挖耳朵，不得用勺直接尝味或用手抓食品，不接触不洁物品；加工人员手部有伤的，不得接触食品或原料，经过包扎治疗戴上防护手套后方可参加不直接接触食品的工作；工作间不得存放个人用品。

4）员工进入加工间必须穿戴整洁的工作服、帽、鞋、口罩；工作服应干净整洁；头发不得露于帽外，不在加工场所梳理头发。

5. 工具卫生安全要求

1）加工、制作熟食所用工具（如夹子、案板、刀等）必须经常清洗、消毒，保持干燥，避免与其他物品接触。

2）切割用具（如刀、案板等）在使用一次之后要立即清洗。

3）使用后的工具应放入盛有消毒水的容器浸泡。

6. 包装安全要求

1）熟食散装展示时应使用消毒的托盘，并置于透明玻璃柜内。

2）需包装展示的，应用保鲜膜包好。

（二）水产类

1. 进货质量要求

1）水产品质量标准必须符合《中华人民共和国食品安全法》的规定。

2）鲜鱼类：体表黏液透明、有光泽，气味正常；鱼鳃紧闭、色泽鲜红或粉红，眼膜光亮、透明，眼球凸出；腹部发白，不膨胀；鱼鳞完整，闪光滑润，不易脱落；手持鱼体，头尾下垂，不弯曲，肌肉有弹性，不易压出凹陷；肌肉呈现正常颜色。

3）虾类：头尾完整，有一定的弯曲度，虾身较挺，呈青白色，半透明不发红，外壳有光泽，稍湿润。

4）蟹类：腿肉肥壮，蟹壳纹理清楚，用手夹持背两侧平直，体重、气味正常。

5）贝类：鲜蛤外壳紧闭，肉质新鲜，无臭味，两贝壳相碰时发出实响。

6）乌贼：色鲜艳，皮微红，有光彩，多黏液，体形完整，肌肉柔软，有弹性，光滑。

2. 鲜活水产品的卫生安全要求

1）蓄养池要定期进行彻底清洁，用消毒水清洗水池。

2）清洗过的蓄养池注入新水后须经过至少 12 小时的沉淀方可放鱼入池。

3）其他蓄养池用具亦应定期清洁。

4）危险鲜活动物不得在无保护网的情况下敞开展示。

5）取放有危险性的动物应由销售人员负责并使用专用工具。

3. 鲜活水产品的包装要求

1）鲜活水产品经屠宰后应清洗干净，用无毒透明的包装材料包装，保存在冷藏柜内。

2）鲜活水产品出售时，如顾客要求，可提供维持短期生存的条件，如活鱼出售时可以在袋内装一定量的水。

3）售出的商品必须在外包装上粘贴商品标价。

（三）果蔬类

1. 进货卫生、质量安全要求

新鲜果蔬进入超市前必须经过冲洗，不得带有泥土、枯叶等。

2. 包装安全要求

1）新鲜果蔬的包装要在包装袋上打少量透气孔。

2）需冷藏保鲜的果蔬在包装材料上要选用耐低温材料。

3）外包装上必须注明商品的生产日期、保质期、保存条件等。

4）为了保证果蔬鲜度，包装后应尽快销售。

5）果蔬必须包装后再放入保鲜柜销售。

3. 陈列、保存安全要求

1）果蔬类商品陈列除按类分存外，还要注重色彩的搭配，以显示货色齐全。

2）应注重量感，保持台面货品丰满、品种充足、内容丰富。

3）果蔬应每周调整陈列位置，不要固定于一个地方。

4）需求量较小的商品，应力求陈列在必需品附近。

5）新鲜果蔬陈列地点温度应保持在 5～10℃；冷藏果蔬应陈列在冷藏柜中，冷藏柜温度应保持在-2～3℃。

6）根茎类蔬菜（如地瓜、土豆、芋头、山药、洋葱、大蒜等）储存温度保持在 5～10℃。

（四）面包、糕点

1. 原料质量安全要求

1）制作之前要检查原料的质量是否符合制作品种的要求。

2）糖类：夏天要注意防止糖浆发酵变质。糖浆桶或盛放糖浆的其他容器要经常洗涤，保持清洁，并加盖、加罩，防止杂质混入。

3）油脂：糕点加工使用的油脂应有优良的起酥性、较高的稳定性、良好的风味和适当的熔点，不得使用酸败的油脂。

4）奶制品：奶品的卫生质量直接影响成品的质量，特别是鲜牛奶和炼乳要防止掺水、掺假和变质的情况，奶粉要防止掺糖、掺淀粉和工业级冒充食用级的情况。

5）蛋品：包括蛋制品，在蛋糕、面包中也是重要的原料，使用鲜蛋作原料时，应进行卫生清洁，防止鲜蛋壳带菌对产品造成污染。

6）食品添加剂：饼干、面包、蛋糕生产中应用的添加剂主要有香精、色素、疏松剂、品质改良剂，这些添加剂应是国家批准使用且由定点厂生产的合格产品；香精的添加量不能过量；色素最大使用量不得超过0.05 克/千克；品质改良剂应尽量少用或不用。

2. 包装安全要求

1）糕点的包装应选用无毒、无异味符合卫生要求的包装材料，对成品进行简单的外形修整及切割之后即可装袋或装盘。

2）柜台销售的无小包装的面包应装盘陈列在清洁的面包专用陈列柜内。

3）各类糕点必须使用其专用的包装用具，在成品外包装上加贴标签，标明品名、生产日期、保质期、价格、重量、保存条件等。

3. 保存、保鲜要求

1）各类糕点成品应与原料、半成品分开存放。

2）上柜糕点做好验收工作，并做好记录；保证变质食品不上柜，定期对库存食品进行卫生质量检验。

3）各类糕点应标志明显，分类存放。面包、饼干及蛋糕胚应存放在有防潮设施的房间，以防吸潮发生熔化、霉变；成品面包在柜台常温下一般保存 2 天。

4）经过加工制成的奶油蛋糕须冷藏储存，而且不宜贮藏时间过长，一般为 4 天。

5）在保质期内因挤压变形等原因影响销售的面包，柜台应办理退、换货手续，制作间回收后可制作成“多士”；不能再加工的应办理报损。

4. 卫生安全要求

1）制作人员及打包员必须保持双手卫生，在工作开始前、中途离开岗位、休息或饮食后，接触生肉、蛋、蔬菜及不干净的餐具、容器等之后，拾起污物或直接处理废弃物后，洗手后经过 2 小时又继续烹饪、加工时，必须洗手。

2）加工间所有用具及台面必须经过严格清洗和消毒，制作人员及打包员必须用消毒水进行手部消毒。

3）直接与食品原料、半成品和成品接触的人员不允许戴手表、戒指、手镯、项链和耳环，不得涂指甲油、喷洒香水，不得用勺直接品尝味道或用手抓食品销售，不接触不洁物品；手部受外伤时，不得接触食品或原料，经过包扎治疗戴上防护手套后方可参加不直接接触食品的工作；加工间不得存放个人用品。

4）工作人员进入加工间前必须穿戴整洁的工作服、帽、口罩；工作服应保持干净整洁；头发不得露于帽子外面，不在加工场所梳理头发。

（五）鲜肉类

1. 进货质量安全要求

必须符合《食品安全国家标准畜禽屠宰加工卫生规范》（GB 12694—2016）的要求，已包装及半成品食品必须保证新鲜。

2. 加工、分割、包装安全要求

1）对于新鲜屠体需要按照类别、等级标准进行分割加工。

2）经分割的各类肉品应当符合该类等级标准，如排骨的骨与肉的比例要适当，比例不适当必将影响销售或收益。

3）对于即称即售的肉类须用消毒卫生袋包装，对于上柜陈列的肉片用保鲜膜包装。

3. 保鲜要求

1）对于冷藏的肉品，须存放在温度为-2～2℃的冷藏柜内。

2）现场切割卖的肉品包装区的温度应保持在15℃左右。

3）已包装好的新鲜肉品存放在-3℃左右的冷藏柜为宜。

4）熏肉、加工肉食品以1～8℃保藏为宜。在此温度下火腿可贮藏40天；香肠可贮藏30天；干香肠可贮藏90天；汉堡包、肉丸可贮藏30天。

5）各类肉品在不同的温度下贮藏期分别为：牛肉在-1.5～0℃下可贮藏28～35天；羊肉在-1～0℃下可贮藏7～14天；猪肉在-1.5～0℃下可贮藏7～14天；鸡肉在0℃下可贮藏7～11天。

问题3 食品安全的制度是什么？

大卖场不仅提供给消费者熟食的购物环境，更要提供保证质量、安全、新鲜、卫生的商品。以满足顾客的期望、需要而提供安全、卫生的商品，除了进货时要严格控制食品质量外，还要对食品区员工个人卫生严格要求。另外，对于大卖场作业场所、设备及陈列架，更是要时时清洁卫生，定期保养，不至于污染食品。因此，卫生管理和卫生管理责任制在食品区是相当重要的一环。

1. 个人卫生管理

接触食品商品最多的就是人，建立良好的个人卫生习惯，可以防止食品商品受细菌污染，并可确保食品商品鲜度、质量；从业人员的个人卫生包括衣帽是否穿戴整齐、头发是否掩盖、手部指甲不可过长或有污垢，不可佩戴首饰以免在做食品加工包装时出现异常，个人皮肤有伤口时必须包扎完好，无个人传染病；在个人卫生方面，不可吸烟、饮食，不可随地吐痰、吐口水等，务必要保持干净、卫生，这不仅是维持个人的良好卫生习惯，也是给予消费者安全卫生保障的认可；在个人上岗前必须要有健康证。

2. 食品处理作业场卫生管理

食品作业场为每日工作的场所，作业墙面、天花板、地板要干净、清洁，排水设施要完善，作业场内不得堆放与作业处理无关的物品，作业场要有良好的照明及空调，每月需安排消毒工作，可防止病菌、污垢产生，这些都是每日时时、分分、秒秒必须要谨慎注意的。

3. 食品设备卫生管理

每天应在作业前、后或休息中，将存留于食品设备上的碎肉、菜屑、鱼鳞等残留物清理干净；处理刀具、工作台、周转筐、断车（图 1-24）等必须每日清洗，每周消毒两次，以避免食品商品受到污染。

4. 食品仓库卫生管理

食品仓库是保存食品商品的地方，因此仓库堆放时不仅要堆放整齐，且要离墙 5 厘米，离地 5 厘米，可利用栈板（图 1-25）来堆放，更须防“四害”（蚊、蝇、鼠、蟑），冷藏、冷冻温度控制要正常，不可过高或过低。

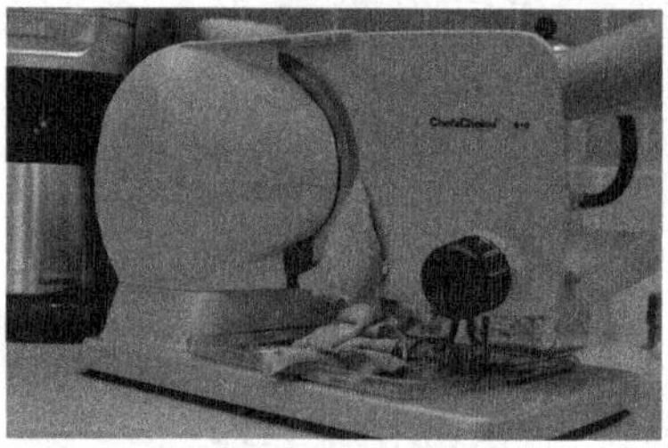

图 1-24 断车

图 1-25 栈板

5. 食品门店陈列卫生管理

陈列架的清洁务必到位，冷藏、冷冻库（柜）务必每天检查温度的变化。水果、蔬菜的储存温度是 5～8℃，而水产品、畜产品的储存温度是 −2～0℃，配菜加工储存温度是 0～2℃，熟食热柜在 60℃以上，冷冻品在 −18℃以下。提供安全、卫生的商品是门店的责任与义务，产品质量与卫生应该是门市所坚持的，必须要责任到人。

技能训练

了解食品安全管理制度，并为卖场制定安全卫生管理守则。

同步训练题库

一、填空题

1. 损耗是大卖场______的商品零售值与售出后获取的零售值之间的差额。

2. 食品污染是指食品受到有害物质的侵袭，致使食品的______、______或______发生改变的过程。

3. 大卖场安全不仅指大卖场及其人员的人身和财产、______，而且指____________。

4. 员工偷窃行为是指员工通过实施____________使公司的财物和金钱受到损失。

5. 水产类进货质量标准必须要符合____________的要求。

二、单选题

1. 大卖场年损耗点（自然损耗、人为损耗、边缘损耗之和）达到（　　）时为预警线，达到（　　）时为生存线，达到（　　）时为死亡线。

A. 1.5%　2.5%　5.3%　B. 1.7%　3.5%　5.3%

C. 2.7%　0.5%　8.3%　D. 1.7%　0.5%　6.3%

E. 1.7%　5%　8.3%

2. 挖掘大卖场利润源泉的最佳途径是（　　）。

A. 商品价格　B. 客户服务　C. 防损

D. 卖场位置　E. 商品质量

3. 当磁性物体靠近线圈时，线圈就会产生电流，从而触发报警装置，以高分贝声音提示，达到防盗的目的是（　　）技术的原理。

A. 防盗标签　B. 电子消磁板　C. 商品保护器

D. 电子防盗板　E. 监控设备

4. 防止和发现顾客盗窃的有效手段是（　　）。

A. 不许顾客携带物品进入卖场　B. 设置便衣安全员

C. 顾客出门需安检　D. 限定购物数量

E. 以上都不对

5. （　　）不是供应商偷窃事件的处理方法。

A. 报警　B. 调查取证　C. 通知采购部

D. 赔偿损失　E. 处罚

三、多选题

1. 大卖场内商品损耗较为突出，必须重点管理的重点区域是（　　）。

A. 收银出口　B. 员工出入口　C. 收货口

D. 精品区　E. 大家电提货处

2. 下列因素可能造成商品的损耗的有（　　）。

A. 商品的保管和陈列方法不当　　B. 商品标价错误

C. 卖场面积大　　D. 商品鲜度管理疏忽

E. 管理人员少

3. 防损就是通过合理的（　　），对可能产生损耗的不安全因素的每一个环节进行监督和控制，从而达到全面控制损耗和保障安全的目的。

A. 人员安排　　B. 商品陈列　　C. 流程规定

D. 管理制度　　E. 卖场布局

4. 大卖场发生安全事故的主要原因是（　　）。

A. 门店规模大　　B. 设备老化　　C. 员工常识不足

D. 商品种类多　　E. 员工缺乏警惕性

5. 做好商品陈列中的损耗预防的方法是（　　）。

A. 货架上要标有货架号码和商品名称卡　　B. 货架上少放货物

C. 多聘请员工监管货物　　D. 商品货架摆放应标准

E. 商品不可堆积过高

四、判断题

1. 防损核心内容在于解决已发生的问题，而不是防止或减少问题的发生。（　　）

2. 连锁企业大卖场工作的正常运行，一要靠连锁企业大卖场总经理有力的领导，二要靠科学、严密的行政管理，三要有安全保障，三者缺一不可。（　　）

3. 减少和控制损耗因素是大卖场上至管理高层、下至每个员工永远的责任。（　　）

4. 熟食商品进货时要严格控制食品质量，而不需对食品区员工个人卫生严格要求。（　　）

5. 果蔬类商品应每周调整陈列位置，不要固定于一个地方。（　　）

参考答案 1-3

任务四　大卖场经营业绩分析

引导问题

如今市场上门店林立，加之众多门店在产品或服务等方面同质化趋势严重，这些使得门店客户有了更多的选择权，最终给门店的生存带来不利影响，加剧了门店之间的竞争。因此，连锁卖场必须在战略制定及日常经营中，对卖场业绩影响诸多因素进行全面分析，并从客单价、客流量等方面制定提升卖场业绩的理想方法。那么，卖场应怎样提升业绩呢？

学习内容

本任务主要包括卖场业绩分析、卖场业绩提升两部分内容。

学习目标

卖场业绩管理为连锁门店管理提出利润增加的方向和方法。在本任务中，要求掌握卖场业绩管理相关知识；在全面认识卖场业绩及其来源的基础上，准确分析卖场业绩影响因素，从客单价、客流量、客利润等角度，挖掘提升卖场业绩的途径，能够掌握提升门店业绩的三种战略方法。

学习重点

1. 门店业绩及其分析要素。
2. 大卖场客单价影响因素及其提升方法。
3. 大卖场客流量影响因素及其提升方法。
4. 大卖场利润影响因素及其提升方法。

学习难点

综合利用大卖场客单价、大卖场客流量、大卖场利润影响因素，进行门店业绩提升。

任务描述

本任务为实际操作性任务，具体内容为：

1. 按照要求完成卖场业绩分析，能够正确认识卖场业绩影响因素，并会对其分析。

2. 按照卖场业绩提升工作，能够从大卖场客单价、大卖场客流量、大卖场利润三大方面进行业绩分析，并确定相应的卖场业绩提升战术。

工作步骤

本任务的工作步骤见表1-27。

表1-27　工作步骤

序号	项目	工作内容
一	大卖场业绩分析	大卖场业绩分析
二	大卖场客单价的提升	①分析影响客单价的因素；②确定提升客单价的方法
三	大卖场客流量的提高	①分析影响客流量的因素；②确定提升客流量的方法
四	大卖场利润的提高	①分析利润影响因素；②确定提升利润的方法

成果预期

本任务完成后，学生应具备以下能力：掌握大卖场业绩及其分析要素、大卖场客单价提升战术、大卖场客流量提升战术、大卖场利润提升战术；了解大卖场客单价的计算公式、大卖场客流量的计算公式、大卖场利润的计算公式；理解大卖场客单价的主要影响因素、大卖场客流量的主要影响因素、大卖场利润的主要影响因素；完成提升大卖场业绩成果评价表（表 1-28）的内容。

表 1-28 成果评价表

考评点	分值	得分
大卖场业绩影响因素	10	
大卖场客单价影响因素	10	
大卖场客流量影响因素	10	
大卖场利润影响因素	10	
提高大卖场客单价方法	20	
提高大卖场客流量方法	20	
提高大卖场利润方法	20	
合计	100	

工作内容

一、大卖场业绩分析

任务要求

通过对任务的分析，学习并掌握如何分析大卖场业绩。其主要环节工作内容如表 1-29 所示。

表 1-29 主要环节工作内容

工作环节	工作内容
理解任务	研究任务的需求要点
知识认知	明确大卖场业绩分析的 2 个知识性问题：何谓大卖场业绩；如何进行大卖场业绩分析
工作成果	学会分析大卖场业绩

问题 1 何谓大卖场业绩？

所谓大卖场业绩，是指经过一定时期的经营，大卖场销售额及息税前利润额达成状况。它反映了大卖场经营的好坏，也决定了大卖场的可持续发展性。其中，息税前利润（earnings before interest and tax，EBIT）通俗地说就是不扣除利息也不扣除所得税的利润，也就是在不考虑利息的情况下在交所得税前的利润，也可以称为息前税前利润。

案 例

某零售企业2014年旗下各地区分公司业绩排名

某零售企业2014年旗下各地区分公司的业绩如表1-30所示。

表1-30 某零售企业2014年旗下各地区分公司业绩排名

分公司	销售指标/万元	销售实际达成金额/万元	销售达成率/%	息税前利润指标	息税前利润实际金额/万元	息税前利润达成率/%	息税前利润达成排名
大连	6375.01	5987.21	93.92	262.43	247.14	94.17	1
哈尔滨	3354.51	3899.97	116.26	236.68	205.75	86.93	2
长春	3666.01	3318.29	90.52	129.88	152.92	117.74	3
郑州	3198.02	3211.85	100.43	73.27	96.27	131.39	4
沈阳	2731.41	2715.71	99.43	46.04	51.48	111.82	5
盘锦	2187.86	2197.52	100.44	43.32	50.83	117.35	6
北京	3000.27	3384.82	112.82	62.41	40.06	64.18	7
天津	2434.09	2828.09	116.19	−5.14	7.99	155.39	8
石家庄	2130.95	2126.04	99.77	−56.03	−17.58	168.63	9
兰州	2905.55	2802.72	96.46	44	−26.75	−60.80	10
银川	926.31	940.39	101.52	−33.97	−39.53	83.64	11
武汉	1737.01	1710.11	98.45	−96.89	−119.47	76.70	12
南京	2037.85	1257.67	61.72	−35.18	−125.89	−357.85	13

（资料来源：2015年罗俊的CCFA院校教师培训《门店营运与管理——目标管理、绩效考核、业绩提升》.）

定义中的达成状况包含两层含义：

第一，大卖场达成自身销售额指标和息税前利润额指标的情况。例如，上述案例中，大连分公司销售指标6375.01万元，而销售实际达成5987.21万元，达成率93.92%，显然没有足额完成销售数额业绩指标；哈尔滨分公司销售指标3354.51万元，销售实际达成3899.97万元，销售达成率116.26%，超额完成销售额业绩指标。我们再看看息税前利润数据，大连的指标是262.43万元，实际达成247.14万元，息税前利润达成率94.17%，显然没有完全满足指标要求；长春指标129.88万元，实际达成152.92万元，息税前利润达成率117.74%，超额完成业绩指标。

第二，各连锁大卖场息税前实际利润达成值的比较。例如，案例中对13家分公司进行息税前利润达成情况进行排名，大连虽然自身两项业绩指标均未达成，但相比其他分公司来讲，业绩却是最优的。

通过上述分析，我们发现大卖场业绩主要由门店销售额和息税前利润反映，因此，可以使用这两个指标对大卖场业绩进行分析和诊断。实际上，销售额和息税前利润是由相互关联的一系列指标综合而成的，下文将通过关键业绩考评法（key performance indicator，KPI）对门店业绩分析进行简单介绍。

问题 2　如何进行大卖场业绩分析？

1. 关键业绩考评法的理论基础——二八原则

二八原则，又称 80/20 原则、帕累托原则，是由意大利经济学家帕累托提出的一个经济学原则。该原则认为，企业生产经营中成绩的 80%由企业所有任务中 20%的任务完成情况决定。因此，企业生产经营中，必须努力确保这些关键任务及其对应指标的完成。

二八原则为业绩考核和分析指明了方向，即考核和分析工作的主要精力要放在关键的结果和关键的过程上，确保关键指标的达成。

知识拓展

有趣、有用的二八原则

其实二八原则不单单在企业管理领域适用，在生活和学习中许多方面都有其应用价值，下面进行简单罗列，以使读者充分理解二八原则，并从中得到相应的启示。

按照二八原则，某个公司利润的 80%，来源于该公司 20%的顾客，即关键客户。

按照二八原则，社会上 80%的财富，被 20%的人所掌握。

按照二八原则，某个学生学习目标的达成，取决于其主要学习任务的完成，而不是将精力平均分散到每一学习知识点。

按照二八原则，在困难面前，80%的人会抱怨不前，只有 20%的人会考虑采用什么办法克服困难，而这 20%的人，往往成为事业上的成功者。

按照二八原则，多数人经常将今天的事情，推到明天去做，而少数人会有计划地安排每天的事情，从不拖延，当然后者正在通往成功的道路上。

因此，当你掌握二八原则，并能够将其在自己的生活、学习、工作中付诸实践，你会收到事半功倍的办事效率，同时获得一个又一个的成就。相反，当你在学习或工作中不如意的时候，不妨试着采用二八原则找到你的关键任务指标，进行自我分析和诊断，探究其中的原因，找到成功之路。

2. 大卖场关键业绩分析法

微课：影响大卖场业绩的 KPI 指标

按照二八原则，分析大卖场业绩时，我们只要找到影响大卖场业绩的关键指标进行分析即可。由大卖场业绩定义可以发现，销售额和息税前利润是大卖场业绩分析和诊断的最终指标，而这两大指标又由若干业务及相应的指标构成，形成一套门店 KPI 指标体系，如图 1-26 所示。

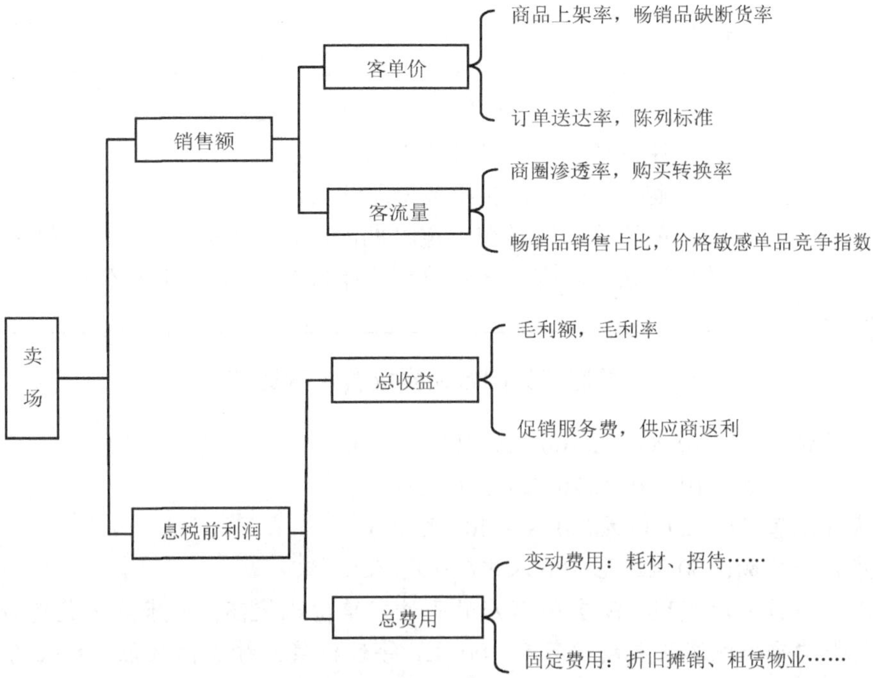

图 1-26　大卖场业绩 KPI 体系

技能训练

学生以学习小组为单位，通过网络或现场调研等方式，收集某大卖场经营业绩相关信息，用二八原则或者 KPI 业绩体系，分析某大卖场经营业绩主要影响因素。

二、大卖场客单价的提升

任务要求

通过对任务的分析，学习并掌握提高大卖场客单价的战术。其主要环节工作内容如表 1-31 所示。

表 1-31　主要环节工作内容

工作环节	工作内容
理解任务	研究任务的需求要点
知识认知	明确大卖场客单价的提升的 3 个知识性问题：何谓大卖场客单价；影响大卖场客单价的因素有哪些；提升大卖场客单价的方法有哪些
工作成果	学会提高大卖场客单价

问题 1　何谓大卖场客单价？

大卖场客单价，是指大卖场每一个顾客平均购买商品的金额，即平均交易金额。相关计算公式为

客单价＝商品平均单价×每位顾客的平均购买数量

客单价＝销售总额÷顾客总数

客单价＝销售总金额÷成交总笔数

客单价＝动线长度×停留率×注目率×购买率×购买个数×商品单价

式中，动线长度——顾客进入大卖场的流动曲线的长度；

停留率——总停留次数÷动线长度；

注目率——注目次数÷总停留次数；

购买率——购买次数÷总注目次数。

客单价的本质是在一定时期内，每位顾客消费的平均价格。离开了“一定时期”这个范围，客单价这个指标是没有任何意义的。

案　例

某连锁集团各大卖场客单价比较

A 店月销售额：10 000 元(100 人×100 元/人)；

B 店月销售额：10 000 元(20 人×500 元/人)；

C 店月销售额：32 000 元(80 人×400 元/人)；

D 店月销售额：60 000 元(100 人×600 元/人)。

从以上数据可以发现，B 店和 D 店的平均客单价比较高；A 店虽然成交的顾客比较多，可是平均每个顾客购买均价只有 100 元，导致销售业绩集团最低。如果 A 店的每个顾客的购买单价能达到 D 店的 600 元/人，那么 A 店的业绩也是第一。

（资料来源：http://www.vidarsoft.com/seo/320.htm.）

问题 2　影响大卖场客单价的因素有哪些？

1. 大卖场产品组合策略

所谓产品组合策略，是指大卖场对其经营的全部产品线、产品项目组合方式的决策安排。产品组合决策决定了大卖场经营产品的种类，每类产品满足顾客需求的程度，以及各类产品之间的相互关联程度。产品组合策略是影响大卖场客单价的重要因素。

案　例

新来的导购员

一个小伙子去应聘城里“世界最大”的“应有尽有”百货公司的导购。老板问他：“你以前做过导购吗？”他回答说：“我以前在村里挨家挨户推销。”

老板喜欢他的机灵，对他说：“你明天可以来上班了。等下班的时候，我会来看一下。”一天的时间对这个小伙子来说太长了，而且还有些难熬。快下班的时候，老板来了。

老板问他：“你今天做了几单买卖?”“一单。”小伙子回答说。“只有一单?”老板吃惊地说：“我们这儿的导购一天基本上可以完成 20～30 单生意呢。你卖了多少钱？”

“300 000 美元！”小伙子回答道。“你怎么卖到那么多钱的？”目瞪口呆，半晌回过神来的老板问。

“是这样的，”小伙子说：“一位男士进来买东西，我先卖给他一个小号鱼钩，然后是中号的鱼钩，最后是大号的鱼钩；还有小号的渔线、中号的渔线，最后是大号的渔线。我问他上哪钓鱼，他说海边。我建议他买条船，所以我带他到卖船的专柜，卖给他长20英尺、有两个发动机的纵帆船。然后他说他的大众牌汽车拖不动这么大的船。我于是带他到汽车销售区，卖给他一辆丰田新款豪华型‘巡洋舰’。”

老板后退两步，几乎难以置信地问道：“一个顾客仅仅来买个鱼钩，你就能卖给他这么多东西？”“不是的，”小伙子回答道：“他是来买酱油的。我跟他说，您的周末算是毁了，干吗不去钓鱼呢。”……

（资料来源：http://news.360xh.com/201410/21/14260.html.）

（1）产品组合的广度

所谓产品组合的广度，是指大卖场经营产品线的条数，反映了产品覆盖市场需求类别的范围。产品组合的广度对大卖场客单价产生正向影响作用。具体而言，产品组合的广度决定了大卖场陈列商品的种类和数量。而陈列产品的数量和种类是影响大卖场规模及顾客动线长度的重要因素。与此同时，大卖场产品覆盖范围会影响顾客在门店浏览过程中的消费兴趣点的多少，进而会提高或者降低顾客在大卖场中浏览时的停留率、注目率和购买率。简而言之，大卖场产品组合的广度影响了大卖场获得顾客购买的机会。就案例“新来的导购员”而言，小伙子多年的推销经验是其获得优异推销业绩的重要原因。但是，我们可以假设一种情况，即大卖场经营的产品类型没有那么多，小伙子的才能还能否得到充分发挥呢？300 000美元的客单价是否还能完成？

（2）产品组合的深度

所谓产品组合的深度，是指大卖场所经营产品大类中每种产品有多少花色品种规格，反映了大卖场产品满足顾客某种需求的程度。例如，很多超市都经营宝洁旗下的洗发用品，以飘柔系列为例，同一货架上陈列着飘柔柔顺精华洗发水、飘柔去屑洗发水、飘柔冰爽洗发水等，这样的陈列满足了飘柔用户各种各样的洗发需求。相对于同一类别产品仅有一种花色规格而言，考虑深度的商品陈列能够获得更多的销售机会。因为对某一类或者品牌产品有偏好的顾客，需求不尽相同。当大卖场陈列了同一类别产品的各种花色时，顾客兴趣会被大大提高。此时，顾客愿意停下脚步，多花些时间去观察这些花色，并从中挑选更加适合自己的一款或多款花色。倘若大卖场里陈列了多类别顾客所需要的产品，而且每类又有足够的宽度，那么大卖场客单量势必向好的方向发展。

（3）产品组合的关联度

所谓产品组合的关联度，是指大卖场经营的各产品线在用途上的相互关联的程度。产品组合的关联度，反映了大卖场是否能够同时满足顾客相关需求的可能性，也可以说决定了大卖场是否能够一次性满足顾客某种活动所需要产品的可能性。当然，也最终影响客单价的大小。就门店推销技能培训经典案例“新来的导购员”而言，大卖场一次性满足顾客钓鱼活动所有需求，鱼钩、渔线、渔船在用途上形成关联产品。在导购员的努力下，顾客一次性买下所要的一系列产品，提高了百货店的客单价。

2. 大卖场市场战略

大卖场市场战略是对大卖场市场营销活动的指导性安排，是大卖场产品策略、价格策略、促销策略等产品组合策略的基础，具体而言包括市场细分（S——segmenting）、市场选择（T——targeting）和市场定位（P——positioning）三个规划步骤，即市场营销学中所讲的STP战略。

（1）市场细分

所谓市场细分，是指根据需求差异变量，将整体市场划分为若干子市场的过程，划分后子市场与子市场之间需求差异显著，而每个子市场内部顾客需求非常相近。大卖场在经营过程中首先要根据客户需求差异，将所面对的整体市场进行细分，以确保能够充分认识每个产品细分市场的需求特征，这样才能够对每个经营品类进行有针对性的市场分析，为后续工作做好铺垫。

（2）市场选择

所谓市场选择，是指在市场细分的基础上，根据每个子市场的特点及大卖场的自身能力，选择其中一个或者多个子市场作为自己经营的目标市场。目标市场选择的准确性决定了大卖场适合经营的产品种类及门店能否在所选目标市场上获得可持续性盈利。

（3）市场定位

所谓市场定位，是指大卖场在其所选目标市场上，确定自己经营产品的特征。门店在确定目标市场后，要确定自己在目标市场上的形象，以迎合目标市场相应需求特征群体的口味。

大卖场通过市场细分和市场选择，确定了经营产品线的条数，以及各条产品线满足需求的相关关系，即产品组合宽度和关联度。因为市场细分过程，对顾客需求特征进行了深入调研，所以在确定产品组合的宽度的同时，大卖场对每条产品线上各个产品项目的经营深度做出规划。大卖场产品市场定位，则在前两步的基础上，进一步说明大卖场产品能够给顾客带来的不同利益，包括价位、性价比、品牌形象、产品功能特征等，决定了不同利益诉求顾客的停留率、购买率、注目率等客单价影响因素。

3. 大卖场促销策略

其实人们在生活中接触的商场、超市的“促销”，在市场营销学里面被称为营业推广策略；它是指商家对顾客进行的短期强烈刺激，以促进顾客购买或者大量购买产品的策略。目前，大卖场所采用的促销活动方式可谓五花八门。

1）大幅降价。大卖场对部分产品进行大幅度降低价格，以增加客流量，甚至形成大卖场内部和门口排队现象，提高了顾客及周边居民对大卖场的关注，同时增加了店内顾客的停留时间，带动其他商品的销售。

2）赠送试用装或免费发放低价产品。一些大卖场刚刚开拓某区域市场或者刚刚引进新的产品项目时，往往通过顾客免费领取的方式，吸引顾客到大卖场浏览商品。

3）买赠活动，包括买满一定金额赠送礼券或礼品、买满一定数量产品赠礼券或者礼品。许多顾客在买赠活动的强烈刺激下，愿意进行长时间停留在大卖场、用心阅读买赠规则及努力搭配符合买赠规则的商品项目等。

4）表演性活动，包括顾客参与和非参与形式。大卖场通过表演性活动，吸引店内外顾客前来观看，以此增加销售机会。

4. 大卖场商品陈列

商品的性质及其在店内的位置，是吸引顾客行走距离长短、滞留时间长短的主要原因。在进行店内通路设计时，其前提条件是商品的整体布局。要想实现高效的商品布局必须注意以下内容：卖场中各商品群的购买率，区分计划购买率高的商品群和非计划购买率高的商品群，确定各商品群之间购买关系的深浅、顾客的购买习惯和购买顺序、符合消费者生活习惯的商品组合、大卖场动线模式和客单价之间的联系、各商品群的空间大小及其效率及卖场的基本形状。

问题3 提升大卖场客单价的方法有哪些？

在前面两个问题中，我们对大卖场客单价的概念、公式、影响因素进行了全面系统的介绍。介绍过程中，渗透着提升大卖场客单价的方法，或明显或隐含。下面就提高客单价战术进行归纳总结。

1. 对目标市场营销战略进行合理规划

目标市场营销战略决定了大卖场产品组合策略，决定了大卖场的产品策略、价格策略、促销策略。因此，要想提高大卖场客单价，必须做好大卖场市场营销战略的合理规划。

2. 促进顾客增量购买

所谓增量购买，是指通过 POP 广告、打折、市场状态信息宣传、新闻发布会等形式，提高顾客对某种商品的购买量。按照客单价的含义及公式，顾客增量购买对于提升客单价的作用，显而易见。

3. 促进顾客升级购买

所谓升级购买，是指顾客在购买某款产品时，导购员通过对顾客需求特征的详细了解，通过人员推销、POP 广告、新产品推介会等形式，说服顾客购买档次更高的商品。升级购买的最直接作用在于通过提高购买价格，提升客单价。

4. 促进顾客关联购买

所谓关联产品，是指顾客经常一起使用的非同一类的产品，如香烟和打火机、鼠标和鼠标垫，都属于关联产品。这些产品的特点是互补性非常强，顾客要完成一定的活动，往往需要这些产品共同使用。促进顾客关联购买的具体方法有将关联产品靠近陈列、搭售关联产品、关联产品买赠、限定被关联产品及其营销渠道等。总之，通过促进关联购买，能有效提高门店客单价。

5. 促进顾客非关联购买

非关联产品是指不具备关联产品之间的互补性的非同类产品。促进顾客非关联购买，主要是通过调查顾客购买习惯，将非关联产品就近陈列，以增加购买产品种类和数量，进而提升门店客单价。

案　例

沃尔玛在对顾客的购买清单信息的分析表明，啤酒和尿布经常同时出现在顾客的购买清单上。原来，美国很多男士在为自己小孩买尿布的时候，还要为自己买上几瓶啤酒。而在这个超市的货架上，这两种商品离得很远，因此，沃尔玛超市就重新分布货架，即把啤酒和尿布放得很近，使购买尿布的男人很容易地看到啤酒，最终啤酒的销量大增。

6. 做好大卖场商品陈列

大卖场商品陈列会通过动线长度、注目率、停留率等因素直接影响客单价。因此，做好大卖场商品陈列布局是提高门店客单价的重要战术。具体而言，提高大卖场客单价要求大卖场充分运用磁石点理论，进行商品陈列位置、卖场通道等的位置安排。所谓磁石点理论，是指在卖场中最能吸引顾客注意力的地方，配置合适的商品以促进销售，并能引导顾客逛完整个大卖场，以提高顾客冲动性购买比例。商品配置中的磁石点理论运用的意义就在于，在大卖场中最能吸引顾客注意力的地方配置合适的商品以促进销售，并且这种配置能引导顾客走遍整个卖场，最大限度地增加顾客购买率。

技能训练

学生以学习小组为单位，通过网络或现场调研等方式，收集某大卖场经营业绩相关信息，用二八原则或者 KPI 业绩体系，分析某大卖场经营业绩主要影响因素，从客单价角度探究提高该大卖场经营业绩的方法。

三、大卖场客流量的提高

任务要求

通过对任务的分析，学习并掌握提升大卖场客流量的方法。其主要环节工作内容如表 1-32 所示。

表 1-32　主要环节工作内容

工作环节	工作内容
理解任务	研究任务的需求要点
知识认知	明确大卖场客流量的提高的 3 个知识性问题：何谓大卖场客流量；影响大卖场客流量的因素有哪些；如何提高大卖场客流量
工作成果	学会大卖场客流量提升战术

问题 1　何谓大卖场客流量？

客流量是指经过大卖场各个入口而进入店内的顾客数量，是到店里面来的顾客总量。值得注意的是，客流量不同于交易客数，交易客数是指进入大卖场里面而且购买大卖场商品的顾客数量。在大卖场运营管理中，不可将客流量与交易客数相混淆。大卖场客流量可用如下公式估算：

大卖场客流量＝商圈覆盖面×商圈渗透率×商圈内人口密度

式中，商圈，是指大卖场以其所在地点为中心，沿着一定的方向和距离扩展，吸引顾客的辐射范围。简单地说，也就是来店顾客所居住的区域范围。根据辐射力度的大小，商圈可以分为核心商圈、次级商圈、边缘商圈，其中主要关注的是核心商圈和次级商圈的顾客。

商圈渗透率，是指大卖场的核心商圈和次级商圈中，稳定顾客数量占全部目标顾客数量的比率。

商圈内人口密度，是指大卖场所覆盖的商圈范围内单位面积土地上所居住的总人口数量。

问题 2　影响大卖场客流量的因素有哪些？

（一）大卖场地理位置

1. 大卖场地理位置对客流的影响表现

大卖场地理位置是门店选址要考虑的非常重要的因素，一旦确定，将很难改变。大卖场地理位置对客流量具有相当重要的影响，具体表现为如下几个方面：

1）地理位置决定了大卖场商圈人口密度。

2）大卖场所处区域的商业繁华程度，影响了商圈覆盖面，且区域越繁华，大卖场商圈辐射范围越广。许多连锁大卖场不惜花费高额日常经营费用立地繁华街区，一方面源于繁华街区本身具有较强的辐射能力，能够为门店吸引较大的客流量；另一方面源于立地繁华街区，能够分享其他临近商家的客流。

3）大卖场所处地理位置附近交通状况，影响着目标顾客经过或到达大卖场的可能性和方便性，且大卖场核心商圈、次级商圈辐射范围随交通发达程度而扩大。

知识拓展

自身客流、分享客流与派生客流

自身客流指那些专门为购买某种商品而来店购买的顾客形成的客流，这是门店客流的基础，是门店销售收入的主要来源。

分享客流指一家门店从邻近商店或超市形成的客流中获得的客流，这种客流往往产生于经营相互补充类商品的店铺之间，或大店与小店之间。如经营某类商品的补充商品的门店，顾客在购买了主商品之后，就会附带到邻近的这类商店购买相应的补充商品，以实现完整的消费；又如，邻近大型商店的小商店会吸引一部分专程到大商店购物的顾客顺便到毗邻的小商店来。不少小商店依大店而设，就是利用这种分享客流。

派生客流指那些顺路进店购物的顾客形成的客流，这些顾客并非专门来店购物。在一些旅游景点、交通枢纽、公共场所附近设立的商店主要利用的就是派生客流。

2. 大卖场商圈渗透率的影响因素

大卖场地理位置因素，主要影响了商圈覆盖面和商圈人口密度，而大卖场客流量公式“大卖场客流量＝商圈覆盖面×商圈渗透率×商圈内人口密度”中的商圈渗透率则取决于大卖场所处行业竞争的激烈程度及大卖场在竞争中所处地位。关于大卖场所处行业竞争的激烈程度，我们可以用迈克尔·波特的五力模型来分析。按照五力模型理论，影响行业内企业竞争激烈程度的要素主要包括买方、供方、行业内其他企业、新加入者及替代品。

1）买方，即大卖场的顾客。其对大卖场竞争激烈程度的影响主要决定于大卖场行业内企业的数量及大卖场在行业中的地位。

2）供方，即大卖场生产经营所需要原材料或零部件的供应商。供应商的货品供应影响大卖场的生产经营能力，也即竞争能力。

3）行业内其他企业，是指本行业，向相同或相近顾客群体提供相同或相近商品的企业。这种相同或相近性越强，大卖场之间的竞争激烈程度越强。

4）新加入者，主要是指看好大卖场所在行业，准备或者正在加入该行业的企业。新加入者的出现，必定带来行业更加激烈的竞争。

5）替代品，是指对大卖场所售产品有替代作用的产品。价格较低且质量优良的替代品，将成为大卖场经营中最大威胁。

大卖场相对于五种力量的地位，则取决于其自身的经营管理状况。

综上所述，本书将影响大卖场商圈渗透率的主要因素概括为大卖场周边产业发展状况类因素和自身经营状况类因素。

（二）大卖场周边产业发展状况

（1）竞争状况

大卖场周边同类店铺越多，大卖场所面临的竞争越激烈，意味着大卖场核心商圈、次级商圈辐射范围内，顾客可挑选机会越充足，可能导致门店商圈渗透率降低。

（2）替代状况

大卖场周边替代状况有两个含义：其一，存在功能类似但非同种类的店铺，如中式快餐和西式快餐，虽然不属于同类产品，但相互之间具有很强的替代性。假设两者价格相近，且目标顾客对两者无明显口感偏好差别，那么中式快餐店和西式快餐店之间的商圈渗透率的相互影响就很大。其二，不同店铺均销售某一种或者几种可替代性产品，如服装专卖店和超市可能同时经营某种类似款式的服装，区别可能只在于品牌。那么在其他条件相同的情况下，顾客可从二者之中任意选择。在这种情况下，专卖店和超市的商圈渗透也是相互影响的。

（3）互补状况

所谓互补状况，是指大卖场或大卖场所经营产品可以和其他店铺或其产品形成互补，即通过两者合作能够使目标顾客群体的需求完整地或更好地得到满足。例如，生鲜产品超市可与专营烹饪调料的店铺形成互补。这种互补可以使双方共享部分客流，同时，还可以形成稳固共同商圈渗透率的合力。因此，许多大卖场在选址时，均偏爱有利于互补效益形成的商圈区域。

（三）大卖场经营状况

前面两类大卖场客流量影响因素均来自大卖场外部因素，依据SWOT战略分析工具可知，外部因素为大卖场提供了经营发展的机会和威胁，大卖场要想在环境中生存和发展，至少能够不断提高自身实力，用自己的优势把握机会、战胜威胁，这与“打铁还需自身硬”蕴含着相同的道理。因此，大卖场自身经营状况是客流量分析的重要影响因素。

（1）质量

所谓质量，是指产品或服务能够满足顾客需求的功能属性，是顾客与大卖场进行交易所得到的利益之一。大卖场为顾客提供的质量利益，主要来自商品质量和服务质量。商品质量构成顾客获得利益的基础，满足顾客进店消费的基本需求。服务质量对商品质量利益的转让起到辅助作用，是顾客对购买过程的体验。服务质量是由多要素共同作用的结果，主要包括服务人员工作表现、服务设施、服务设备、门店环境及相关票据等。另外，主营业务为无形产品的大卖场（即服务型大卖场），服务既为顾客提供了基础利益，又提供了辅助利益。

（2）性价比

质量反映了顾客从大卖场获得的利益，但是，顾客是否能够发生稳定的重复购买行为，光凭利益是不够的。因为任何利益的获得，顾客都要从时间、精神、体力、价格等方面付出相应的成本。一旦所要付出的成本超过了顾客的承受能力，顾客可能会对大卖场望而却步。例如，大学生多数在学校食堂或者学校周边小餐馆用餐，相对于五星级酒店来讲，其菜品质量和服务质量都差得多。但是为什么现实中，绝大多数学生的选择不是质量更好的呢？答案不言而喻，因为成本。所以大卖场在进行市场定位的时候，要充分考虑顾客的利益和成本两方面的因素，即从性价比的角度考虑商圈覆盖范围、商圈渗透率的问题。

（3）商品种类

顾客需求是大卖场经营的试金石，不断地满足顾客需求是扩大大卖场核心商圈、次级商圈覆盖范围及提高大卖场渗透率的前提条件。结合自身经历及市场营销学知识，很容易想到顾客需求具有多样性和动态性的特点。因此，在分析客流量的时候，门店必须以市场调研为依据，考虑自身经营产品或服务的类型，是否能够满足立地商圈不断变化的多样化需求。

（4）市场沟通

所谓市场沟通，是指大卖场通过广告、人员推销、公关关系、营业推广等手段，将有诱导性的信息传递给顾客，以刺激顾客购买的活动过程。随着市场竞争的不断加剧，买方在市场上的主导作用与日俱增，“酒香不怕巷子深”“皇帝的女儿不愁嫁”的时代已经成为历史。大卖场内外兼修得再好，没有市场沟通就等于事倍功半。从消费者购买行为的刺激-反应模式来讲，顾客进行购买决策的首要步骤是收集商家信息。所以，如果大卖场的信息没有进入顾客视野范围之内，获得顾客购买几乎是靠运气坐等。因此，门店必须考虑自身有竞争优势的信息是否能够传达到目标顾客群耳朵里，同时也要考虑大卖场是否聆听过顾客的心声。

问题 3 如何提高大卖场客流量？

在前面两个问题中，我们对大卖场流量的概念、公式、影响因素进行了全面系统的介绍。介绍过程中，渗透着提升大卖场客流量的方法，或明显或隐含。下面就提高客流量战术进行归纳总结。

1. 选址建设

（1）大卖场地址的选择

大卖场选址应该考虑的几个方面，包括人口密度、商业繁华程度、交通状况、竞争状况等。结合这些因素，为了提高大卖场客流量，大卖场选址应该满足如下条件：

1）结合大卖场门店市场定位，大卖场应选址于商业繁华区或者社区中心地带。

2）大卖场的位置应尽可能交通便捷。

3）在满足上述条件的基础上，优先选择能够与本大卖场形成业务互补的其他店铺的商圈位置。

4）大卖场选址，切不可忽略所处商圈竞争对手及替代品分析，若大卖场无明显竞争优势，则应该考虑避开不利竞争位置。

（2）大卖场内部环境

大卖场内部环境是影响顾客体验的主要因素，为顾客提供了服务质量。因此，大卖场环境要满足如下要求：

1）环境整体与市场定位相符合。

2）内部服务设备设施齐全、运转正常。

3）各种消费票据齐全。

2. 加强市场沟通

1）广告，大卖场广告以店内 POP 广告为主，定期向核心商圈和次级商圈投放传单。大型商场超市可以配合促销活动，使用媒体广告。

2）促销，即营业推广，包括节假日促销和平时促销。促销形式包括降价促销、买赠促销、免费体验、会员促销等。促销活动要使顾客感到真实的让利优惠，不可弄虚作假。促销针对不同产品分期进行，否则使顾客形成“低价惯性”或认为质量低劣。促销活动一般针对门店中的部分商品，以带动原价或溢价商品销售，增加客流量，提高客单价。

3）人员推销，对于价值较高的产品或服务项目，适合采用人员推销的方式，以加强与目标顾客群体的交流沟通。

4）公共关系，与连锁门店客户服务中心部分介绍内容一致，不再赘述。

3. 提高产品和服务质量

1）加强供应商资质管理，以确保采购商品、原材料、服务设备等质量水平。

2）做好服务流程规划，确保服务项目足够，服务步骤合理。

3）搞好门店店面装潢、清洁、安全等环境工作。

4）加强服务人员服务礼仪、服务技能培训。

4. 增加产品种类

定期进行顾客需求及市场发展状况调查，增加产品组合宽度、深度，适当引入畅销产品。

5. 提高性价比

综合考虑质量和顾客成本，确保产品或服务质量的同时，兼顾顾客成本。依据市场定位，使顾客的成本效用最大化。

6. 建立差别化形象

在产品同质化严重的时代，建立差别化形象是大卖场获得竞争优势、提高客流量的重要战术。大卖场可以从产品、服务、人员、环境等方面，建立自己的差别化特征。而且差别化越能满足顾客需求，越难以模仿，该方法对于提高大卖场客流量越是有效。

建立差别化形象过程中，门店要注意以下几个问题：

1）差别化形象是否与连锁品牌定位相悖。

2）差别化形象是否与主营业务市场定位一致。

3）差别化形象成本是否可以妥善处理，如顾客是否愿意为之支付溢价等。

4）差别化形象是否很容易被复制，是否正在或者已经被复制。

技能训练

学生以学习小组为单位，通过网络或现场调研等方式，收集某大卖场经营业绩相关信息，用二八原则或者 KPI 业绩体系，分析某大卖场经营业绩的主要影响因素，从客流量角度探究该大卖场经营业绩的提高方法。

四、大卖场利润的提高

任务要求

通过对任务的分析，学习并掌握提升大卖场利润的方法。其主要环节工作内容如表 1-33 所示。

表 1-33 主要环节工作内容

工作环节	工作内容
理解任务	研究任务的需求要点
知识认知	明确大卖场利润的提高的 3 个知识性问题：何谓大卖场利润；影响大卖场利润的因素有哪些；如何提高大卖场利润
工作成果	学会大卖场利润提升战术

问题 1 何谓大卖场利润？

大卖场利润是指每一位顾客为大卖场带来的净利润，即平均净利润。大卖场利润可用如下公式估算：

大卖场利润＝（总销售额－店面成本）÷交易客数

大卖场利润＝（客单价×交易客数－店面成本）÷交易客数

大卖场利润＝（动线长度×停留率×注目率×购买率×购买个数×商品单价×交易客数－店面成本）÷交易客数

大卖场利润＝（客流量×停留率×接触率×试用率×成交率×客单价－店面成本）÷交易客数

式中，交易客数——所有到大卖场的顾客中购物的顾客数量；

接触率——顾客进大卖场接触产品和服务，销售人员与顾客产生沟通的数量占进大卖场顾客的比例；

使用率——顾客在大卖场内驻留时间超过一定时间，用手触摸产品，并进行试用体验或产品咨询的人数占进店顾客的比例；

成交率——成交人数占进大卖场顾客数的比例；

店面成本——维持店面正常运营的各项费用支出，具体见问题 2 中“4. 店面成本”。

案 例

联华超市经营业绩

观点地产网讯：2014 年 10 月 16 日，联华超市股份有限公司披露，截至 2014 年 9 月 30 日，集团 9 个月未经审计营业收入约 241.68 亿元，营业成本约 192.17 亿元，归属于母公司所有者的净利润约 5116.44 万元。

截至 2014 年 9 月 30 日，联华超市未经审计资产规模约 187.42 亿元。

联华超市称，由于集团所从事零售业市场竞争激烈及成本费用特别是人工成本的刚性增长，预计公司全年归属于母公司所有者的净利润同比下降的情况将延续前 9 个月同比下降态势。

此前上半年，联华超市营业收入 150.23 亿元，同比下降 3.7%；毛利率 14.44%，同比增长 0.26 个百分点；净利润 0.98 亿元，同比下降 51.1%，主要源于销售额的下降和管理费用提高。

（资料来源：http://www.guandian.cn/article/20141017/152423.html.）

问题 2 影响大卖场利润的因素有哪些？

1. 客流量与交易客数

前面介绍过，客流量是指经过大卖场各个入口而进入大卖场内的顾客数量，是到大卖场里面来的顾客总量。值得注意的是，客流量不同于交易客数，交易客数是指进入大卖场里面，而且购买大卖场商品的顾客数量。交易客数与客流量、停留率、接触率、试用率、成交率有关。虽然客流量不代表交易客数，但是交易顾客从属于来店顾客，即客流量的大小对于大卖场销售机会的多少有着重要的影响，是不可争辩的事实。客流量的影响因素包括大卖场商圈商业繁华程度、大卖场商圈交通状况、大卖场商圈人口密度、大卖场自身经营发展状况等。

2. 客单价

大卖场客单价，是指大卖场每一个顾客平均购买商品的金额，即平均交易金额。按照公式“大卖场利润＝（客单价×交易客数－店面成本）÷交易客数”，客单价和交易客数决定了门店销售额。在其他条件一定的情况下，客单价直接决定客利润的高低。客单价的影响因素包括大卖场市场战略、大卖场产品组合的深度和宽度、大卖场商品陈列等。

3. 销售利润率

销售利润率，是指一定时期内，大卖场销售利润总额与销售收入总额的比率。它表明单位销售收入获得的利润，反映销售收入和利润的关系。在大卖场产品组合中，每个产品或服务项目销售利润率的情况，决定了大卖场总利润的多少。销售利润率的影响因素主要包括产品销售利润率、产品价格调整、附加服务。

1）产品销售利润率，是指大卖场进行产品销售获得利润与销售收入的比率。我们可以做个简单解释，如某产品进货价格 20 元，销售价格 30 元，在不考虑其他因素的情况下，该产品销售利润率＝（30－20）÷30≈33.33%。

2）产品价格调整，是指根据市场供求关系适当调整大卖场销售价格。从客单价的概念来看，价格调整必然使客单价发生变化，从而带动大卖场利润的变化。另外，还可以从销售利润的概念来看价格调整对大卖场利润的影响。价格调整直接带动销售收入的变化，在假定成本的情况下，销售利润随之发生变化，进而导致销售利润的变化。

3）附加服务，是指在提供产品销售的基础上，提供额外的服务，以提高产品售价的方式。例如，许多超市在销售蔬菜的时候为顾客把蔬菜洗净，甚至为顾客进行某菜单的菜品调料配置。通过这样的附加服务，原蔬菜售价平均涨幅可以达到 20%。因此，我们可以发现，附加服务的效果相当于价格调整。但是采用此方法一定注意附加服务所对应的成本。

4. 店面成本

维持店面正常运营的各项费用支出，主要包括员工工资及福利费用、管理费用、物流费用、经营场所租赁费用、原材料费用、外购成品及半成品费用、煤气水电费用、通信费用、物业费用、业务宣传费用等。店面成本对客利润的影响由大卖场利润的概念和公式可以一目了然，在此不再赘述。

问题 3 如何提高大卖场利润？

1. 提高客流量与交易客数

（1）提高客流量

提高客流量的方法主要包括加强市场沟通、提高产品质量、增加产品种类、提高产品性价比、建立差别化形象、科学选址及建设门店环境等。

（2）提高交易客数

除提高客流量之外，还包括提升停留率、提升接触率、提升试用率、提升成交率和提升回头率。

1）提升停留率。一方面，合理设置大卖场主副通道，延长顾客动线长度；另一方面，充分运用磁石点理论，做好商品布局以吸引顾客，增加顾客停留时间。

2）提升接触率。一方面，做好店面布局与商品陈列。在商品陈列上可以采取壁面陈列法，增加商品的丰富度；在堆头陈列上注意商品陈列的高度低于人身体的高度，并使顾客能很自然地在店内环游移动；商品陈列易取易放，在零售氛围上要重视店内商品、POP、饰物等的色彩搭配，营造卖场气氛，延长顾客店内停留时间。另一方面，做好店员、促销员、导购员的培训工作，使其能够积极主动地为停留、注目的顾客提供专业的咨询和购买试用引导。

3）提升试用率。一方面，提高商品及商品陈列的吸引力，如店铺引进最新款服饰；另一方面，店员根据对顾客需求点的观察，提供亲切的产品介绍，同时店铺应该对商品试用及试用设施做好合理规划，如为顾客提供安全、可靠的试衣间。

4）提升成交率。一方面，要提高大卖场商品的吸引力，如生活必需品、畅销品齐全；另一方面，提高门店的销售水平，巧妙使用促销手段，提高销售人员的推销技能及工作积极性。

5）提升回头率。让新顾客发展成老顾客，建立客户档案，制定 VIP 客户政策和老顾客政策，新品推出或者销售活动及时通知客户，促销时老客户可以享受比较好的政策等都是提高回头率的技巧。

2. 提升客单价

提升大卖场客单价的方法主要包括对目标市场营销战略进行合理规

划、促进顾客增量购买、促进顾客升级购买、促进顾客关联购买、促进顾客非关联购买、做好大卖场商品陈列。

3. 提高销售利润率

在大卖场产品组合中，每个产品或服务项目销售利润率的情况，决定了大卖场总利润的多少。如果大卖场销售利润率高的产品或服务项目增多，大卖场一定时期的总利润会提高。所以，可以通过如下三种方式提高大卖场销售利润率：①选择高利润率的产品；②根据顾客需求适时提高销售价格；③为顾客提供附加价值服务。

4. 优先促进高利润率产品销售

不同产品类型的产品及同类产品的利润率都会因为购置价格等的不同而不同。例如，华润超市出售的金丝小枣，一种是生产厂商出品包装，另一种是由华润超市配送中心采购包装，后者的价格往往低于前者，但后者的利润率要高于前者。另外，即使同为高利润率的两类产品，也会有利润率高低差别。例如，对于饮料类商品，高档果汁的利润率要比普通碳酸饮料的利润率高些。在相近客流量的情况下，顾客在挑选商品时，未必会选择那些高利润率的产品。为了解决上述问题，大卖场要在选择高利润率产品经营的同时，努力促进顾客购买和选择高利润率产品，具体措施如下：

1）在产品陈列方面，将高利润的产品放在最为明显处或者顾客停留时间较长处，或者将高利润产品与大卖场销量最高的商品靠近陈列，以吸引顾客的注意，提高停留率、接触率。例如，将高利润率产品放在“第五磁石点”位置，促成顾客的冲动购买。另外，在商品陈列时，要注意高利润率商品的灯光、色彩、陈列造型等，以吸引顾客注意力。

2）调整店员推销商品顺序，优先推销高利润率的商品。具体可以通过两种方法实现：其一，店员仔细观察顾客行为，了解顾客需求后，按照利润率的高低，向顾客推销商品，充分介绍利润率高的商品的优势；其二，顾客向店员询问某种商品时，店员一边介绍顾客所询问商品，一边向顾客推荐高利润率产品。

5. 降低店面成本

1）适当采用自助服务系统，如连锁餐馆里面可以设置瓶装饮料自助售货机。

2）采取电子化销售渠道，如O2O营销模式。

3）制定节约制度，减少不必要的成本支出，如空调温度控制、店员电话费用控制、办公纸张费用控制等。

4）加强客户分级管理等客户关系管理工作。例如，旅行社经常为目标游客进行免费旅游线路设计，但常常有部分游客仅仅进行咨询之后便“消失”了，浪费了旅行社经营成本。其实，旅行社可以对咨询的游客进行身份登记，并记录以往游客与旅行社发生的交易金额，然后以此为基础，确定是否为线路咨询游客提供服务，或者是否提供收费咨询服务。

案 例

知名旅行社集团托马斯库克旅行社根据交易记录，将客户分成A、B、C三级，并针对不同级别给予不同待遇。

例如，消费金额最低的C级客户如果提出很费时的服务要求（如行程规划），就必须预付25美元作为定金，而A级和B级客户则无须预付定金。其负责人解释说："过滤掉随口问问或三心二意的客户，我们才能把大部分时间放在服务前两级的客户上面。"

（资料来源：http://www.paigu.com/a/754003/36288915.html.）

技能训练

学生以学习小组为单位，通过网络或现场调研等方式，收集某大卖场经营业绩相关信息，用二八原则或者KPI业绩体系，分析某大卖场经营业绩主要影响因素，从利润率角度探究该大卖场经营业绩的提高方法。

同步训练题库

一、填空题

1. 所谓大卖场业绩，是指经过一定时期的经营，大卖场______及______达成状况，反映了______，也决定了大卖场的可持续发展性。其中息税前利润，通俗地说就是______的利润。

2. 大卖场业绩提升战术主要包括______、______、______。

3. 要想实现效率的商品布局必须注意以下内容：大卖场中各商品群的购买率，区分______和______，确定各商品群之间______、顾客的购买习惯和购买顺序、符合______的商品组合、店内______和客单价之间的联系、各商品群的______及其效率及______的基本形状。

4. 大卖场市场战略是对大卖场________的指导性安排，是大卖场______、______、促销策略等产品组合策略的基础，具体而言包括______、______和______三个规划步骤，即市场营销学中所讲的______。

5. 大卖场商品陈列会通过______、______、______等因素直接影响客单价。

二、单选题

1. 关键业绩法的理论基础是（　　）。
   A. 二八原则　　B. 4P 理论　　C. KPI　　D. 5S 管理

2. 大卖场客单价，是指大卖场每一个顾客的（　　）。
   A. 平均停留时间　　B. 平均动线长度　　C. 平均交易金额　　D. 平均购买数量

3. 表演性活动、大幅降价、买赠活动，属于影响大卖场客单价的（　　）因素。
   A. 大卖场产品组合策略　　B. 大卖场市场战略
   C. 大卖场促销策略　　D. 大卖场商品陈列

4. 大卖场通过市场细分和市场选择，确定了经营产品线的条数，以及各条产品线满足需求的相关关系，即产品组合的（　　）。

A. 长度和关联度　B. 宽度和关联度　C. 深度和宽度　D. 长度和深度

5. （　　）是指顾客在购买某款产品时，导购员通过对顾客需求特征的详细了解，通过人员推销、POP 广告、新产品推介会等形式，说服顾客购买档次更高的商品。

A. 对目标市场营销战略进行合理规划　B. 促进顾客增量购买
C. 促进顾客升级购买　D. 促进顾客关联购买

三、多选题

1. 下列属于大卖场 KPI 指标体系的是（　　）。

A. 客单价　B. 客流量　C. 总费用　D. 总收益

2. 下列客单价公式正确的是（　　）。

A. 客单价＝商品平均单价×每位顾客的平均购买数量
B. 客单价＝总停留次数÷动线长度
C. 客单价＝销售总金额÷成交总笔数
D. 客单价＝购买次数÷总注目次数

3. 影响大卖场客单价的因素有（　　）。

A. 大卖场产品组合策略　B. 大卖场市场战略
C. 大卖场促销策略　D. 大卖场商品陈列

4. 提升大卖场客单价的方法有（　　）。

A. 对目标市场营销战略进行合理规划　B. 促进顾客增量购买
C. 促进顾客升级购买　D. 促进顾客非关联购买

5. 大卖场产品组合策略包括（　　）。

A. 市场细分　B. 市场定位
C. 产品组合的广度　D. 产品组合的关联度

四、判断题

1. 大卖场业绩包括两层含义：一方面，大卖场达成自身销售额指标和息税前利润额指标的情况；另一方面，各连锁大卖场息税前实际利润达成值的比较。（　　）

2. 客单价的本质是在一定时期内，每位顾客消费的平均价格。离开了“一定时期”这个范围，客单价这个指标是没有任何意义的。（　　）

3. 商品的性质及其在店内的位置，是吸引顾客行走距离长短、滞留时间长短的主要原因。（　　）

4. 大卖场商品陈列布局并不能起到提高门店客单价的作用。（　　）

5. 香烟和打火机、鼠标和鼠标垫，都属于非关联产品。（　　）

参考答案 1-4

项目二

便利店营运管理

体系结构

任务一　便利店商品管理
任务二　便利店现场服务管理
任务三　便利店商品防损与安全管理

项目目标

1. 能运用品类管理和商品配置知识对货架、冰柜的商品陈列进行管理；掌握便利店日常商品的订货、验货及存货作业流程。
2. 掌握便利店现场服务与操作技能。
3. 掌握便利店防损技巧。

任务一 便利店商品管理

引导问题

便利店商品管理的概念十分广泛。便利店应怎样对商品进行管理，才能满足顾客便利快捷的需求？

学习内容 本任务主要包括对商品品类管理的认识知识的回顾、商品配置表的制作练习；商品进、存货的管理；商品陈列的管理；商品的盘点管理的内容。

学习目标 掌握商品陈列与进、存货的相关知识；在理解品类管理、商品配置表方面的知识和商品陈列工具方面的知识的基础上，遵循便利店商品陈列的一般原则，能对商品进行科学合理的陈列；掌握便利店日常商品的订货流程、验货流程及存货作业流程。

学习重点

1. 便利店商品陈列工具管理。
2. 验货管理。
3. 盘点管理。

学习难点 运用品类管理和商品配置知识对货架、冰柜的商品陈列进行管理。

任务描述 本任务为导学性任务，具体内容为：

1. 按要求制作一份便利店某类商品的商品配置表，绘制商品陈列表，运用陈列方法与技巧陈列商品。

2. 能按进货流程进行订货、验货、掌握库存管理程序，并会对商品进行盘点。

工作步骤 本任务的工作步骤见表2-1。

表2-1 工作步骤

序号	项目	工作内容
一	用品类管理理念进行商品表配置	①理解品类管理；②了解商品配置表的作用与功能；③清楚商品配置表的制作程序
二	商品的进、存货管理	①商品的进货管理（订、进、验、收货）；②商品的库存管理程序
三	商品陈列管理	①管理商品陈列的工具：货架、冰柜的管理；②在遵循商品陈列一般原则基础上，掌握商品陈列的规范与检查要点
四	商品的盘点	①盘点工作程序；②盘点的流程

成果预期

本任务完成后，学生应掌握商品配置表的制作，并会修正商品配置表；熟悉订货流程与进货、验货流程；掌握商品陈列原则，按照商品陈列表陈列商品，能运用商品陈列方法进行商品陈列；掌握盘点作业要领。需完成下面成果评价表（表 2-2）的内容。

表 2-2 成果评价表

考评点	分值	得分
商品配置表	15	
商品陈列表	10	
订货表填制	10	
验收、退换货要领	10	
陈列方法	15	
陈列效果	25	
盘点表填制	15	
合计	100	

工作内容

一、用品类管理理念进行商品表配置

任务要求

通过对项目一任务一中的商品配置表方面知识的回顾，熟悉商品配置表的作用和功能，并形成商品陈列的思路。其主要环节工作内容如表 2-3 所示。

表 2-3 主要环节工作内容

工作环节	工作内容
理解任务	研究任务的需求要点
知识认知	回顾品类管理与商品配置表的 3 个问题：品类管理是什么；品类管理的流程有哪些；商品配置工作包括什么内容
工作成果	能根据商品配置表的制作流程对某便利店的商品进行配置与分类

问题 1 品类管理是什么？

详见项目一任务一的品类管理相关内容。

问题 2 品类管理的流程有哪些？

详见项目一任务一的品类管理相关内容。

问题 3 商品配置工作包括什么内容？

填写商品配置表（表 2-4）。

表 2-4　商品配置表

商品分类No. 洗发水
货架No. ×× 制作人：×××

商品代码	品名	规格	售价	单位	位置	排面	最小库存	最大库存	供应商

注：① 位置是最下层为A，二层为B，三层为C，四层为D，最高层为E，每一层从左至右为A1、A2、A3……B1、B2、B3……C1、C2、C3……D1、D2、D3……E1、E2、E3……

② 排面是每个商品在货架上朝顾客陈列的面，一面为1F，二面为2F……

③ 最小库存以一日的销售量为安全存量。

④ 最大库存为货架放满的陈列量。

知识拓展

支撑 7-11 便利店经营的单品管理

7-11 便利店的门店通常会依据假设来订货，并以 POS 数据来验证结果。借助反复的假设与验证，针对每项商品都要经常掌握畅销商品以排除滞销商品，这在 7-11 便利店称为单品管理。

单品管理是 7-11 便利店经营的主干。所有的组织、系统，都是为了实现单品管理而存在。某家分店建立了某种假设，某个商品要进多少，总公司都要能应付。7-11 便利店拥有世界最先进的信息系统，能迅速而准确地处理由分店传来的订货信息。如果分店是幕前，则幕后的所有工作都是以实现单品管理为前提的。

单品管理象征了 7-11 便利店的“思想”“世界观”，即持续满足瞬息万变的顾客需求。

如果确实执行单品管理，商机损失就会降低，报废损失也随之减少。顾客所需的商品，也能在所需的时候，要多少就有多少，店家的业绩、利润率也会提高。结果，顾客的利益与卖方的利益，竟能完全相容不悖。

在全日本超过一万家的分店里，执行单品管理的，不仅是老板、店长，甚至是工读生、兼职人员，而这也造就了 7-11 便利店的强盛。

（资料来源：https://wenku.baidu.com/view/73b8b0c219e8b8f67c1cb962.html.）

技能训练

1. 学生以学习小组为单位，以便利店为研究对象，制作某类商品配置表，并做交流展示。

2. 在调研的基础上，对便利店的商品配置表进行修正（以洗发水为例）。

二、商品的进、存货管理

任务要求

通过对任务的分析掌握订货、验货、退换货及调拨作业方面的知识，并掌握商品订货的流程；同时形成商品的进、存货管理思路。其主要环节工作内容如表 2-5 所示。

表 2-5　主要环节工作内容

工作环节	工作内容
理解任务	研究任务的需求要点
知识认知	卖场进、存货的 4 个问题：什么是订货作业，订货作业的流程是什么；便利店进货作业的流程是什么，验收人员的工作职责是什么；验货管理流程是什么；便利店库存如何管理
工作成果	明确商品进、存货管理的主要内容，并熟悉进存货管理的流程

问题 1　什么是订货作业？订货作业的流程是什么？

订货作业是指便利店依据计划向总部配送中心或总部所确定的供应商及自行采购单位，进行的叫货（也称为添货）的活动。

日常订货，就是电脑上的普通订货。普通订货分为日配品订货和非日配品订货。订日配品时，根据上周同一天的数据进行选择订货。订非日配品，根据公式订货，即期间销售数加上最低陈列数再减去库存就是要订的货，订非日配品选择全部商品订货（杂志类不选）。

便利店的营业员在营业时间内一般都是一边整理商品，一边进行商品数量的统计，并根据商品库存的数量及每日商品的销售数量通过收银机向配送中心进行订货。订货截止时间一般都是每日的下午 13:00（或上午 11:00），如果超过这个时间就算第二天的订货了。有库房的便利店可以每隔一日订货，没有库房的便利店就需要每日订货。配送中心一般都会在第二天早上进行送货。

案 例

7-11 便利店电子订货系统与创新

7-11 便利店将 POS 系统与电子订货系统联结，店铺、物流中心、供应商能同时收到订货信息。因此店铺店长不需再次点货，系统就会将销售资料与库存对比，再根据以往这家店铺订货的惯例，建议订购数量；店铺可依个别特殊情况需求对订货进行修正，大幅度减少了店铺店长订货的时间成本，降低了库存管理成本，加速了存货的流通。

因为每个店铺随时都可能遇到一些特殊情况造成缺货，只要向配送中心打电话告急，配送中心就会动用安全库存对店铺进行紧急配送；如果安全库存也告急，配送中心就会转而向供应商紧急订货，以便在第一时间送到缺货的店铺。

（1）细化配送

7-11 便利店对商品配送的时间和种类进行了细分。7-11 便利店的食品配送方式是根据食品的保存温度来建立配送体系的，具体将食品分为以下几类：冷冻食品保存温度为 -20℃，冷藏品、牛奶等保存温度为 5℃，恒温类食品保存温度为 10℃，常温类食品保存温度为 20℃。

（2）敏捷配送

7-11 便利店为自己订立了以下目标：无论何时何地，只要客户有需求，就要将商品送达。为了实现这一目标，采用了一种反应敏捷的运输系统，实现一日三次配送制度。7-11 便利店配送中心还特地制定了一个特别配送制度，与一日三次的配送制度相配合。即当预计到第二天需求量急剧增加时，对要求的追加商品进行及时配送。

针对不同的食品，采用不同的方法和设备进行配送，因此在 7-11 便利店的配送中心，主要的运输设备是各种各样的保温车和冷藏车。由于在装卸货物时经常开关门，使用普通的冷藏车容易引起车厢温度的变化造成冷藏食品的变质。为了解决这一问题，7-11 便利店专门设计了一种两面舱式的冷藏保温车，其特点是一个舱中温度的变化不会影响到另一个舱，从而保证了需冷藏的食品能在所需的低温下配送。

（资料来源：http://www.docin.com/p-830192604.html.）

问题 2　便利店进货作业的流程是什么？验收人员的工作职责是什么？

1. 便利店的进货作业管理的流程

进货是根据订货作业，由厂商或配送中心来“配送”。进货业务管理流程如下：

1）进货要遵守时间。进货时间的确定应考虑门店作业时间、交通状况、营业需要及内部员工出勤时间。

2）验收单、发票需齐备。

3）商品整理分类要清楚，在指定区域进行验收。

4）先退货再进货，以免退调商品占用店内仓位。

5）验收后有些商品直接进入卖场，有些商品则进内仓或进行再加工。

6）拒收变质、过保质期或接近保质期的商品。

2. 验收人员的工作职责

1）检查商品质量，核对商品产地、生产日期、发货时间、数量、价格、品种。

2）对食品的色、香、味、形进行验收，合格食品入库储存，不合格食品退回。

3）对商品的包装完整性、应该注明的法定标识等进行验收。

4）做好数量、质量的记录。

5）发现有腐败变质、发霉、生虫、有毒、有害、掺杂、掺假等不符合卫生要求的不签收。

6）验收记录妥善保存，以备查验。

问题3 验货管理流程是什么？

1. 便利店验货

验货分为HT（手持终端验货设备）验货和手工验货。HT验货时，扫条码后，要看数目、日期是否正确，检查货物是否破损。手工验货中，当有些货物HT不能用时，要对照着进货传票验货。

2. 验货数目不正确的处理

验货数目不正确，填写缺货单。缺货单一式三份，总部一张，供应商一张，店铺一张。

问题4 便利店库存如何管理？

（一）职责

1）店长负责库存商品的周转。

2）组长负责本组库房商品码放规范的督核、高库存商品的清理及临近保质期商品的处理。

3）员工负责所辖内库区的商品安全和库存量及商品码放整齐、醒目并保持清洁。

（二）工作程序

1. 合理掌控商品库存

1）重点商品，即A类商品，库存量应掌握在满足3天的销售（节日除外）。

2）C类商品，每周交货一次的商品，库存量应掌握在满足一周的销售量。

3）周四、周五叫货的店铺要确保周末3～4天的销售量（节日除外）。

4）叫货量的公式：叫货量＝上期存量＋上期进货－本期存量。

2. 库存商品管理作业须遵循的原则

1）安全第一。库存商品作业必须时刻注意人员、库房、商品出入安全，注意防火、防盗。

2）定位管理。①商品分类定位，商品码放定位，责任区划分有明显标识；②每一单品独立货位，并贴有库存单，标明编码、品名、规格、现售价，尽量做到标识向外；③两种以上合箱库存商品整齐归位；④商品码放按顺时针方向，由外向里，由左向右，通道间隔可以进人、进车。

3）保障销售。周转频次快、沉重的商品尽量码放在距门口较近的地方，以便于提货，方便进入卖场。

4）先进先出。为保证质量，库存商品提货应坚持先进先出、保证质量。不良商品，即高库存（不包括整箱）和临近保质期商品，应单独存放，并贴上提示单，尽快消化，实现销售。按责任区每两天清理一次库存，随时调整不良商品。

5）保持清洁。库存商品保持清洁，随时清理，对破损商品、有异味商品和残次商品单独用箱保存。保持库房清洁，及时清理空箱及杂物，地面无尘土。库房内不准存放私人物品。

技能训练

利用实训室的模拟软件巩固订货、进货、收货与退换货的模拟操作步骤及相关知识。

三、商品陈列管理

任务要求

通过对任务的分析，清楚商品陈列的主要工具、知道如何按照总部标准进行商品陈列操作，并完成卖场商品陈列的维护。其主要环节工作内容如表2-6所示。

表2-6　主要环节工作内容

工作环节	工作内容
理解任务	研究任务的需求要点
知识认知	明确商品陈列管理的2个问题：怎样进行便利店商品陈列的工具管理；怎样对便利店商品陈列进行维护
工作成果	在实训室或校内超市的货架上，能按商品陈列原则在陈列工具上陈列商品，并掌握商品陈列要领；以学习小组为单位，指出校园内或周边便利店商品陈列的错误，并给出正确的建议

便利店是超市发展到相对成熟的阶段后，从超市中分化出来的一种零售业态。便利店在借鉴超市先进的销售方式和经营管理技术时得到发展，克服了超市“购物的不便利”的障碍，能为顾客提供便利及快捷的服务。100平方米的便利店经营品种至少要达到2000种。

问题1　怎样进行便利店商品陈列的工具管理？

（一）货架的管理

1. 货架的规格与类型

便利店的面积较小，一般在50～200平方米，所以便利店一般使用1.2～1.4米高的货架，这样消费者进到便利店，可以一览各货架的商品，便于快速浏览后选定商品。

便利店货架主要分为两种类型，即背网式及背板式双面架。所谓网与板的区分主要是：一种背板是网状，一种背板是孔状。便利店货架主要用于便利店陈列商品之用，层高可根据商品的高度自由调节，对商品的展示效果有保证。便利店货架最大的特点是精致、轻便、美观，专业化强，如7-11便利店、德惠超市等用的货架。

便利店的货架摆放，一种是沿着门店四周墙壁摆放，称为靠墙货架；另一种是根据便利店布局，设置在中间位置，称为中心货架。中心货架比靠墙货架矮。

便利店使用的货架的高度不能过高，以免顾客在选购商品伸手拿东西时够不着，甚至容易触碰到其他商品，使之散落掉下。便利店货架的颜色尽量要与店铺的整个氛围一致，让人产生舒适感，这样一来，顾客购物的心情也会好些，容易对便利店产生依赖感。便利店的货架与货架之间也不能太过拥挤，这样不方便顾客出入，也容易挤落展架上的物品，导致顾客购买体验不是很好。

案 例

商品陈列工具管理

小张是春辉便利店的实习生，早上上班后，她开始按工作安排擦拭货架和冷藏柜，整理货架，及时补充货架商品，摆好价签并把一些商品换成促销价，或者贴上新品、广告商品的标签。

整理货架时，小张按照操作要求去做。除了保持货架的商品充足、整齐，颜色搭配合理外，价格则是由上至下、从左到右按低价到高价排列。

（资料来源：中国连锁经营协会校企合作小组，2014. 连锁门店营运管理[M]. 北京：高等教育出版社.）

2. 便利店的货架分段管理与商品陈列

便利店的货架分段管理，也是分为上段、黄金段、中段和下段，确保陈列在黄金层的商品是高利润、高回转的（详述见项目一任务一中的卖场货架分段管理内容）。

案 例

商品的关联性陈列

有这样一件事：一位女孩在一家7-11便利店打工，由于粗心大意，在进行酸奶订货时多输入了一个零，使原本每天清晨只需3瓶酸奶变成了30瓶。按规定应由女孩自己承担损失，这意味着她一周的打工收入将付诸东流，这就逼着她只能想方设法地将酸奶赶快卖出去。冥思苦想的女孩灵机一动，把装酸奶的冷饮柜移到盒饭销售柜旁边，并制作了一个POP，写上“酸奶有助于健康”。令她意外的是，第二天早晨，30瓶酸奶全部销售一空。谁也没有想到这个小女孩戏剧性的实践为7-11便利店带来了新的销售增长点。从此，在7-11便利店中酸奶的冷藏柜便同盒饭销售柜摆在一起了。

（资料来源：http://biyelunwen.yjbys.com/fanwen/gongshangguanli/295806_2.html.）

（二）冷柜管理

1. 冰柜商品的选择

便利店冷柜展示柜在便利店是一项非常重要的基础设备，也是一种较特殊的陈列方式，一般是玻璃展示类型的。目前，冰柜主要有冷藏和冷冻两种功能。这种开放式销售方式时尚、方便、展示效果好、使顾客一目了然，适用于冷冻食品（冰品、雪糕、水饺、汤圆等），以及需要冷藏的商品，或虽然不需要冷藏，但消费者对冷藏后的商品有偏好的特殊商品，如饮料、纯牛奶、酸奶等，见图2-1。

图2-1 冷藏商品的陈列

2. 冰柜商品陈列的管理

1）及时整理冰柜区域并移走破损及不良产品；将冰的产品放在前面，新补的货品放在后面（先进先出）。

2）充分补满，避免中空；所有产品均须有清楚、明显之价格标识。

3）每一产品均须正面朝前。

4）新产品一定要放进冰柜内的饮料群中，放置于强势产品旁才能产生告知的效果。

5）冰柜的黄金段，主要陈列高利润商品、独家代理或经销的商品等。

6）色彩、层次精心搭配，使消费者在开冰柜前已先浏览过整个商品线，以增加选购的机会与数量。

7）流转快、接受率高的商品应给予较多的陈列面。

8）陈列动作应迅速，不可将冰箱门打开太久。

技能训练

1. 在校园超市的货架或冷柜中，遵循陈列原则，进行商品陈列练习。
2. 学生以小组为单位，考察一家知名的便利店，观察商品陈列工具与设施，并归纳出商品陈列工具与设施有哪些。

问题2 怎样对便利店商品陈列进行维护？

1. 陈列的一般原则

在卖场陈列原则，即分区定位的原则、易见易取的原则、丰满陈列原则、纵向陈列原则、关联性陈列原则、整齐清洁原则的基础上，便利店更要突出便利原则，店内商品陈列更应按照易见、易选、易放的原则进行陈列，力求为顾客提供方便快捷的服务。另外，既然便利店的定位是为应急的需求，量贩包装的商品是不属于便利店的陈列范围。据统计，顾客从进入便利店到付款结束平均只需3分钟的时间。

2. 便利店商品陈列的要领

1）面朝外的立体陈列，可使顾客容易看到商品。

2）有效运用隔物板，用以固定商品的位置，防止出现商品缺货而不察，维持货架的整齐度。

3）标价牌的张贴位置应该与商品一致，并且要防止其脱落。若有特价活动，应以POP（图2-2）或特殊标价牌标示。

4）商品陈列：由小到大，由左到右，由浅而深，由上而下。

5）货架的分段：可分为上层、黄金层、中层和下层4个层面（确保陈列在黄金层的商品是高利润、高回转的）。

6）商品纵向陈列。

7）最上层的陈列高度必须统一。

8）保持卖场清洁，并注意卫生，尤其是食品（图2-3）。

图2-2 POP

图2-3 食品的陈列

另外，利用照明、色彩和装饰（图2-4）来制造气氛，将顾客的视线集中到焦点商品上。季节性商品可放在货架黄金层上，也可单独陈列。

图2-4 照明、色彩和装饰

3. 冰柜商品陈列的检查要点

1）严格地实施温度管理，温度计放到容易看到的地方。

2）冷藏商品储藏的温度应控制在 5～8℃。

3）冷冻商品储藏温度在-18℃以下。

4）按先进先出原则，先进来的货物放在最上方的前端。

5）需冷冻商品应及时放在陈列柜里。

6）保持陈列柜清洁。

7）结霜的水不要沾湿商品。

8）堆积商品勿超过冷柜的高度（门边线）。

9）如是新陈列柜，在冷冻陈列柜开始运转 5 分钟、柜内温度稳定后，再进行商品陈列。

技能训练

以学习小组为单位，指出校园内或周边便利店商品陈列的错误，并给出正确的建议，以 PPT 形式汇报。

四、商品的盘点

任务要求

掌握盘点的方法和盘点的作业流程，并领会盘点作业的注意事项。其主要环节工作内容如表 2-7 所示。

表 2-7　主要环节工作内容

工作环节	工作内容
理解任务	研究任务的需求要点
知识认知	明确商品的盘点的 2 个知识性问题：盘点的职责是什么；盘点的工作程序是什么
工作成果	能对门店的某一部门的分类商品进行盘点；或对实训基地的某门店洗发水商品进行盘点，并填写盘点表

问题 1　盘点的职责是什么？

盘点的结果可以说是一份门店经营绩效的成绩单。通过盘点作业可以计算出商场真实的存货、费用率、毛利率、货损率等经营指标。有实力的便利店外包给第三方公司，盘点时店长要跟随。

1）总部营运部负责各地区月度盘点的安排与稽核。

2）区本部营运部负责各店铺月度盘点的布置和监盘，并负责所属店铺稽核。

3）店长负责盘点各环节的具体实施。

问题 2　盘点的工作程序是什么？

1. 盘点原则

1）以物实盘，实事求是。

2）三清两符。三清——实物数量清、票据清、账目清；两符——货账相符、账账相符。

3）纠错授权（发现误差，店长裁定处理方案）。

4）销售至上（不因盘点影响销售）。

2. 月度盘点

1）月盘点时间：每月 25 日（重大节日另行确定）各店铺进行盘点。

2）盘点当日：要贴出“告示”告知顾客，在闭店后实施盘点。

3. 盘点项目

1）实物盘点：库房商品、卖场商品、残次商品逐一清点，商品以最小销售单位为数量单位，单品盘点。

2）票据清理。核算员与组长进行账面库存（进价、售价）核对，生鲜日配在盘点前将退货冲回红票，凡未作冲回的商品（含第三方物流）均以欠货实数盘点。店铺与区本部计财核对账面库存。备用金盘点与核对，店长和核算员核对收银员的备用金，并在登记本中登记签字。应收账款的清理、回收与核对。店长要稽核团购经手人在每月 23 日前收回账款，并督促核算员收回厂家的退货款等。

3）包装物盘点：包装箱、瓶等盘点。

4. 盘点作业流程

盘点作业的流程见图 2-5。

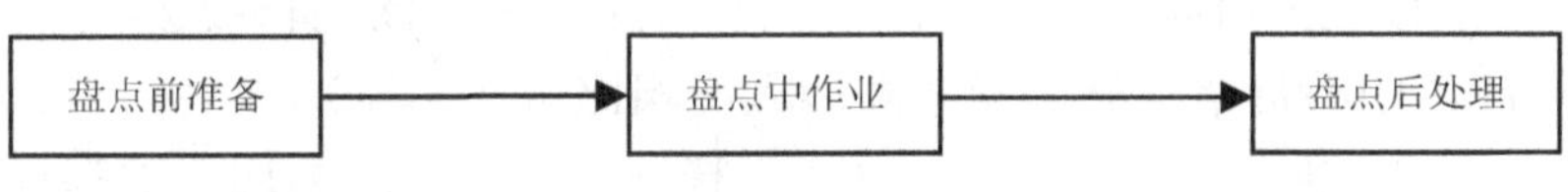

图 2-5　盘点作业流程

5. 盘点基础工作

盘点基础工作包括确定盘点方法、账务处理、盘点组织、制作盘点配置图等内容。

技能训练　对校园小超市某类商品进行盘点，或对校区周边某便利店洗发水商品进行盘点，并填写盘点表（表 2-8）。

表 2-8　小超市货品盘点表

代码	日期、班次名	月 日	月 日	月 日	月 日	月 日	月 日	月 日	月 日	月 日	月 日	月 日	月 日
		白班	夜班	白班	夜班	白班	夜班	白班	夜班	白班	夜班	白班	夜班
合计													

盘点人：

同步训练题库

一、填空题

1. 普通订货分为______和______。
2. 便利店商品陈列切忌______。
3. 便利店验货一般分______和______。
4. 便利店的面积较小，一般在______平方米左右。
5. 目前，便利店冰柜主要有______和______两种功能。

二、单选题

1. 验货数目不正确，应填写缺货单。缺货单（　　）。
   A. 一式一份　　B. 一式二份　　C. 一式三份　　D. 一式四份
2. （　　）负责库存商品的周转。
   A. 店长　　B. 区域经理　　C. 组长　　D. 当班人员
3. 便利店一般使用的货架为（　　）米。
   A. 1.8～2.2　　B. 0.9～1.4　　C. 1.2～1.4　　D. 1.4～2.2
4. 便利店的货架摆放，中心货架与靠墙货架高矮程度相比是（　　）。
   A. 高　　B. 矮　　C. 一样　　D. 上述选项都行
5. 冰柜的黄金段，主要陈列（　　）。
   A. 高利润商品　　B. 低利润商品　　C. 新品　　D. 滞销品
6. 包装的商品不属于便利店的陈列范围的是（　　）。
   A. 量贩包装　　B. 小包装　　C. 捆绑包装　　D. 关联包装

三、多选题

1. 便利店内商品陈列应要突出的原则是（　　）。
   A. 纵向陈列原则　　B. 便利原则

C. 整齐清洁原则　　D. 易见易取的原则

2. 盘点原则包括（　　）。

A. 以物实盘，实事求是　　B. 三清两符

C. 纠错授权　　D. 销售至上

3. 便利店货架主要类型包括（　　）。

A. 背网式　　B. 背板式双面架　　C. 塑料式　　D. 塑钢式

4. 盘点项目有（　　）。

A. 实物盘点　　B. 票据清理

C. 包装物盘点　　D. 设备盘点

5. 库存商品管理作业须遵循（　　）原则。

A. 安全第一　　B. 定位管理　　C. 保障销售

D. 先进先出　　E. 保持清洁

四、判断题

1. 据统计，顾客从进入便利店到付款结束平均只需 3 分钟的时间。（　　）

2. 便利店使用的货架的高度不能过低。（　　）

3. 便利店冷柜展示柜，在便利店是一项非常重要的基础设备，也是一种较特殊的陈列方式，一般是玻璃展示类型的。（　　）

4. 标价牌的张贴位置应该与商品一致，并且要防止其脱落。（　　）

5. 堆积商品勿超过冷柜的 2/3 高度（门边线）。（　　）

参考答案 2-1

任务二　便利店现场服务管理

引导问题

便利店现场管理是现场管理人员（如店长、值班经理、主管等）在现场巡视中进行的日常管理，目的是及时解决日常经营过程中的问题，维护正常经营秩序，是便利店经营工作的基础所在。现场服务以实现便利店的销售计划、商品管理、现场促销、商品陈列、人员管理、服务质量、安全管理、环境质量、营业设施、防损管理等为内容，在营业现场进行动态管理。那么，便利店应怎样进行现场服务？

学习内容　本任务主要介绍便利店商品员工的仪表仪态的要求、收银时的注意事项、货物装袋的方法和便利店店长的职责及工作等内容。

学习目标　便利店是人们常去的快捷购物场所，掌握现场服务管理的内容显得尤为重要。在本任务中，要求掌握便利店人员的仪表仪态的要求，掌握收银和装袋的方法，掌握便利店店长的职责，学会查阅、整理资料，并锻炼自己的讲解、介绍能力。

学习重点

1. 便利店人员的仪表仪态。
2. 便利店收银及装袋方法。
3. 便利店店长的职责。

学习难点

1. 商品装袋及辨别人民币。
2. 便利店店长的职责及工作内容。

任务描述　本任务为导学性任务，具体内容为：

1. 理解便利店人员的仪表仪态的要求。
2. 掌握便利店收银及商品装袋的方法。
3. 理解便利店店长的职责及工作内容。

工作步骤　本任务的工作步骤见表 2-9。

表 2-9　工作步骤

序号	项目	工作内容
一	便利店人员的仪表仪态	理解便利店人员的仪表仪态的要求
二	便利店收银及装袋方法	掌握便利店收银及商品装袋的方法
三	便利店店长职责	理解便利店店长的职责及工作内容

成果预期　本任务完成后，学生应理解便利店人员的仪表仪态的要求，能够掌握便利店收银及商品装袋的方法，理解便利店店长的职责及工作内容，能够给便利店提供现场服务的相关意见和建议，并完成成果评价表（表 2-10）。

表 2-10　成果评价表

考评点	分值	得分
店员仪表仪态	30	
便利店收银	30	
货物装袋	20	
店长职责	20	
合计	100	

工作内容

一、便利店人员的仪表仪态

任务要求

通过对任务的分析，学习并掌握便利店人员仪表仪态的要求。其主要环节工作内容如表 2-11 所示。

表 2-11 主要环节工作内容

工作环节	工作内容
理解任务	研究任务的需求要点
知识认知	明确便利店人员的仪表仪态的 2 个知识性问题：便利店人员仪表仪态的要求是什么；便利店员工的规范用语都有哪些
工作成果	能够运用规范的语言和动作解决问题

问题 1 便利店人员仪表仪态的要求是什么？

便利店员工的仪表标准见表 2-12。

表 2-12 便利店员工仪表标准

项目	仪表标准	避免内容
发型	头发要整齐，不染发，无碎发遮盖眼睛或眼镜	异形头发或过于鲜艳的染发，碎发多、较乱，男员工留长发
仪容	仪容清爽，女员工化淡妆	浓妆，男员工留胡须
口腔/牙齿	牙齿清洁、口气清新	异味、刺激味、烟味，吃东西
手/指甲	手清洁，指甲不涂指甲油或涂无色指甲油，指甲修剪整齐	手有污渍，涂指甲油，留长指甲
首饰	可戴钉状耳环一对、一枚戒指、一条简洁项链	首饰过于繁杂、过多、贵重，男员工戴首饰
工牌	正面向外，位置正确，干净整洁	位置不正确，有污渍，未戴工牌
制服	符合店铺标准，干净整洁，无明显褶皱，无腰包	有污渍，起皱
鞋/袜子	符合店铺标准或舒适平底鞋，干净整洁	高跟鞋、旅游鞋、凉鞋，颜色过于刺眼、款式过于奇异，光脚

（一）服饰仪表

便利店员工要着清洁、大方、协调的服饰，要与干净、整洁的店铺相匹配，使顾客放心，从而提高他们对便利店的信任。不洁的服饰和仪表会降低店铺的可信度，也会使商品的价值打折扣。奇怪的发型、发色和化妆，会使顾客产生距离感。

1. 男性

每天洁面剃须，头发整洁，不染发，前发不过眉，后发不过耳，发型朴素，常剪指甲，不涂指甲油，不戴饰物。工服干净、穿着整齐，工牌佩戴端正。

2. 女性

洁面淡妆，发型整洁，不染发，短发不过肩，长发扎后面。常剪指甲，不涂指甲油，不戴饰物。工服干净，穿着整齐，工牌佩戴端正。

（二）动作

1）服务中，员工的一举一动都在顾客的关注中，要保持良好的工作状态，通过举动，达到“我能够为您做什么”的效果。

2）即便在很忙的时候，听到顾客的招呼询问，也应立即放下手中的工作，看着顾客，用洪亮的声音说：“您好，欢迎光临！”

3）要用双手将商品交给顾客。

4）要观察顾客的需求，适时地将购物筐交给顾客。

5）对于特殊的顾客要提供特殊的服务。当老人和残疾人需要帮助的时候，要及时来到他们身边提供帮助，而不是站在收银台里边等候；当儿童需要帮助的时候，要蹲下和他说话。

（三）笑容

亲切的笑容，会使顾客感到温暖。生硬的语言和呆板的面容，会使顾客产生距离感。因此，要面带微笑地面对顾客，声音要洪亮、轻快、温和。

1）在看到顾客时，应当是微笑的表情。

2）在倾听顾客的需求时，应当是认真的表情。

3）在顾客遇到困难需要帮助时，应当是关切的表情。

4）在顾客离开时，应当是感激的表情。

5）呆板的表情，会使顾客认为员工心不在焉，随之产生被冷落、被忽视的感觉。

6）发怒的表情，会使顾客的购物欲望降到最低点，只好做出赶快离开的决定。

问题 2　便利店员工的规范用语都有哪些？

据统计，顾客投诉件数中，对于服务态度的投诉占投诉总件数的 77%。因此，有必要制定服务顾客规范用语，让员工们按照规范用语来服务顾客，以提升店铺的服务质量。

（一）接电话的方法

1）在电话铃响 3 声内接听（高峰时间段除外）。

2）接听时清楚、亲切地报出“您好，××店”。

3）当电话铃响超过3声才接听时要说“让您久等了，××店”。

（二）文明用语

1）欢迎光临——对每一位光临店铺的顾客讲的第一句话。

2）好的，知道了——当顾客提出需求时，要明确告诉对方，已领会了顾客的意思，这样顾客才能放心。

3）请您稍等——当业务繁忙的时候，会出现顾客排队等候付款的情况，有些顾客会因为等待而着急，因此，要对排队的顾客给予安抚。要对他们说“请您稍等”，传递给顾客“我马上就会为您服务”的信息。

4）对不起，让您久等了——当从较远处或库房将顾客需要的商品找到并交给顾客时，要因为顾客的等待，向顾客表示道歉。

5）对不起——当顾客需要的商品暂时没有或店铺不经营时，要先向顾客表示抱歉，说完“对不起”后，要向顾客说明原因。

6）谢谢您——当顾客购买了商品后，要对顾客表示感谢，顾客听到这样的话也会感到满意。

7）欢迎您再来——顾客在收银台结完账后，要将商品双手交给顾客，要面带微笑地说“欢迎您再来”，以此表示感谢。在门前送客时，无论对购物的顾客或没有购物的顾客，都要说“欢迎您再来”，表示出对顾客光临店铺的感谢。

（三）特殊事件的处理

1. 当顾客找不到需要的商品时

1）应当做的：亲自引导顾客到所需要商品的位置，告诉顾客“您需要的商品在这里”。

2）不应当做的：让顾客自己解决，说“你到那边去找找看”；或者将顾客的要求转给另外一个店员，说“你找那个人问问”。顾客会产生被支配的感觉，会认为他不被重视，如果没找到商品便会失望，甚至产生反感，即便找到了商品，心中也会产生不愉快的感觉。

2. 当顾客没有买到自己需要的商品时

1）应当做的：顾客没有买到需要的商品会很失望，应当给予安慰，说“商品会在一周后有，请您再来买”或“对不起，给您添麻烦了”。

2）不应当做的：说“说不好什么时间才能有”或者“只有这些，不知道”。

技能训练

对下述资料进行分析，掌握特殊情况的应急处理方法。

每天下午5:00是便利店人最多的时候，也是最繁忙的时间。一天，某便利店收银台旁一位女士大声喊："这是怎么搞的？我的卡怎么就不能用了呢？以前买什么都可以打折，现在为什么不能打折？你们这不是骗人吗？我要去报社曝光你们！"当时在场的收银员忙着收银，也没有理会这位顾客，这位女士见无人回应，又继续大声喊："你看，这是我以前花 120 元办的会员卡，以前买什么都打折，现在买什么都不打折，这到底是怎么回事啊？你们得给我一个明确的答复！"周围的顾客纷纷驻足围观，投来好奇的目光。

二、便利店收银及装袋方法

任务要求

通过对任务的分析，学习并掌握便利店收银作业及商品装袋的方法。其主要环节工作内容如表 2-13 所示。

表 2-13　主要环节工作内容

工作环节	工作内容
理解任务	研究任务的需求要点
知识认知	明确便利店收银机装袋方法的 2 个知识性问题：如何完成便利店的收银工作；便利店商品是怎样装袋的
工作成果	理解便利店的收银和装袋的操作方法和注意事项

问题 1　如何完成便利店的收银工作？

（一）收银员的职业道德

1）忠诚可信、品质优良，不做损害公司、顾客利益的事，不得截留营业款，不得私留顾客遗忘的找赎。

2）坚持原则，严格执行收银程序及各项规定。

3）快速、准确地结账，礼貌服务，说普通话。

4）保守秘密，不向他人或供应商透露或提供有关收银资料及收银数据。

5）分清责任，恪尽职守，上岗时不携带私人钱物，不在岗位上整理个人财物。

6）严格保护自己的收银密码，并不得窃取他人密码。

7）爱护公物，保护好收银设备，包括电源设备。

8）树立安全意识，避免收银事故。

（二）收银员的岗位职责

1）在收银机上登录销售资料和退货资料。

2）快速、准确地结账：收银员结账服务的准确度不仅关系到顾客的利益，还会影响便利店收入，同时，要树立顾客是上帝的思想，让顾客以最短的时间完成结账程序并迅速通过收银台，成交每笔生意。

3）将所收营业收入安全解款：当日营业结束后，应填制“缴款单”并与收银款一并交收银室核对。收银室在第二天早上银行开业的第一时间内将营业款送存银行解款。

4）负责本柜收银台的清洁卫生。

5）负责向顾客发放塑料袋并将商品装入袋中。

6）为财务提供准确的销售资料：每日营业结束后，填制营业结账明细表。

7）做好其他相关的工作：无顾客结账时，整理购物车、篮，整理并补足收银台前台柜的商品，注意店内的情况，避免不利于便利店的异常现象发生。

（三）收银作业每日工作流程

1. 开门前的准备工作流程

1）清洁整理作业区：包括收银台、收银机、收银台四周之地板、收银台前台柜（图 2-6）、购物车、购物篮放置处等。

图 2-6 收银台前台柜

2）整理补充必备的物品：包括点钞油、打印色带、吸管、汤匙、卫生筷子、各式记录本及表单、胶带、塑料袋、笔、便签纸、剪刀、订书机、订书钉、空白收银条、装钱币袋、“暂停结账”牌等。

3）检查收银机：包括日期是否正确，机内的程序设定和各项统计数值是否正确和归零，目前收银机是否联网等。

4）收银运作：熟记单价及促销活动重要商品所在位置，便于顾客询问。

5）其他注意事项：如仪容仪表、规范用语等。

2. 营业中的主要工作

1）招呼顾客，为顾客做好结账及商品入袋服务，配合促销活动做相应的收银处理。

2）交接班时，清理整理各类备用金。

3）无顾客结账时，提醒并补充收银台各项必备物品，整理购物车、篮，整理收银台前台柜的商品，前台整理顾客的退货、擦拭收银台，整理环境。

4）适时对顾客予以引导和提醒。

（四）收银员的管理条例（收银员的作业纪律）

1）收银员在上岗工作时，身上不可带现金，以免引起不必要的误解。

2）收银员在收银作业时，不可擅离收银台，以免造成钱币损失或顾客等候结算的不满和抱怨。

3）收银员不可为自己的亲朋好友结算收款，以免引起不必要的误会和防止可能产生利用收银职务的方便谋私。

4）收银台上除不能放茶水外，也不能放置任何的私人物品。

5）收银员不可任意打开收银机抽屉查看数字和清点现金，以免造成不安全因素，或使人对收银员产生营私舞弊的怀疑。

6）收银员要熟悉商品的位置，变价商品和特价商品，以及经营有关的状况，以便顾客提问题时做出解答。

7）收银员在营业期间不可看报与谈笑，要随时注意收银台前和视线所见的店内的情况，以防止和避免不利于便利店的异常现象发生。

8）每日收银作业考评：收银员结账服务的准确度，不仅关系到顾客的利益，还会影响便利店收入，所以要定期对其工作进行考核。

9）收银员作业错误的处理：一是要及时发现；二是要及时纠正；三是要做好事后检查。

① 收银差错发生的原因：结账发生的差错；顾客携带现金不足，临时退货等；多打或少打金额等。

② 处理方法：结账发生差错时，无论顾客是否有错，都必须先致歉，并立即更正；收付发生差错，收付差错超过 1.9 元的，长款计入便利店“营业外收入”项目，短款由收银员全额赔偿。

③ 假钞的处理：收到假钞未发现，由收银员全部赔偿。

④ 所有差错赔偿须于事发次日前予以反馈。

微课：人民币的鉴别方法

10）收银机的管理：结束营业后，应将收银机内的所有现金、礼券、代金券及各种单据解缴到收银室，或指定地点放置妥当，收银机的抽屉则不必锁上，其目的在于避免夜间歹徒进入卖场时破坏收银机。

（五）收银的基本流程

1）登录责任人：用收银机上的扫枪扫描员工胸卡上的条形码。

2）对顾客鞠躬 30°，注视顾客眼睛微笑着说“您好，欢迎光临”的同时进行收银。

3）询问顾客：“购物袋收费，您需要吗？”

4）一边扫描商品，一边报出价格，确认商品是否已全部扫描。

5）双手接过顾客给的钱并对顾客说：“收您××元”。

6）根据收银机上的显示给顾客找零，将找零及购物小票双手递给顾客，并说“找您××元，请您点一下”。

7）鞠躬 45°，并对顾客说“谢谢，欢迎您再来”。

8）收银注意事项：

① 装好袋的商品务必弄成容易拎提的状态，看着顾客交到顾客手中。

② 双手将找零和小票一起交给顾客，钱币正面朝上，小票在找零钱的上面，如有硬币，硬币在小票上面。

③ 如顾客只购买一两件商品，不用装袋可以拿走时，收银员在商品条形码处贴上胶带。

④ 顾客对贴胶带如有疑义，要回答“证明这商品您买过了”。

（六）验钞技巧及相关规定

1）2015 年版 100 元正面的“100”字样为在光线下按 180° 翻转，颜色是金色—绿色—金色，平放的时候是金色的，这就是最大的特征。

2）2015 年版 100 元纸币正面左下方和右边的位置都有一排数字，这些数字是左下方前四个是暗红色，后面是黑色，右边是蓝色。

3）2015 年版 100 元正面右侧有一条遇光线会渐变颜色的安全线，倾斜会呈现出绿色的安全线，假币是很难做到的。

4）2015 年版 100 元正面毛主席图案采用浮雕凹凸印技术，用手摸会有明显的凹凸感，如果摸到是平滑的，则肯定是假币。

5）2015 年版 100 元正面左边白色的地方放在太阳光的底下（或者其他明光的地方）透过光亮可以看到有“100”的字样。

（七）刷卡机的相关操作

1. 刷卡机的操作流程

1）扫描商品，告知顾客消费总额，并询问顾客“刷卡消费，无法退货，可以吗”。

2）为顾客刷银行卡（磁条向内）。

3）刷卡后如出现确认是否为芯片卡时，选择“否”。

4）核对银行卡卡号是否与刷卡机显示卡号一致（如不一致请咨询发卡行），确认后按“确认”键。

5）刷卡机显示输入交易金额画面，输入顾客消费金额（以分为单位）确认无误后按“确认”键。

6）询问顾客该卡是否有密码，如无密码直接按确认键；如有密码，将POS机交给持卡顾客，亲切地对顾客说“请您输入密码并按确认键”。

7）POS机显示“请撕单，按任意键继续”，确认后按“确认”键。

8）POS机将打印出两联签购单（商户存根、持卡人存根），打印出的第一联签购单交给顾客，并亲切地对顾客说“请您签一下字”。

9）核对持卡人签名与银行卡背签是否一致。如卡背面无签名，应先请顾客在其卡背上签名。

10）收银员将消费小票、银行卡及持卡人存根双手交予顾客。

2. 刷卡操作注意事项

三核对：银行卡号、消费金额、持卡人签名。

二禁止：禁止分单（一笔交易分多次刷卡），禁止套现。

一保存：客户签字的交易存根需保存1年以上。

问题2　便利店商品是如何装袋的？

1. 便利店商品的装袋技巧

1）入袋顺序：重、硬物置袋底；正方形或长方形的商品放进袋子的两侧；瓶装及罐装的商品放在中间；易碎品或较轻的商品置于上方。

2）冷藏（冻）品、豆类制品、乳制品等容易出水的食品及容易渗漏汁液的商品或是气味较为强烈的食品，应先用其他购物袋包装之后再放入大的购物袋。

3）确定带有盖子的商品都已盖紧。

4）确定店铺的传单及赠品已放入顾客的购物袋。

5）提醒顾客带走所有包装好的商品，避免遗忘在收银台。

装袋后达到易提、稳定、承重合适；掌握正确的装袋技巧，做到又快又好，既避免重复装袋，又达到充分使用购物袋、节约成本、顾客满意的效果。

2. 装袋例外处理

装袋例外处理的措施见表 2-14。

表 2-14 装袋例外处理的措施

名称	处理措施
商品过重	分成多个购物袋或多套一个购物袋（因购物袋收费，询问顾客是否同意）
不能装袋	向客人解释因购物袋大小问题，不能装袋，并询问客人是否需要捆绑服务
袋子破裂	去掉破裂袋子，重新包装

技能训练

1. 按前文介绍的技巧仔细观察 100 元人民币，提高对纸币的辨别能力。

2. 某位顾客买了三瓶啤酒、两盒果脯、两个玻璃杯、一盒豆腐、一斤肉、一把青菜、三盒熟食，请将上述商品装袋。

三、便利店店长职责

任务要求

通过对任务的分析，学习并掌握便利店店长职责及会议的内容。其主要环节工作内容如表 2-15 所示。

表 2-15 主要环节工作内容

工作环节	工作内容
理解任务	研究任务的需求要点
知识认知	明确便利店店长职责的 2 个知识性问题：便利店的店长都要干什么；便利店要开哪些会议
工作成果	理解便利店店长的职责和会议的内容

问题 1 便利店的店长都要干什么？

店长是便利店的经营者，是便利店的灵魂人物。无论连锁店还是单体店，店长都必须将便利店的各项资源有效地加以运用，完成各项经营指标。连锁便利店的店长还要服从公司总部的高度集中统一指挥，积极配合总部的各项营销策略的实施。

（一）店长的主要作用与职责

1. 教育管理

作为零售企业要树立一切为了顾客的观念，店长要随时教育全体员工“站在顾客的立场上考虑一切”，这是店铺工作的立足点。

微课：门店店长的岗位职责

2. 商品管理

商品管理得好坏是考核店长管理能力的重要标准。

1）监督商品的要货、上货、补货，做好进货验收、商品陈列、商品质量和服务质量管理等有关作业。

2）执行总部下达的商品价格变动。

3）监督便利店商品损耗管理，把握商品损耗尺度。

3. 销售管理

1）执行总部下达的销售计划。店长应结合本店的实际，制订自己店铺的年度销售计划以及分月销售计划，以保证各项经济指标的完成。制定各部门的各项经济指标，将计划落实到各部门，与经济效益挂钩，调动全体员工的工作积极性。

2）执行总部下达的促销计划和促销活动，制定本店的具体实施方案。

3）掌握便利店的销售动态，向总部建议新商品的引进和滞销品的淘汰。

4. 组织管理

店长要具备组织管理的能力，有效地汇集各部门的能量，从而充分发挥整体效能。

1）做好便利店各个部门的分工管理工作。

2）对店员的管理：负责对职工考勤、仪容仪表和服务规范执行情况的管理；负责对员工的培训教育；负责对职工人事考核、职工提升、降级和调动的建议。

3）对店员的业务操作进行监督和指导：监督和审查便利店会计、收银和报表制作、账务处理等作业；监督和检查理货员、服务员及其他人员作业。

5. 管理报表分析

在现代化的零售业中均运用 POS 系统来管理便利店，使店长能够及时得到便利店经营状况的信息资料，如销售额日报表（表 2-16）、商品销售排行表、促销效果表、费用明细表、盘点记录表、损益表（表 2-17）、顾客意见建议统计表（表 2-18）等。店长要对这些信息资料进行分析研究，做出改进经营的对策。

表 2-16　销售额日报表　　单位：元

超市销售日报表					
商品编码	商品名称	销售时间	销售数量	单价	金额
	大草原半斤装牛奶 汇总		11		¥11.00

续表

超市销售日报表					
商品编码	商品名称	销售时间	销售数量	单价	金额
	鹿维婴幼儿奶粉 汇总		30		¥534.00
	康达饼干 汇总		3		¥10.80
	成成香瓜子 汇总		21		¥115.50
	良凉奶油冰激凌 汇总		10		¥79.00
	正中啤酒 汇总		30		¥60.00
	丝柔洗发水 汇总		3		¥90.60
	家欢面包 汇总		16		¥49.60
	婉光方便面 汇总		14		¥51.80
	珍珍酱油 汇总		4		¥12.40
	总计		142		¥1014.70

表 2-17 损益表

编制单位： 所属期： 金额单位：元

项目	行数	上年累计数	本年累计数
一、主营业务收入	1		
减：主营业务成本	4		
税金及附加	5		
二、主营业务利润（亏损以“-”号填列）	10	0.00	0.00
加：其他业务利润（亏损以“-”号填列）	11		
减：营业费用	14		
管理费用	15		
财务费用	16		
三、营业利润（亏损以“-”号填列）	18	0.00	0.00
加：投资收益（损失以“-”号填列）	19		
补贴收入	22		
营业外收入	23		
减：营业外支出	25		
四、利润总额（亏损总额以“-”号填列）	27	0.00	0.00
减：所得税	28		

续表

项目	行数	上年累计数	本年累计数
五、净利润（净亏损以“-”号填列）	30	0.00	0.00
补充资料：			

项目	本年累计数	上年实际数
1. 出售、处置部门或被投资单位所得收益		
2. 自然灾害发生的损失		
3. 会计政策变更增加（或减少）利润总额		
4. 会计估计变更增加（或减少）利润总额		
5. 债务重组损失		
6. 其他		

单位负责人：　　　　财会负责人：　　　　复核：　　　　制表：

表 2-18　顾客意见建议统计表

佳鑫超市________店

日期	顾客姓名	意见建议内容	所属部门责任	处理方式及内容	回复方式	处理人	跟踪人	备注

6. 公共管理

1）向属地顾客做好店铺的自我宣传。

2）妥善处理顾客投诉和服务工作中所发生的各种矛盾：店长要站在顾客投诉的角度耐心听取顾客意见，对顾客表示感谢和道歉，并提出妥善解决的方法。店长要经常教育全体员工认真对待顾客的投诉意见，因为这些问题直接关系到企业的信誉和店铺的形象。

3）做好与便利店周围社区的各项协调工作：积极参加所在社区的各项公益活动，与周围的部门、单位、学校、团体保持经常性的交流和和睦的关系。

7. 店铺设备及环境清洁、卫生的管理

1）掌握便利店各种设备的维护保养知识。

2）监督便利店内外的清洁卫生，负责保卫、防火等作业管理。

（二）副店长的主要作用与职责

便利店在店铺规模较大的情况下，应配备副店长。副店长作为店长的助手，其作用与职责主要表现在以下三个方面。

1. 店长助理

店铺的整体工作计划制订后，需要副店长协助店长按照计划深入各个具体环节，细致地逐项落实，并且检查实际效果，做到查漏补缺。

2. 代理店长

店长因事外出或不在店内时，由副店长代行店长的职责，全面负责店铺工作。

3. 实习店长

总部应该有意识地安排一批副店长熟悉并掌握店长的全面工作，为今后企业的发展培养后备经营管理人才。

知识拓展

成为一名出色店长要完成的五件事

店长一天要做很多事情，其实一名店长一天只要完成五件事，他的基本工作就已经做得很出色，若能长久坚持，定会对以后的工作大有帮助。一名店长每天要做的事情包括以下内容。

1. 检查

每天早上进店第一件事就是检查。库存、卫生、POP摆放位置、宣传单页等，这些东西每天都可能被移动，店长要针对它们进行检查。以此确保每天店内货源充足，产品指示准确，环境干净明亮。

2. 激励

激励是店长每天必做项目。一天的开始，要对员工的整体状态给予相应激励；也可以针对员工个人精神状态，不定时给予鼓励。例如，针对前一日的店内运营数据，给予希望和鼓励的激励；针对一些执行性的工作，适当地委托下属。事实上，激励并不难做，不完全是口头表扬或者蓝图规划，一个鼓励的眼神、一次信任的微笑、一次有保障的授权都是激励。

3. 服务

店长从严格意义上来说并非领导者，而是服务者。店长最重要的职责就是给予下属资源上的保证、技术上的支持，让下属可以全身心地投入工作。所以店长时刻要处在备战状态，为自己及时充电，在管理上、产品上都要认真学习，这样才能更好地为员工、客户服务。

4. 观察

观察是店长必须掌握的技能。观察力可以帮店长站在一个新高度上去思考问题。店长要通过观察来获取员工工作时的状态、客户进店后的总体反应、未成交的问题点是共性还是个性，并以观察的结果及时做调整。

5. 总结

通过以上的检查、激励、服务、观察的实施，以及委派工作反馈，店长就要做当日店内工作总结。通过总结发现问题，寻求解决方法，如销售情况是否达到预期、人员状态是否达到销售氛围要求、店内环境是否达到标准、影响因素有哪些、如何改正和避免……明白了这些问题再汇总，研究解决方案，制定下一步工作目标。

（资料来源：http://business.sohu.com/20131211/n391610871.shtml.）

问题 2　便利店要开哪些会议？

开会是沟通思想、统一认识的重要渠道和手段，许多事情都可以通过开会来完成。团队间、人与人之间的交往需要沟通，而进行有效沟通的重要渠道和平台就是开会。开不了有效会议，就建不起一流的团队，会议是经营人心的重要途径，是凝聚队伍的手段，也是提升士气的手段。会议是把业务指标化为团队目标的源头，是督促业务开展、提供业务指导的重要保证。

一般来说，便利店可根据会议的主题不同确定会议的形式。综合性会议，如晨会、午间会、周会等；单项会议，如座谈会、经验交流会等；沟通性会议，如沟通会、聚会等。开会作为一种正式沟通的渠道，是有效缩短距离，在团队间达成共识的最好途径。

晨会，又称作班前会、早会。便利店每天开门前的第一件事就是开晨会。一日之计在于晨。晨会质量的优劣，可以影响到店员一天的情绪。因此，在晨会上店长千万不要训导员工，否则他们一天的工作积极性都不会高，情绪也会很差，从而影响工作效率。

午间会是两班倒便利店人员集中的时间，一般是交接班的时候，时间不宜过长，可简明扼要，有重点地完成。

周会就是在每周的某天早间或者午间，召集全店人员集中传达公司近期的工作重心，动员大家有计划地完成。类似的综合性会议，可从以下几个方面着手：一是和员工一起朗诵公司的企业文化，鼓舞士气；二是表扬员工进步的地方，激励员工奋发努力；三是重申公司的奖励制度，激发团队的内部竞争；四是借助一些典故或者案例，提醒员工不要犯一些常规的错误，也可以借此介绍一些提高绩效的方法，帮助员工不断进步；五是请优秀员工讲述成功经验，典型引路；最后就是总结性的发言。总之，开会要以激励为主，少说批评的话，多赞扬。一般情况，开会时间不宜过长，简短精辟，开会前先做相应的准备。

对于便利店的管理，尤其是对店员的管理，是一门艺术；而如果运用好会议管理，就一定会收到事半功倍的效果。而什么时间开会，怎么开会，还要结合店铺的实际，灵活运用。

技能训练

请为某个便利店店长设计巡店表内容，见表 2-19。

表 2-19 巡店表

检查人		年　月　日	
时间	工作内容	检查结果	后期跟进
营业前			
营业中			
营业后			

同步训练题库

一、填空题

1. 收银员作业错误的处理：一是要_______；二是要_______；三是要_______。

2. 商品入袋顺序：________置袋底；________放进袋子的两侧；________放在中间；______置于上方。

3. _______作为一种正式沟通的渠道，是有效缩短距离，在团队间达成共识的最好途径。

4. _______是便利商店店铺的经营者，是门店的灵魂人物。

5. 店长要随时教育全体员工“_______”，这是店铺工作的立足点。

二、单选题

1. 店长因事外出或不在店内时，由（　　）代行店长的职责，全面负责店铺工作。

A. 收银员　　B. 防损员　　C. 安保员
D. 实习店长　　E. 副店长

2. 便利店员工在递交商品给顾客时要用（　　）。

A. 左手　　B. 右手　　C. 双手
D. 哪只方便用哪只　　E. 任意一只手都可以

3. 收到假钞但未发现的，应由（　　）负责赔偿。

A. 收银员　　B. 当班店长　　C. 副店长
D. 经理　　E. 财务主管

4. 当电话铃响起超过 3 声才接听时要说（　　）。

A. 喂，找谁　　B. 喂，您好　　C. 您好，××店
D. 让您久等了，××店　　E. 以上都不对

5. 检查收银机，包括日期是否正确，机内的程式设定和各项统计数值是否正确和归零，目前收银机是否联网等工作需要（　　）做一次。

A. 每日　　B. 每周　　C. 每月
D. 每季度　　E. 每半年

三、多选题

1. 下列各项属于收银员的职业道德的是（　　）。

A. 忠诚可信　　B. 坚持原则
C. 严格保护自己的收银密码　　D. 树立安全意识　　E. 礼貌服务

2. 便利店可根据会议的主题不同确定会议的形式。下列各项属于综合性会议的是（　　）。

A. 晨会　　B. 午间会　　C. 沟通会
D. 周会　　E. 聚会

3. 可以通过（　　）方法来辨别百元人民币。

A. 看　　B. 闻　　C. 摸
D. 听　　E. 测

4. 下列各项属于便利店女店员的仪容仪表要求的是（　　）。

A. 穿裙装　　B. 不涂指甲油　　C. 不染发
D. 可化浓妆　　E. 工牌佩戴端正

5. 便利店店长应具备的组织管理能力包括（　　）。

A. 门店各个部门的分工管理工作　　B. 制订促销计划
C. 采购货物　　D. 店员的管理
E. 店员的业务操作进行监督和指导

四、判断题

1. 便利店男员工每天洁面、剃须，保持头发整洁，常剪指甲，可以佩戴饰物。（　　）

2. 在现代化的零售业中均运用 POS 系统来管理门店，使店长能够及时得到门店经营状况的信息资料。店长要对这些信息资料进行分析研究，做出改进经营的对策。（　　）

3. 收银员要用双手将找零和小票一起交给顾客，钱币正面朝上，小票在找零钱的上面，如有硬币，硬币在小票上面。（　　）

4. 当顾客找不到需要的商品时，可以将顾客转给另外一个店员，说“你找那个人问问”。（　　）

5. 员工要穿着清洁、大方、协调的服饰，要与干净、整洁的店铺相匹配，使顾客有放心的感觉，对便利店的信任会随之提高。（　）

参考答案 2-2

任务三　便利店商品防损与安全管理

引导问题

便利商店一般采用开架式自助销售，在货架上陈列各式各样的商品提供给消费者选择购买，所以在商品的管理上，常常由于商店管理不完善，导致商品纷乱、无序及破损、弄脏、偷窃损耗、不明损耗、废弃损耗或降价损耗等现象发生，而造成企业利润流失。要有效地防止和减少损耗，必须了解商店损耗发生的原因和采取相应的防损措施。那么，便利店怎样防止商品损失？

学习内容

本任务主要介绍便利店商品损耗类型和措施，如何进行设备防损及便利店安全管理。

学习目标

便利店是人们经常光顾的场所，要注意商品的防损与安全管理。要求学生在本任务中，掌握便利店商品防损、设备防损和安全管理的方法及要求，能为便利店提供商品防损、设备防损和安全管理方面的建议，学会查阅、整理资料，并锻炼自己的讲解、介绍能力。

学习重点

1. 便利店的商品防损。
2. 便利店的设备防损。
3. 便利店的安全管理。

学习难点

1. 便利店商品防损的类型和措施。
2. 便利店安全管理的内容。

任务描述

本任务为导学性任务，具体内容为：

1. 理解便利店商品防损的措施。
2. 理解便利店设备防损的手段。
3. 理解便利店安全管理的内容。

工作步骤

本任务的工作步骤见表 2-20。

表 2-20 工作步骤

序号	项目	工作内容
一	商品损耗类型和措施分析	商品损耗类型和措施
二	设备防损的操作	设备防损的手段和操作过程
三	便利店的安全管理	安全管理的内容

成果预期

本任务完成后，学生应理解便利店商品防损的类型和措施，能够了解、认识防损的设备，理解便利店管理的内容，能够给便利店提供防损和安全管理的相关意见和建议，见表 2-21。

表 2-21 成果评价

考评点	分值	得分
商品损耗类型	20	
预防商品损耗	25	
防损设备	25	
食品安全管理制度	30	
合计	100	

工作内容

一、商品损耗类型和措施分析

任务要求

通过对任务的分析，学习并掌握防损的概念、理念及防损的意义。其主要环节工作内容如表 2-22 所示。

表 2-22 主要环节工作内容

工作环节	工作内容
理解任务	研究任务的需求要点
知识认知	明确商品损耗类型和措施分析的 3 个知识性问题：便利店商品的损耗类型是什么；如何预防便利店商品的损耗；便利店商品损耗应如何处置
工作成果	理解便利店商品损耗类型、防损措施和处置方法

问题 1 便利店商品的损耗类型是什么？

便利店商品的损耗类型包括：员工偷窃、员工作业错误、供应商行为不当、顾客行为不当、订货不当、验收不当和遭遇抢劫等，具体见图 2-7。

（一）员工偷窃

1）营业收入纳入私囊。

2）结账时不打发票或故意将发票金额少打，将差额中饱私囊。
3）在店内消费不付钱。
4）偷窃店内的商品（尤其是仓库内的商品）。
5）对于亲朋好友的货款予以少收或不收。
6）以“水货”调换“真品牌”的商品。
7）向消费者宣称特价商品或折扣品已终止，从而以原价销售。
8）在退货中做手脚，自制退货发票，将现金拿走。

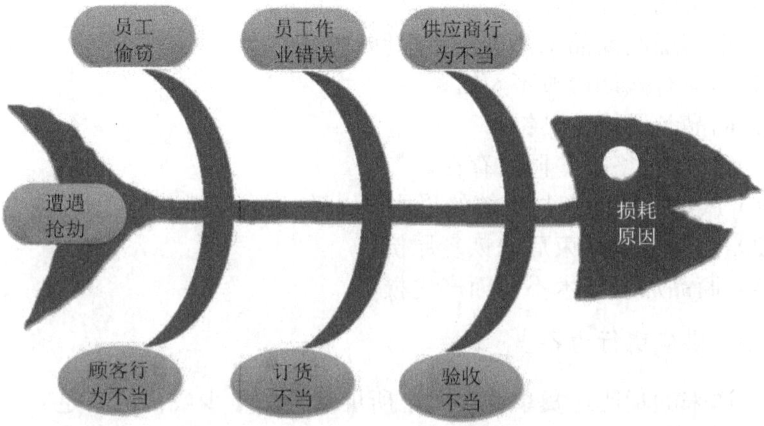

图 2-7　损耗鱼骨图

（二）员工作业错误

1. 员工作业疏忽

1）商品有效期限未予检查。
2）商品价格标示错误，高价低标未察觉。
3）对于调高价钱的商品，未予立刻调整。
4）现金管理不当。
5）账目查核表错误。
6）仓库及门未锁好，遭到偷窃。

2. 盘点不当的损耗

1）数量错误。
2）看错或记错售价、货号、单位等。
3）盘点表上的计算错误。
4）盘点时遗漏品项。
5）将赠品记入盘点表。
6）将已填妥退货表的商品记入盘点表。
7）因不明责任区域而做了重复盘点。

3. 员工作业手续不当

1）商品调拨的漏记。
2）商品领用未登记或使用无节制。
3）商品进货的重复登记。
4）漏记进货的账款。
5）坏品未及时办理退货。
6）退货的重复登记。
7）销售退回商品未办理进货退回。
8）商品有效期检查不及时。
9）商品条码标签贴错。
10）新旧价格标签同时存在。
11）POP、价格卡与标签的价格不一致。
12）商品促销结束后未恢复原价。
13）商品加工技术不当而产生损耗。

（三）供应商行为不当

1）送来的货比送货单或发票上所填写的数量少或价值不足。
2）验收后拿出另一张送货单签收，或在正确的签收单下藏另一张签收单，且可复写。
3）供应商送货至仓库时，在仓库内偷吃或偷拿。
4）暂时交一部分货物而造成混乱。
5）以交换商品来代替有争议的项目。
6）未在进货登记簿上填明正确的进出时间。
7）供应商套号，以低价商品冒充高价商品。

（四）顾客行为不当

1）利用人多逃避结账，将东西带出。
2）顾客随身夹带商品。
3）顾客不当的退货。
4）将包装盒留下，拿走里面的商品等。
5）顾客在购物过程中将商品污损。

（五）订货不当

1）订货太多或太少。
2）应订货而未订货，不应订货的却订货。

（六）验收不当

1）商品验收时点错数量。

2）员工搬入的商品未经点数，造成短缺。

3）仅仅验收数量，未做品质检查所产生的错误。

4）进货单发票金额与验收金额不符合。

5）进货商品未入库。

（七）遭遇抢劫

1）商品堆放、陈列凌乱（图 2-8），这等于告诉歹徒“这是一家疏于管理的店”，所以遭抢的可能性就比较大。

2）卖场内灯光暗淡、一片昏暗，这是歹徒最喜欢的作案环境。

3）橱窗乱贴海报（图 2-9），遮住了视野，使歹徒在作案时不太显眼。

图 2-8 陈列凌乱

图 2-9 乱贴海报

4）顾客稀少，服务员站在柜台内，这是最容易遭劫的时候。

5）太多钱财外露，因为便利店未设保险柜，现金（尤其是大额钞票）直接存放于收银机内，很容易引起抢劫。

6）店外道路岔路多，有容易逃走的路线。

问题 2 如何预防便利店商品的损耗？

预防便利店商品损耗的内容如图 2-10 所示。

1. 员工偷窃的预防

1）盘点要清楚，制定盘损率，若超过盘损率，店长及店员须受罚。

2）在柜台区加装电子录像设备，一方面可防抢，另一方面也可有效监督店员在柜台区所有动作。

3）结账钥匙只有店主、店长有，勿使店员私自结账，柜台不放计算器或登记纸张，防止店员事先算计好或知道结账损益情形，将超出的现金窃取。

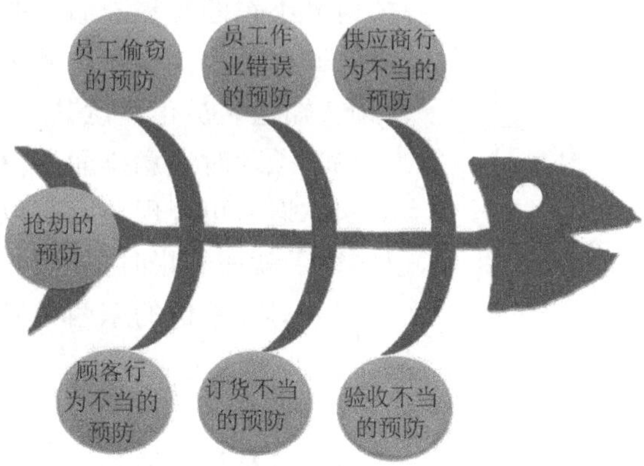

图 2-10 预防便利店商品损耗的内容

4）员工离店时，一律自觉打开所携出的物品进行检查。

2. 员工作业错误的预防

1）定期检查货架上的商品有效期限，并做好“先进先出”的商品管理，仓库中的库存品也应定期检查。

2）定期检查商品价格的标识，有无错误或漏标。

3）员工详细填写班次分析表，以查核员工的工作情况，若有异常，即予警告。

4）对于调高价钱的商品，应立即更换标签，更换时要注意先撕下旧标签，再贴上新标签。

5）员工填好账目查核对比表，表中应有应收账款、现金支付表、移转、价格变动及损坏报告等项目，以供参考。

6）对现金的管理也应有详细的支付明细。

7）定期检查仓库、后门的锁有没有锁好，警铃效用、各项设备是否功能完好，使各种可能发生损耗的因素降至最低。

3. 供应商行为不当的预防

1）单独验收每一家供应商的货物，且验收签名时，品名、数量必须检查清楚，看签收单是否夹页。

2）尽量不要让供应商自行上货架，避免塞货，或待签收完后，供应商再伺机将货搬走。

3）若人手不够，一时忙不过来，请供应商稍候，勿急于验收，不留给供应商可乘之机。

4）在签收单据后，自己保留原始的发票，以避免发票遭涂改。

4. 顾客行为不当的预防

1）小东西等易遭偷窃的商品，应陈列于柜台附近的货架。

2）店员时刻警觉，并采取应对措施。顾客进门须加以注视并问好，使顾客知道店员正注意其进出。

3）须随时注意排面的情况，知道东西是否被偷。

4）遇有可疑现象，可以假装补货，使其产生戒备，不敢下手。或者已偷窃，就在结账时提醒他，是否有尚未结账的东西。

5）对高单价的东西予以专管，加强店员的警觉性，见图 2-11。

5. 订货不当的预防

1）订货量要适当，否则退回商品时，不但要花费时间、金钱（退货传票及人、电脑的费用）与人力（退货商品分门别类整理），无形中也增加了营运成本。

图 2-11　高价商品专管

2）订货时严格甄选低利润商品的品种数，高利润商品的构成比自然就会增加。

3）进货前要检查卖场及仓库存货状况。

4）参考以前进货数量、单价及回转率。

6. 验收不当的预防

1）检查商品名称是否与规格、大小吻合。

2）核对数量。以箱为单位来核对，但对于打开的箱子，要检查里面的数量。

3）打开检查外表有破损或污垢的商品，检查商品上的日期及进货日期。

4）对于破损的商品，要在送货员在场时，确认好破损的数目。

7. 抢劫的预防

1）应随时避免歹徒最容易下手的 6 种状况的出现。

2）可装配监视器或安全系统。

3）应规定收银机内的现金不得超过一定金额；收到大额钞票则应立即投入保险柜内。

4）尽量保持店内的明亮度及店内外的整齐、不凌乱。

5）大门、玻璃上不得张贴太多海报、POP，不得堆置太高的物品，以免降低柜台区的能见度。

6）提高警觉，发觉可疑人员时，应尽快通知全体营业人员。

7）与公安机关或保安公司建立紧密合作关系，并张贴告示。

8）平时要对店员进行教育与训练。

9）店内厕所不外借，以防歹徒利用如厕时机施暴抢钱。遇有人欲借厕所应婉言拒绝，并指点其到附近的公共厕所。

问题 3 便利店商品损耗应如何处置？

1. 店员偷窃的处置

若发现店员偷窃让其以书面或口头形式承认偷窃的事实及所偷过的品项、数量，并赔偿，处理结束，不再雇用。若情节重大、态度不佳、无悔过之意，则报警处理。

2. 顾客偷窃的处置

1）店铺抓获小偷后，需要书面填写商品损失处置报告（表 2-23）、事故报告书（表 2-24）向公司进行汇报。

表 2-23 商品损失处置报告

部门： 报告人： 年 月 日

损失类型：	损失原因：	损失时间：
受损商品位置		
损失商品明细：		
损失金额		
投保金额		

表 2-24　事故报告书

一、事故简要经过

××。（时间、地点、人、性别、部门、工种、事件经过、伤情结果）

二、事故原因分析

1. 直接原因（导致事故发生的主观原因）

×××××××××××××。

2. 间接原因（剔除主观原因以外的因素）

1）××××××××××××××××××××；

2）××××××××××××××××××××。

3. 主要原因

1）××××××××××××××××××××；

2）××××××××××××××××××××；

……

三、整改防范措施（针对以上各个要因提出对策措施）

1）××××××××××××××××××××；

2）××××××××××××××××××××；

……

四、事故处理结果

1）××××××××××××××××××××；

2）××××××××××××××××××××；

……

（资料来源：https://wenku.baidu.com/view/9211f259312b3169a451a4cb.html.）

2）处置偷盗事件时需要注意的事项如下：

① 抓获小偷之后，应将小偷带到事务室，以免影响其他顾客购物。

② 在监控摄像范围内与小偷进行协商。

③ 尽量保持事务室门的敞开，避免形成封闭的空间。

④ 按照公司规定与小偷协商解决，见表 2-25。

表 2-25　盗窃处理规定

年龄	金额	赔偿办法
18 周岁以上	商品价格 100 元以内	商品价格的 10 倍以上
	500 元以内	商品价格的 10 倍以内
14 周岁以上不满 18 周岁	200 元以内	商品价格的 3 倍以内
不满 14 周岁及残疾人	① 无论是初犯还是累犯，一律不得收取补偿金； ② 确认身份，联系父母或者家属； ③ 购买被盗商品； ④ 拒绝联系父母时，联系警察（不要轻易联系学校）； ⑤ 父母或家属同意支付补偿金的，金额应在商品价格的 2 倍以内	

3. 商品补偿金的处理流程

1）获得商品补偿金后，需要以16%的税率，以手工输入的方式将金额录到收银机中。并且要在销售小票上注明“商品损失处置”字样，贴附在事故报告书中，一起提交给公司。

2）在收银机上分别做会计调整及会计调整返还的操作，金额需要与商品补偿金的金额一致。

3）最后在商品损失处置报告中注明“××元商品补偿已随××年××月××日的销售日报送款完毕”，店长签字。

4. 遭遇抢劫的处置

遭遇抢劫时应保持沉着冷静，具体要注意以下 6 点。

1）不作任意的惊叫及无谓的抵抗，以确保顾客和店员的人身安全为主要原则。

2）双手动作应让歹徒看得清楚，以免歹徒误解而造成伤害。

3）不必试图说服歹徒。

4）在不影响人身安全的情况下，尽可能拖延时间，假装合作。

5）可乘歹徒不备时，迅速按下报警器。

6）尽力记住歹徒的特征。

歹徒离开后应立即报警，并尽快通知连锁企业总部有关人员。小心保持犯罪现场的完整性，不要破坏歹徒双手触摸过的物品及设备的现场。立即填好歹徒特征表，将遇抢过程写成报告，并呈送上级相关主管单位。被抢之店往往很容易再度成为歹徒目标，故更需针对事前防范的各项重点，改进原有的缺陷。

知识拓展

防盗报警的处理

1. 处理原则

（1）验证

当系统报警时，不能认定就是有商品被偷窃，每一位顾客都是清白的，除非已经掌握确凿的证据。

（2）顾客服务

当系统报警时，店铺主管或当班班长要迅速赶到现场，必须具备热情、微笑、得体的态度服务顾客，不能因为自己的态度、表情、语言得罪顾客，引起纠纷和赔偿。

（3）和平解决问题

坚决避免与顾客在店门口发生争执，不能影响其他顾客的正常通行，不能引起堵塞和围观。

（4）确认是不是商品引起的报警

将商品与人进行分离，确认是不是商品引起报警，确认属于商品报警后，做以下处理：

1）进一步查找商品报警的原因。

2）通过目测查看有无带感应标签的商品，将其取出核实是否属于未经消磁的商品。

3）查看收银小票，查看有无未结账的商品。

4）礼貌地请顾客到收银台结账。

（5）确认引起报警的原因

让顾客反复几次经过安全门，确认是何原因引起报警，如是顾客引起报警，按以下情况处理：

1）礼貌地请顾客自行检查是否有忘记结账的商品放在身上。

2）顾客若承认，则叫顾客结账。顾客若不承认，则请顾客到一旁协助处理，不要在出口处与顾客发生争执。

2. 各种情景报警的处理措施

（1）顾客空手出便利店时，引起报警的处理措施

1）友好地留住顾客，请顾客后退。

2）请顾客再次通过安全门。

3）若该顾客两次通过安全门依然报警，则友好地提醒顾客有无忘记付款。

4）若顾客肯定回答，请顾客在收银台付款；若顾客否定回答，请他再次过安全门，报警后请求顾客协助找到感应标签。

5）如顾客坚持否定或有异议，可以请顾客在一旁处理。其间，员工不得接触顾客身体、不能搜身、不可言辞激烈，不能用任何带“偷”的字眼。

（2）顾客带着商品出便利店时，引起报警的处理措施

1）友好地留住顾客，请顾客后退。

2）采取“人物分离”的方法，顾客与商品分别单独通过安全门，查看商品是否引起报警。

3）若商品未引起报警，则按1）处理。若商品引起报警，则同顾客一起查看商品中有无带感应标签的，带有感应标签的商品是否在收银小票上。

4）判断商品属于已付款未消磁的，请收银员重新消磁并感谢顾客；属于未付款的，请顾客付款或到一旁处理。

（资料来源：http://www.docin.com/p-255696081.html.）

技能训练

通过阅读以下资料，分析便利店损失的主要原因，思考应该如何有效预防便利店商品损失。

美国1/3商店因偷窃倒闭，零售业年损失420亿美元

2014年针对24个国家222家零售商的调查结果显示，美国每年被小偷从零售商处偷走的商品价值近337亿美元。2013年，在美国零售商所遭受的全部经济损失中，约43%来自员工监守自盗，消费者顺手牵羊的占37%。

报告显示，去年全球零售商损失达到 1280 亿美元，其中美国 420 亿美元。零售业商品盘点损失大部分来自入店行窃、员工盗窃、供应商欺诈和管理失误。

在被调查的 24 个国家中，有 16 个国家造成零售业损失的最大原因是偷窃。其中，美国零售商员工监守自盗情况仅次于阿根廷，排名全球第二，造成的年损失达到 180 亿美元，占 42.9%；入店行窃为 157 亿美元，占 37.4%。偷窃引起的损失远远高于供应商欺诈及行政和非犯罪引起的损失。

专家称美国员工盗窃率如此之高的原因不明，但他们确信这些员工有监守自盗的行为。企业实时数据分析公司 Sysrepublic 业务咨询主任、报告作者德尔说，多数盗窃发生在结账时，员工故意为自己或别人操纵一笔转账。例如，员工在结账时能发放退款、折扣或废止，或能取消转账、修改价格，或假称有人用了一张折扣券。

报告分析认为，导致员工盗窃的主因包括低效的职前审核、员工监管较少、被盗商品容易被转卖。

一般情况下，商店行窃在节假日期间会变得更为严重。在美国，小偷最有可能从商店偷走的商品有葡萄酒、烈酒、化妆品、时尚配饰及面霜、游泳衣、太阳镜、手机配件、剃须刀片、内衣、视频游戏及电动工具。

美国全国防止罪行委员会报道，美国差不多 1/3 的商店倒闭，都与商店行窃有关。

某些商店的员工盗窃情况比其他商店更严重。例如，折扣店的员工盗窃造成的盘点损失为 56%，远高于家装和园艺商店。其他深受员工盗窃之苦的零售商还包括超市、杂货店，以及服装零售商。

（资料来源：http://news.qq.com/a/20141111/006505.htm.）

二、设备防损的操作

任务要求

通过对任务的分析，学习并掌握便利店各种设备的防损手段及操作过程。其主要环节工作内容如表 2-26 所示。

表 2-26　主要环节工作内容

工作环节	工作内容
理解任务	研究任务的需求要点
知识认知	明确设备防损操作的 1 个知识性问题：怎样防止便利店设备发生损耗
工作成果	理解便利店的设备及设备防损的注意事项和操作

问题　怎样防止便利店设备发生损耗？

虽然便利店规模不大，但内部却有很多设备，而这些设备也是便利店的重要财产，因此，设备的防损也是便利店的重要工作。那么，便利店里会有哪些防损设备，而这些设备又是如何防损的呢？

1. 收银机

收银机是便利店里重要的结算设备，因此需要每月清理一次。清理时要拆下打印机护盖，以软毛刷清理外表，将油墨轮轴往上提拉取下，并以软毛刷清理下部字轮，再装回墨轮座及纸卷护盖，见图 2-12。

图 2-12 收银机内部结构

2. 茶叶蛋锅

（1）操作须知

煮蛋千万不要放热水来煮，以免蛋破而起泡；蛋锅内随时要保持水盖满蛋的程度；换香料包时需要将锅内卤汤一并换掉，以保证茶叶蛋清香。

（2）清洗程序

开关移至关位置；未售完的茶叶蛋放入冰箱冷藏，第二天优先使用；将剩余卤汤倒掉后，锅内倒入清水清洗，并将外表擦拭干净。清洗时勿将整锅浸入水中清洗。请勿用金属器皿敲击锅面，以免珐琅内锅剥离爆裂。每日清洗，除了内锅可冲洗外，外表及底部擦拭干净即可。

3. 微波炉

（1）操作安全须知

1）不可在微波炉的门未关闭时操作。

2）微波炉损坏时，不可再操作，特别注意微波炉的门能否适当地关紧，以免门的封垫等处损坏。

3）不可让食物烹调过度，以免产生火花。刚开始最好以最少的时间来烹调，再视情况增加烹调时间。

4）烹调时，若炉内有纸、塑料或其他易燃物品，则须密切注意，有些纸制品可能含有杂质，会引起火花而点燃。

5）如果炉内的食品已经起火，则不可以打开炉门，应关闭电源开关、拔掉插头或切断保险电路。

图 2-13 微波炉禁放物品

6）不可在微波炉中加热密封的罐装食品，以免破裂或爆炸。

7）不可加热有铝箔或金属容器的食品，以免发生危险，见图 2-13。

8）如果微波炉电线或插头有损伤，微波炉本身功能不正常或曾损伤或掉落，则不能再操作，因为可能会发生电击、起火或其他危险。

9）只能让专业的服务人员调整或修理微波炉。

（2）清洁保养

1）若有喷溅物须立刻擦拭。

2）不可让食物颗粒或油脂积聚在灯罩、内门、炉内腔上，须随时擦拭干净。

3）用蘸有中性清洁液的布或海绵擦拭炉腔内各面，再用清洁的布擦干。

4）以中性清洁液擦拭内门表面与炉腔前部，务必要把所有食物颗粒去除。

4. 冷冻冷藏展示柜

（1）使用须知

1）开启玻璃门时应按实际取物需要面积开门，不宜开启过大，使冷气外泄过多，浪费能源。装置自动反弹门时，关门时不宜用力过猛，以免玻璃撞破。

2）隔层网依实际需要调整其空间，商品陈列勿将出风口或回风口堵塞，以免循环不良，而造成冷气不足，影响食品的新鲜度。

3）如果蜂鸣器响，即表示压缩机超载运转，应将其关掉，通知相关人员处理。

4）如发现有漏电现象，应立即将电源关掉，通知技术人员迅速处理。

5）展示柜须放置于通风良好的地方，不得靠近热源位置，避免阳光直射。

6）移动展示柜时，应注意保持水平和散热的问题，以免影响压缩机寿命。

（2）保养须知

1）平时使用干净的毛巾擦拭即可，若特别脏时，以中性清洁剂清洁，避免使用酸性和碱性清洁剂，以免破坏柜体的表面。

2）柜内排水沟或排水管要常清扫，门上的橡皮圈注意勿脏污或破损。

3）除霜水依使用情况、条件的不同，应于3～5天内倒掉，以免溢出。

4）利用每次整理柜内商品时，顺便擦拭柜内，柜内不得残留积水，避免细菌滋生，产生异味。

5）每3～4个月应做一次凝结器的保养，以长毛软刷将吸入口鳍片表面的灰尘清干净，散热器更应不定期地检视，以保持正常的高压压力，如此可提高冷冻效率，相对地降低耗电量，电动机回转有振动，不可将其放在会有共振噪声的地方。

5. 空调机

（1）栅板与主体外观

使用微湿的抹布擦拭干净；有油垢者，可使用中性洗涤剂擦拭干净；切勿使用挥发性油（如汽油）、稀释剂、擦光粉等来清洗，以免磨蚀表面。

（2）室外机

空调过滤网的拆卸并不复杂，卡口部分往上一推再往下一拽就出来了。从图 2-14 中可以看到由于长时间缺乏清理，过滤网已经“肮脏”不堪。使用刷子或吸尘器，将入风口格栅清除干净；注意入风口处不要放置任何物品遮挡，以免阻挡风的进入。

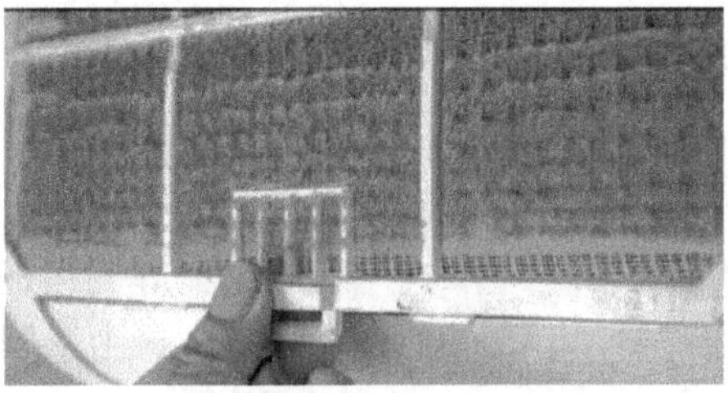

图 2-14　空调滤网的清洁

（3）空气滤网

将吸气口的栅板打开，拿住滤网的手柄部分，将滤网摘下来，轻轻地拍弹或用吸尘器加以清除，如果沾有污垢，可用少量中性洗涤剂在温水中清洗，干净后予以拭干并放回。不要用过热的水（50℃以上）冲洗或直接暴晒或用火烤，否则会变形。

6. 监控系统

（1）注意事项

1）开机前清洁监控机屏幕。

2）按正确顺序开机。

3）已调整好角度的屏幕严禁随意调动。

4）不得随意挪动监控设备位置。

5）不得频繁开关设备。

6）出现故障应立即汇报并通知有关人员维修。

7）由于对监控中心的各项工作必须保密，未授权人员不得随意入内。

8）监控中心要保持干净、整洁，监控员要熟悉系统性能并能熟练操作，定期通知厂家维护、保养。

（2）监控系统维护

1）随时：要对监控系统及设备的运转情况进行监控，分析运行情况，及时发现并排除故障。

2）每月：对容易老化的监控设备部件依次进行全面检查，一旦发现老化现象应及时更换、维修，如视频头等；根据监控系统各部分设备的使用说明，检测其各项技术参数及监控系统传输线路质量，处理故障隐患，设定使用级别等各种数据，确保各部分设备各项功能良好，能够正常运行；对长时间工作的监控设备维护一次，如硬盘录像机长时间工作会产生较多的热量，一旦其风扇有故障，会影响排热，使硬盘录像机工作不正常；定期对监控系统和设备进行优化，合理安排监控网络需求，如宽带、IP 地址等限制；提供每月一次的监控系统网络性能监测，包括网路的连通性、稳定性及宽带的利用率等，实时监测所有可能影响监控网络设备的外来网络攻击，实时监控各服务器运行状态、流量计入侵监控等。

3）每季度：至少每季度进行一次设备的除尘、清理，扫净监控设备上的尘土，对摄像机、防护罩等部件要卸下彻底吹风除尘，之后用无水酒精棉将各个镜头擦干净，调整清晰度，防止由于机器运转、静电等因素将尘土吸入监控设备机体内，确保机器正常运行；检查监控机房通风、散热、净尘、供电等设备。室外温度应在-20～60℃，空气相对湿度应在10%～100%；室内温度应控制在5～35℃，空气相对湿度应控制在10%～80%，留给监控设备一个良好的运行环境。对易吸尘部分每季度定期清理一次，如监视器暴露在空气中，由于屏幕的静电作用，会有许多灰尘被吸附在监控器表面，影响画面的清晰度，要定期擦拭监控器，校对监视器的颜色及亮度。

技能训练

通过以下资料，分析便利店还要配置哪些设备，这些设备应如何保养维护以免发生损耗。

开家便利店的准备

在众多创业项目中，开便利店是个不错的选择。因为它非常贴近老百姓的日常生活，不仅容易上手，而且回本较快。下面，我们就介绍一下开便利店都需要哪些投入。

在便利店的筹备初期，硬件设备投资需要较大的资金量。店主需要从财务的角度上对其进行认真分析。

1. 装潢

在便利店的装潢设计上，店主首先要考虑的是便利店要满足顾客一次性购足商品的需求，店内营业面积至少要在50平方米。在店内装饰方面，要尽可能简单、大众化。

2. 冰箱

冰箱在便利店是一项非常重要的基础设备。目前冰箱主要有冷藏和冷冻两种功能，店主选择何种类型的冰箱要结合附近商圈的顾客结构而定。如果周围的顾客流动性较大或青少年的比重较高，就要考虑多增加冷藏冰箱，因为冷藏的冰箱主要是保鲜使用，周围的客流量大，再加上青少年的比重较高，商品就会销售不错，就不会有持续很长时间卖不出去的商品，所以商品只需要保鲜就可以了，如饮料、水果、蛋糕、奶制品等；如果周围的住宅密集，就要多增加冷冻冰箱，周围的住宅密集就代表顾客的需求是持久性的，对一种商品有持续需求，但可能一次需要的量不是很大，这就需要店主放在冷冻的冰箱里保存了，如水饺、雪糕等速食类商品。

3. 空调

通过空调调节室内温度，能使顾客在店内停留较长时间而购买较多的商品。便利店内用的空调主要为吸顶式空调和直立式空调。吸顶式空调的优点是不占用地面空间，缺点是价格较高，对房屋层高要求高。直立式空调价格相对便宜，但需要占用一定的地面空间，如果店面不大，有时还会影响货架的布置。一般50平方米的店面至少需要两台直立式空调。

4. 水电

水电在店内的所有工程中最为复杂，工程质量要求也最高。在施工期间，配线、拉管、装开关箱、送照明电、给水与排水、消防安全等，所有过程和材料的品质都需要严格要求，从而达到安全、美观、实用的效果。

5. 货架

便利店货架的功能是陈列商品，让顾客在店内很容易地找到所需商品。以平方米数计，每4～4.5平方米需要一组货架，货架只需使用一般的货架即可。

6. 招牌

便利店的招牌一般等同于店面的临街宽度。招牌在设计与安装时，要考虑其色彩是否能被顾客所接受，位置是否得当，亮度是否足够吸引顾客的注意力等。

7. 收银机

一般一家店最好购置两台收银机，一台用于日常运作，另一台则作为备用。

三、便利店的安全管理

任务要求

通过对任务的分析，学习并掌握便利店的安全管理和卫生管理的内容。其主要环节工作内容如表2-27所示。

表2-27 主要环节工作内容

工作环节	工作内容
理解任务	研究任务的需求要点
知识认知	明确便利店的安全管理的2个知识性问题：便利店的安全管理都包括什么；便利店怎样进行卫生管理
工作成果	掌握便利店安全管理的内容，能够对便利店进行安全卫生管理

问题1 便利店的安全管理都包括什么？

1. 消防知识

便利店应高度重视防火措施，避免火灾的发生，应该按照便利店的布局和规模制定一套方案，让每一位员工都知道火灾发生时该采取怎样的措施。当店内发生火灾或发出火灾警报时，店内所有员工应按照平时规定的程序做出相应的反应。

一旦发生火灾，要尽快把店内的人员和重要财产及文件资料撤离到安全的地方。这是一项很重要的工作，组织不当会造成更大的人员伤亡和财产损失。在火灾时的疏散工作需要在平时按照本店的建筑格局特点，制定一个较为详细的预案，并且要经常性地组织培训，这样才能做到临阵不乱。

得知店内发生灾情时，首先要做的就是清理店周围的场地，方便消防车进入。另外，要严禁闲杂人员进入，尤其要防范那些趁火打劫者。在火灾发生时，要保护好店内的现金及其他贵重物品。

店员应经常检查灭火器的有效期限和压力是否正常。

便利店消防安全的注意事项包括：

1）灭火器的有效期是一年，灭火器每年年检后会贴合格证标签。

2）压力表上绿色区域为正常，黄色压力偏高，红色压力偏低。

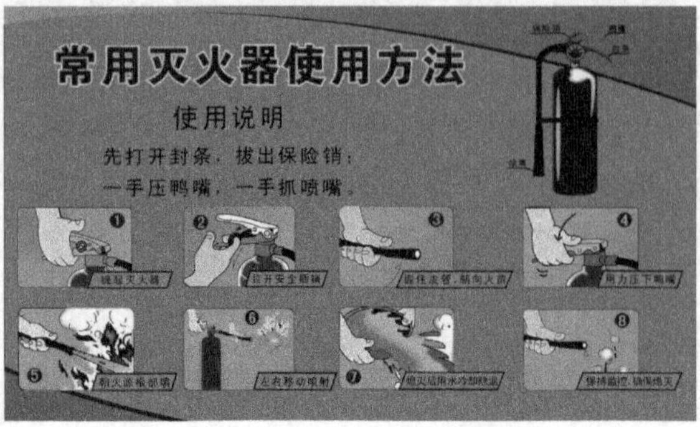

图 2-15　灭火器的使用方法宣传图

3）出现初期火情时，使用灭火器灭火，其使用方法见图 2-15。常见的灭火器有干粉灭火器、泡沫灭火器、二氧化碳灭火器、水基灭火器等类型。不同的灭火器适用于不同类型的火灾，具体使用方法也有所差别，便利店也会组织员工学习，本书不再具体介绍。

4）火情过大时，拨打火警电话 119，清楚说明火情发生详细地址、联系电话、火灾详情（电路起火、商品起火、油锅起火等）。

5）消防栓前面约 1 平方米范围内不要摆放任何物品。

6）店铺消防门不可闭锁，周边无其他杂物堆积。

7）疏散走道的最小净宽度不能低于 1.4 米。

8）严禁使用店铺电源给电动车充电。

2. 政府机关检查

政府机关检查是指工商（物价）、税务、环保、卫生防疫站、消防、城管等部门的检查。便利店经营过程中要严格按政府部门的各项规定办理，经常自查自纠，防止触犯法律法规。

如有人进来检查，首先要请对方出示证件；如果对方开出处罚通知书，要立即通知总部，告知处罚内容，第一时间把处罚通知书送到相关部门。对于口头要求，要记住原话，并表示便利店无权处理此事，会尽快通知上级领导给予答复，事后立即报达相关部门处理。事后要针对检查问题，全面自我检查并马上整改。

3. 轻微意外伤害

轻微意外伤害指因便利店设施造成轻微的伤害，如割伤、商品掉下砸伤、摔伤等。便利店要经常检查有无造成伤害的装潢和商品陈列，如是否有破碎的玻璃，商品陈列、POP 展示架是否有突出的尖锐物，走道上是否有任何障碍物。要加强员工安全作业的管理，如员工登高、搬运重物等规定。要设置急救药箱，备有棉签、碘酒、止血贴等。

如受伤害者是本店员工，视情况送医院治疗，并向企业总部有关主管部门汇报，严重者还应通知家人。若受害者是顾客，若属轻微受伤，则为顾客做简单处理，并由店长赠送小礼物致歉；若必须送医院治疗，则必须通报企业总部有关主管部门，由上级出面并赠送礼物致歉，并负担医药费；严重者应立即通知其家人。以抢救送医院治疗为第一要务，不要管现场争吵或追究责任。要检讨事情发生的原因及实际处理的结果，并做成个案，通报总部，将处理的程序与结果传达给各部门所有员工。

4. 资讯外泄

容易发生资讯外泄的情况包括有人询问运营资料、假借国家机构调查情况、竞争对手询问本店商品价格等。为防止重要信息外泄，要对员工进行保密工作教育，教育的内容包括哪些信息属于企业的秘密，遇到非法获取便利店运营资讯的处理办法、保密规定、违反规定的处罚等。发现有人试图获取便利店信息，可用以下办法进行处理：走上前去询问是否需要协助，阻止其行为；查验对方证件，请示连锁总部如何处理；没有连锁总部授权的，不得提供任何资料；过后要及时检讨资讯管理办法是否得当，处理技巧有无不当之处。

5. 顾客取闹

容易发生顾客取闹的情况主要有以下几个：商品发生问题，顾客提出索赔要求；价格错误，顾客与店员意见不一致；顾客遗失物品要求赔偿；顾客在现场受到伤害，要求赔偿；顾客被认为是偷盗嫌疑人，发泄不满。

遇到以上情况，处理的原则是将谈判的技巧预先考虑周详，减少便利店赔偿损失，处理的结果要尽量达到让顾客高高兴兴地回家的目的。不要在刚开始时，由最高主管处理，应由中低级职员先行处理。

处理的要点：要先了解顾客现场取闹的原因，然后将顾客带离现场，跟顾客热情地沟通。若无法沟通，再请上级处理。若金额不大（不超过100 元），可以当场将事情解决；若金额巨大，请上级处理。要安抚受委屈的员工，表扬其为了大局而克制自己的态度并与员工探讨处理类似事件的技巧和应采取的态度，同时做成案例供员工学习。

6. 顾客纠纷

在便利店购物过程中，顾客之间往往会发生纠纷，如顾客之间因购物、排队等引起的吵架打斗等情况。发生顾客纠纷时，应向双方道歉，把顾客分隔开，让顾客平心静气，再耐心倾听顾客的叙述，了解事件发生的原因，但不要轻易下结论。同时做出适当的劝解，如果顾客不听劝告，并控制场面，可打 110 报警。还要检验便利店的服务措施有无不当之处，如有，要及时改善。

7. 骗取现金商品

在日常营运过程中，便利店要对员工进行防骗的教育训练及防范技巧的训练。店员应避免与顾客过于接近，以免发生被骗意外，收银员收到顾客所付钱财，应在确定顾客给付金额符合后，才可将钱放入钱箱，收到顾客大面值的钞票时，应注意钞票上有无特别记号及辨识其是否为假钞，注意顾客以“零钱掉落法”及“声东击西法”等骗取已打开的钱财放置处或保险箱中的现金。收款一定要按既定程序进行，不可因人手不足、顾客拥挤等原因而自乱阵脚，疏忽了上述防范措施。如果发生了被骗事件，要做成示范案例，避免再中圈套。

问题 2　便利店怎样进行卫生管理？

（一）便利店的卫生管理制度

1）盛放直接入口的食品的容器在使用前必须洗刷洁净并进行有效的消毒。

2）餐饮具一般使用 84 消毒液消毒。药物消毒的地方应明确标示清洗池、消毒池、冲墩布池等。

3）消毒后的餐饮具用保鲜膜密封后放置于指定地点。

4）药物消毒时消毒液的有效氯浓度（质量分数）应达到 0.025%，维持时间 15 分钟以上。

5）每天中午和晚上工作结束后，都需要对餐具进行清洗和消毒。

（二）卫生抹布使用规范

卫生抹布按照颜色共分为两种。绿色抹布为非污染区（从事食品制作与销售的区域）厨房专用，红色抹布为非污染区快餐售卖区域专用，两者不允许混用。

1. 绿色抹布的使用规范

1）绿色抹布必须通过消毒后方可使用，且在使用过后进行再次消毒。

2）绿色抹布只能用在非污染区的厨房区域，进行厨房内器具、设备与台面的消毒与清洁工作，绝对不可以在非污染区厨房之外的区域进行使用。

3）每次对菜盆、菜勺、米饭盒等需清洁的器具进行消毒后，要使用绿色抹布对消毒冲洗过的器具进行细致的擦拭。在擦拭后，用纯净水对抹布进行冲洗。最后，将抹布在消毒液中浸泡 15 分钟，进行消毒。

4）每次用消毒后的绿色抹布对设备与台面进行擦拭后，要将清洁后的抹布在消毒液中浸泡 15 分钟，进行消毒。

5）消毒后的抹布要悬挂在厨房内。

2. 红色抹布的使用规范

红色抹布需要搭配酒精一同使用，应用于非污染区快餐区域的清洁工作，如设备、台面的卫生清洁工作，绝对不可以在其他区域进行使用。

3. 卫生抹布的放置

卫生抹布在非污染区按照要求进行放置。绿色抹布只能放置在厨房内，红色抹布只能放置在快餐售卖区。两者必须分开放置，绝对不能混放，防止交叉污染。

4. 卫生抹布的管理

1）每个班次当班负责人在与上一班次交接时除了交接 POS 机等日常事务，还要对店铺卫生抹布的情况进行确认。

2）检查和确认卫生抹布的数量，以及当班员工是否将卫生抹布放置在指定的位置。

3）在非高峰时间段敦促当班员工根据区域的不同使用相应的抹布进行器具或设备的清洁卫生和打扫，保持卫生清洁。

4）每三天要对所使用的抹布进行更换。

（三）便利店消毒方法

1. 消毒液的适用范围

1）消毒液盒内的消毒液用于消毒毛巾的消毒，浸泡时间大于 15 分钟；消毒后用清水冲净，拧净水后备用。

2）水池中配制的消毒液用于其他用具的消毒，浸泡时间大于 15 分钟；消毒后用清水冲净，用消毒后的毛巾擦干，用保鲜膜包好，放在指定地点保存备用。

3）使用消毒液的用具包括锅、菜盆、菜盘、夹子、勺子等所有不锈钢用具，以及制作热餐时使用的白盒、塑料筐。

2. 水池的消毒流程

1）用百洁布将水池内外污垢、油垢清洗干净，操作台上下内外擦拭干净。

2）水池内外用洗涤灵擦洗。

3）再用清水冲洗干净水池内外，用洁净毛巾擦净操作台和操作柜。

4）使用洁净的毛巾，用配置好的 84 消毒液，擦拭水槽内外进行杀菌，擦拭操作台上下进行杀菌。

3. 餐具清洗消毒流程

1）将容器内的食品残渣倒掉后放入清洗池内，用洗涤灵及洗碗布洗净油渍、污渍，用清水冲洗干净，使其洁净、明亮、无油污和污渍。

2）放入有效氯浓度达到 0.025%的 84 消毒液内浸泡 15 分钟。

3）在冲洗池内冲净，使其无 84 消毒液的气味。

4）用洁净的 84 消毒液消毒后的毛巾擦净水分。

5）用保鲜膜包好，放置在熟品操作台下。

知识拓展

餐饮具消毒的种类和消毒液的配制

《餐饮业食品卫生管理办法》规定，餐饮具的消毒分为热力消毒和药物消毒两种。

热力消毒应具备清洗池、冲洗池和消毒柜，一般控制在120℃，维持20分钟以上。药物消毒应当具备清洗池、消毒池、冲洗池。药物消毒的消毒液有效氯浓度（质量分数）应达到0.025%，维持时间为15分钟以上。

对于已经消毒和未消毒的容器应该分开摆放，并标明“已消毒”和“未消毒”。

（1）抹布消毒液配制

1）使用专用的配制消毒液容器，加入2升水。

2）加入1瓶盖消毒液，8克/瓶盖，配制成有效氯浓度（质量分数）达到0.025%的消毒液（配比根据消毒液的配制方法确定）。

3）每日上午、下午和晚饭后各配制一盒用于抹布的消毒。

（2）餐具消毒液配制

1）用专业的容器（店铺现用量杯）量好40升水倒入消毒池，在消毒池上做出标水线标志。

2）每次对餐具消毒时，将水放至标水线，加入160克消毒液（约20瓶盖），配制成有效氯浓度（质量分数）达到0.025%的消毒液。

技能训练 根据表2-28，实地对便利店进行卫生安全检查。

表2-28　便利店卫生检查内容

序号	检查项目	检查内容	检查频率	检查标准
1	个人	仪容仪表	每日1次	穿工衣、戴工牌；女员工发不过肩，长发束起；不留长指甲，不浓妆艳抹
2	门前卫生	门前地面	每日4次	无纸屑、杂物，有序、无交通障碍
3		门窗/玻璃	每日3次	墙壁干净，靠墙四周无垃圾、杂物，玻璃明亮
4	店内	服务台	每日4次	清洁、有序整齐、无杂物
5		卖场地面	每日4次	无纸屑、杂物、污迹、尘土，通道无堆积包装纸箱
6		墙壁	每日3次	无污迹、无尘土、无蛛网、无粘贴物
7		灯具、空调	每日1次	无污迹、无尘土
8		货架/价格牌	每日3次	无污迹、无灰尘、无过期的价格标签、无粘贴物
9		商品	每日3次	有序整齐、无灰尘、无破包/破损
10		购物车（篮）	每日3次	无垃圾、无油污、无水迹
11		水池	每日4次	清洁无污

续表

序号	检查项目	检查内容	检查频率	检查标准
12	店内	垃圾桶	每日 4 次	遮盖、桶面干净，桶内垃圾及时清理
13		冷藏柜、冷冻柜	每日 4 次	温度记录、无污迹、无尘土、无粘贴物、无破包/破损
14		电饭锅、关东煮机、烤肠机	每日 1 次	清洁无污
15		其他陈列用具	每日 1 次	清洁无污
16	后场	仓库	每日 3 次	归类摆放
17		办公区	每日 1 次	整齐，无杂物
18		洗手间	每日 1 次	地面无污水、杂物，水池清洁，无刺鼻气味
19		清洁用具区	每日 4 次	整齐，无杂物
20	管理	卫生区域管理		有卫生责任区和店铺自检记录

同步训练题库

一、填空题

1. 定期检查货架上的商品有效期限，并做好______的商品管理，仓库中的库存品也应定期检查。
2. 灭火器压力表上______为正常，______为压力偏高，______为压力偏低。
3. 店铺抓获小偷后，需要书面填写______、______向公司进行汇报。
4. 急救药箱，备有______、______、______等。
5. 消防栓前面约______范围内不要摆放任何物品。

二、单选题

1. 灭火器使用时要与起火部位成（　　）角喷射，直至火焰熄灭。
   A. 15°　　B. 30°　　C. 45°　　D. 60°　　E. 90°
2. 以下行为不属于员工偷窃的是（　　）。
   A. 营业收入纳入私囊　　B. 以“水货”调换“真品牌”的商品
   C. 商品有效期限未予检查　　D. 对于亲朋好友的货款予以少收或不收
   E. 向消费者宣称特价商品或折扣品已终止，从而以原价销售
3. 容易遭受抢劫的店铺的特点中不包括（　　）。
   A. 顾客太多　　B. 商品有效期限未予检查
   C. 橱窗乱贴海报　　D. 太多钱财外露
   E. 商品堆放、陈列凌乱

4. 疏散走道的最小净宽度不能低于（　　）米。

A. 1.2　B. 1.4　C.1.6　D. 1.8　E. 2.0

5. 下列不属于员工疏忽而造成损耗的是（　　）。

A. 在店内消费不付钱　B. 现金管理不当

C. 商品有效期限未予检查　D. 账目查核表错误

E. 仓库及门未锁好，遭到偷窃

三、多选题

1. 下列各项属于由于验收不当而造成损耗的是（　　）。

A. 商品验收时点错数量　B. 员工搬入的商品未经点数，造成短缺

C. 进货商品未入库　D. 进货单发票金额与验收金额不符合

E. 仅仅验收数量，未做品质检查

2. 在遭遇抢劫时，便利店员工应该（　　）。

A. 尽力记住歹徒的特征　B. 乘歹徒不备时，迅速按下报警器

C. 试图说服歹徒　D. 尽可能拖延时间，假装合作

E. 快速逃跑

3. 便利店员工应随时提高警惕，防止歹徒的诈骗。常见的案例有（　　）等。

A. 要求兑现零钱　B. 询问时间

C. 送货　D. 声称存放在寄物柜内的物品失窃

E. 推销产品

4. 下列对不满 14 周岁及残疾人偷窃商品的处理办法是（　　）。

A. 收取赔偿金　B. 确认身份，联系父母或者家属

C. 购买被盗商品　D. 公开偷窃者身份

E. 直接联系学校或警察

5. 容易发生资讯外泄的情况包括（　　）。

A. 有人询问运营资料　B. 货架上标注价格

C. 促销广告　D. 假借国家机构调查情况

E. 竞争对手套取商品价格

四、判断题

1. 结账钥匙不仅店主、店长有，店员也可以有，柜台可以放计算器或登记纸张。（　　）

2. 如果微波炉电线或插头有损伤，微波炉本身功能不正常或曾损伤或掉落，则不能再操作，因为可能会发生电击、起火或其他危险。（　　）

3. 每个班次当班负责人在与上一班次交接时除了交接 POS 机等日常事务，还要对店铺卫生抹布的情况进行确认。（　　）

4. 对于调高价钱的商品，应立即更换标签，更换时直接贴上新标签。（　　）

5. 灭火器的有效期是一年，灭火器每年年检后会贴合格证标签。（　　）

参考答案 2-3

项目三

专卖店营运管理

体系结构

任务一　专卖店商品管理
任务二　专卖店现场服务管理
任务三　专卖店商品防损与安全管理

项目目标

1. 掌握专卖店商品陈列方法。
2. 掌握专卖店进、存货，盘点的相关知识与技能。
3. 掌握专卖店营业员接待服务与顾客投诉管理的方法。
4. 掌握专卖店商品损耗的预防措施与安全管理的方法。

任务一　专卖店商品管理

引导问题

本任务主要讲的是服饰专卖店。专卖店指的是专一经营某类行业相关产品的专营店，以著名品牌、大众品牌为主；销售体现量小、质优、高毛利；采取定价销售和开架面售；注重品牌名声、从业人员必须具备丰富的专业知识，并提供专业知识性服务。专卖店是品牌、形象、文化的窗口，有利于品牌的进一步提升；专卖店能增强产品的终端销售能力，更多地创造顾客购买一类产品或一个品牌的系列产品（专卖+优质产品+星级服务）的机会，提升产品的销量。那么，专卖店（服饰）应怎样对商品进行管理，以满足顾客个性化需求？

学习内容

专卖店商品管理的概念十分广泛，本任务主要包括对商品品类管理规划的认识知识的回顾、商品配置表的制作练习；商品进、存货的管理；商品陈列的管理；商品的盘点管理的内容。

学习目标

掌握专卖店商品陈列与进、存货的相关知识。在理解品类管理、商品配置表方面的知识和商品陈列工具方面的知识的基础上，遵循专卖店商品陈列的一般原则，能对商品进行科学合理的陈列。使学生掌握日常商品的订货流程和验货流程，及存货作业流程。

学习重点

1. 专卖店商品陈列工具管理。
2. 验货管理。
3. 盘点管理。

学习难点

运用品类管理和商品配置知识对陈列架、橱柜的商品陈列进行管理。

任务描述

本任务为导学性任务，具体内容为：

1. 按要求制作一份便利店某类商品的商品配置表，绘制商品陈列表，运用陈列方法与技巧陈列商品。

2. 能按进货流程进行订货、验货，掌握库存管理程序，并会对商品进行盘点。

工作步骤

本任务的工作步骤见表 3-1。

表 3-1 工作步骤

序号	项目	工作内容
一	用品类管理理念进行商品配置	①商品配置规划含义；②了解商品配置规划主要内容；③清楚商品配置如何规划
二	商品的进（补）、存货管理	①商品的进货管理（订货、进货、验货、收货）；②商品的库存管理程序
三	商品陈列管理	①管理商品陈列的工具（陈列架、橱柜、特价台）的管理；②在遵循商品陈列一般原则的基础上，掌握商品陈列的规范与检查要点
四	商品的盘点	①盘点的流程；②盘点注意事项

成果预期

本任务完成后，学生应掌握商品配置表的制作方法，并会修正商品配置表；熟悉订货流程与验货流程；掌握商品陈列原则，按照商品陈列表陈列商品，能运用商品陈列方法进行商品陈列；掌握盘点作业要领。学生需完成如下成果评价表（表 3-2）的内容。

表 3-2 成果评价表

考评点	分值	得分
商品配置规划	15	
商品陈列表	10	
进货表填制（手工）	15	
陈列方法	15	
陈列效果	30	
盘点表填制	15	
合计	100	

工作内容

一、用品类管理理念进行商品配置

任务要求

通过对专卖店任务一中的商品配置表方面知识的学习，能熟悉商品配置表含义、主要内容，并形成商品配置规划的思路。其主要环节工作内容如表 3-3 所示。

表 3-3 主要环节工作内容

工作环节	工作内容
理解任务	研究任务的需求要点
知识认知	明确用品类管理理念进行商品表配置的 4 个问题：商品配置规划的含义是什么；商品配置规划工作的主要内容是什么；商品配置规划的作用与基本原则是什么；如何进行商品配置规划
工作成果	能根据商品配置规划工作的主要内容与基本原则，进行商品配置规划

问题 1　商品配置规划的含义是什么？

商品配置规划（merchandise configuration，MC）工作几乎是每一个卖场陈列必需的一项工作。

商品配置规划是从视觉陈列和消费者的角度出发，根据商品规划信息和店铺的其他营销活动，对商品在卖场的位置及在货架上的排面进行最有效的分配与规划。

商品配置规划，可以说是专卖店陈列设计、现场陈列工作的开始，它对于终端能否顺利进行陈列工作，能否达到预期的目标有着重要的作用。商品配置规划最直接的表现形式是店铺商品配置规划表。

问题 2　商品配置规划工作的主要内容是什么？

根据卖场商品配置规划的含义，我们可以将卖场商品配置规划工作的主要内容归纳为以下 3 个方面：

1）对卖场的商品进行分类。

2）按分类的结果，对各分类中的商品在卖场中的位置进行分配与规划。

3）对各分类商品内的各种商品在货架上的位置与陈列形态进行分配与规划。

问题 3　商品配置规划的作用与基本原则是什么？

1. 方便顾客选购

当顾客进入卖场，很少有直接奔向某个商品，然后转身就去结账的，除非顾客早已经计划好了（这样的顾客是有的，但毕竟是少数）。

对于多数顾客来说，他们都用一双明亮的眼睛扫视着卖场，不断地探索着自己感兴趣的商品，一旦找到，便会眼睛一亮，想开始触摸和了解商品，大部分人如果特别感兴趣就会试穿或直接购买。如图 3-1 所示，服装陈列简捷、明快、视觉效果良好，很容易引起顾客试穿、购买的欲望。

图 3-1　服装店店面布置陈列

在服装品牌竞争如此激烈，商品种类如此之多的情况下，如何在同类品牌中吸引顾客，同时让顾客省时、省力、方便、快捷地找到感兴趣的商品就显得十分重要了。商品配置规划的作用之一就是通过对商品的分类、配置、展示，让顾客更快捷地找到自己感兴趣的商品。

例如，Armani Collezioni 店铺通过将商品按性别进行配置，左边为男装，右边为女装，根据购买商品的性别，对顾客进行分流，顾客也因为卖场商品的男女区分而很快选择了自己的行进路线。

相反，因为服饰一般是有性别的，如果你的品牌或店铺的服饰也是有性别的，而卖场又没有根据性别对商品进行配置规划，那么顾客就不知道往哪边走，甚至有些顾客看到男女不分的情景。由于分辨不出商品性别，卖场就会让他们感觉凌乱，有的顾客扭头就走了。即使顾客进店挑选衣服，他也得花时间去区分男装或女装，这样一来，顾客花在选择与辨别商品的时间就多了，只能让顾客感到烦躁，对于商品的销售是不利的。

所以商品配置规划的作用是，从顾客的角度出发，方便和舒适了顾客的选购。

2. 便捷店铺管理

对于顾客来说，商品配置规划方便了他们的购物，但同时从服饰品牌公司或终端店铺管理的角度出发，服饰商品配置规划对于店铺的管理也有很大的帮助。

1）商品经过分类配置后，商品在性别、色彩、系列、品类等方面有了明显分类与配置，店铺更加清晰明了。

2）方便了营业员对商品的了解与管理。导购员在日常的店铺管理中，经常要整理或盘点货品，货品经过规划后方便了营业员的这些工作。同时商品经过规划后，可以形成组合，对于营业员的附加推销或给顾客的搭配建议会有很大的帮助。

3）商品经过配置规划之后，店铺的空间利用率得到了很大的提高，有利于商品的充分展示。

4）商品经过配置规划后，为店铺商品的标准化管理奠定了一定的基础。

3. 促进销售配置

在配置中由于考虑商品的营销规划，可使卖场中的营销活动具有更多的针对性，如通过有目的推销性配置将主推款放在卖场的主要位置，通过搭配陈列连带消费增加销售额，根据不同时间对卖场商品进行位置的调整等。

问题 4　如何进行商品配置规划？

专卖店商品配置规划的作用在于让顾客方便、舒适、愉悦地选购的同时，也可以方便店铺的管理，这也是进行任何商品配置规划工作的基本原则。为了让顾客易看到、易摸到、易选择、易组合、易购买商品，首先要做的就是对商品进行分类。商品只有经过分类以后，才能变得有秩序、有美感，才能吸引顾客、留住顾客、方便顾客。

（一）卖场商品分类

卖场商品分类，首先要了解进行商品分类的出发点在哪，有些品牌的商品将颜色作为优先的分类方法，有些品牌则将价格作为优先的分类方法，因此只有了解了出发点才能确定如何进行商品分类。

1. 熟悉服饰品牌文化与定位

基本上每一个服装品牌都有自己的定位与文化，不同类型的品牌在进行店铺商品配置规划时，需要对服饰品牌进行充分的了解，理解品牌文化、定位等各方面的信息。例如，DUNNU（敦奴）品牌和 NIKE（耐克）品牌，虽然都是属于服装业的，但两者的品牌文化、定位、风格却大不相同，因此店铺对商品配置规划也会有不同的地方。

知识拓展

DUNNU 品牌介绍

DUNNU（敦奴）源于 20 世纪 60 年代法国巴黎，用生活休闲和职业休闲的设计风格诠释女性的时尚服装文化，不但设计紧随时尚，款式更是将法国的浪漫风格、英式的色彩配置和意大利的手工传统模式完美糅合。“当贵妇穿上时装时，她应该看起来像那些封面人物”就是 DUNNU 品牌的宗旨。

DUNNU 传承着原始品牌的创作风格，致力于细节上显功力，裁剪缝制丝丝入扣。设计师的灵活制作使服装的色彩、手感与人体和谐相融，并透析每一季流行趋势，使白领丽人及时体验世界时装风潮，举手投足释放动人魅力。所有式样既成熟又不失青春，尽情演绎都市女性那份风情万种，又不失尊贵典雅的气质。在国际风尚中，更显 DUNNU“真、善、美”的独有风采。

（资料来源：https://zhidao.baidu.com/question/563728284155931404.html.）

2. 对商品规划或店铺货品内容进行了解

品牌都有自己的商品规划，如商品规划部门会规划商品的系列、风格、功能、性别、颜色、品类、尺寸等，有些品牌还会制定一定的商品策略，如主推系列、主推款式、必定系列、必定款、可选款等。在店铺进行商品配置规划时，正是根据这些基本因素对商品进行分类和配置的。

对于视觉陈列设计师来说重点要了解品牌在整季的商品规划与策略，但对于终端的陈列管理或操作人员来说，了解店铺商品订货、具体上市计划、产品生命周期、相关货品数据、季节性、销售状况等因素则是主要内容。因此，不同层次的视觉陈列人员，由于工作内容的不同，所要了解的商品信息内容也有不同的侧重点。但不管是视觉陈列设计人员还是店铺管理人员，在进行店铺货品配置时，要根据公司的商品规划内容，罗列整理出类似如下的商品清单（表3-4）。

表3-4 商品清单

图片	货号	品名	颜色	面料	尺码	数量	主推情况	价格	上市时间

以表格形式体现出的商品信息，它的项目和销售报表上的项目有许多相似之处。这样的商品清单是不能直接用于接下来的店铺商品配置的，清单内的商品必须进行重新分类与组合，最终形成的结果才能作为商品配置规划的根据。例如，可以将上面清单中的商品按“主推款”项目进行分类与组合，将商品分成“主推款”“可选款”“其他”三类，然后根据这三类的重要性对它们在卖场和道具上的位置、展示形态进行排序与分配。

对于像上面这样系列性相当强的品牌来说，做起商品的分类会比较简单。先了解总共几个系列，先将系列分开罗列，选出重点推广系列，然后将系列里的主推款等分列出来，就基本完成分类了。

3. 考虑订货与日常销售

不同经营模式的公司，有着不同的商品策略。对于总部公司的视觉陈列（图3-2）设计工作来说，可能都有统一的商品规划和商品策略，因此做起商品分类来，一般根据商品规划与策略内容来进行。但有时总部的视觉陈列设计人员，到终端后才发现，店铺里的商品配置根本没法按自己的陈列标准或陈列手册去执行，许多公司做的陈列标准或陈列手册就成了新品上市时使用的一次性陈列指导方案了。造成这个结果的主要原因除了现场陈列管理外，还包括订货、店铺日常销售情况等。

图3-2 视觉陈列

因此，对于总部的视觉陈列设计工作来说，要对卖场的商品进行分类，得先了解商品订货的基本情况，根据订货的情况调整商品分类的方法与次序。而对于终端陈列人员来说，日常销售会改变店铺的商品结构，如店铺商品会自然形成畅销款与滞销款，因此在日常经营中对店铺的视觉陈列进行管理就成为重要工作了。

从视觉陈列设计的角度出发，订货可能会局部地改变原来总部制定的商品规划与策略。例如，某公司的今年商品共推出四个系列的商品，每个系列都有很好的组合与搭配，但由于客户订货时，不一定能按系列来订货，这就形成了可能某个系列留下的商品只有那么几款。而我们在做视觉陈列设计或店铺商品配置时，就得打破原有的规划，按其他条件重新对店铺商品进行分类了。

订货可能会改变商品结构和商品策略，其主要表现在订货后可能会形成排名前几名较好的最佳订货款，从而改变商品在终端的结构，如商品的构成结构、数量结构、价格结构、颜色结构、尺码结构、面料结构等都可能会发生改变。这些因素的改变都会影响卖场商品分类。

因此，如果是品牌公司进行视觉陈列设计，如陈列标准、陈列手册设计，以及在商品进行分类前，一定要充分考虑订货给商品规划与商品策略带来的改变，然后根据改变后的商品信息进行商品的分类。

4. 考虑店铺的其他营销活动

店铺的日常经营中，还会进行其他的营销活动，如商品促销、主题宣传或公关活动等，在对商品进行分类时，也要考虑这方面的因素。例如，原本不做促销的商品，到了一定程度，为了尽快地清理空间给新上市的商品，可能会进行一定的让利促销活动，这时就得将这些促销的商品和其他商品进行区分与配置。有些店铺会将这些商品配置在店铺入口处吸引对价格比较敏感的顾客，而有些店铺则会把这些商品放到中岛上，以便让顾客先看到新上市的商品，如图 3-3 所示。

图 3-3　商品陈列在中岛上

（二）根据商品配置规划的出发点，选择商品分类的种类与次序

商品分类的种类有很多种，关键是要根据卖场商品配置的出发点，不同的商品分类有着不同的作用和优缺点，在许多卖场中，商品分类并不是只按一种方法来进行的，而是多种分类方法依次进行的，而哪种分类方法优先，往往是从商品规划出发点来进行排序的。在卖场中，我们常会见到以下类型的商品分类方法。

1. 性别分类

性别分类方法是服饰卖场较为常见的一种分类方法。性别分类常分为男装、女装、童装、老年装等。当然，它的前提是卖场的商品就有性别区分，如果一个品牌或卖场本身只销售男装或女装，那就不存在性别分类了。休闲装、体育用品等在进行商品分类时，一般先进行性别分类，然后进行其他的分类。

2. 色彩分类

人们对色彩的辨别度最高，比形状的辨别度还高。和谐的色彩也最能打动顾客，引起顾客的购买欲望。因此，色彩分类法常常被女装品牌作为卖场分类的首位。

色彩分类法比较适合色彩较多并将色彩作为主要设计点的服装品牌。

卖场商品的色彩配置不仅要考虑单柜的效果，而且要考虑整个卖场的效果，要使整个卖场呈现和谐的状态。

3. 品种分类

这种分类的方式源于大批量销售，就是把相同形式的商品归属一类，如把卖场分成毛衫区、T恤区、裤区等。例如，金泓达专卖店的特点是方便顾客的挑选，并且具有可比性。店铺的管理也方便，如进行盘存、统计等工作。品种分类比较适合服装的配搭性强、款式简单、类别较多、销售量较大的品牌，如中低档的休闲装等。其弱点是色彩搭配比较难做，容易混乱，系列感不强，需要导购员进行引导，或需要在卖场中局部进行搭配陈列，以弥补不足。

4. 价格分类

将卖场的货品按价格进行分类。由于每个品牌都有其一定的价格区间，顾客选择进入你的店铺基本都能承受该品牌的价格范围，因此一般在常规的卖场中很少使用。但对于清货打折时，由于顾客对价格的敏感度增加，所以采用价格分类的方法会达到较好的效果。另外，一些以经营低价位的服装为主的品牌，由于目标顾客对价格比较敏感，也可以按价格对商品进行分类。

5. 风格分类

这种分类主要适用风格和系列较多的服装，如可以按照穿着场合的不同分类。一般可分为休闲、职业、运动等类别，这样便于顾客选购，也为顾客寻找适合前往某个场合的服装提供参考。

6. 系列分类

系列分类就是按照设计师设计的系列进行分类。按系列陈列可以加大产品的关联性，容易进行连带性的销售，适合品种较少的品牌，如西装、女装等。

7. 原料分类

按服装面料进行分类，如皮衣专柜、毛衣专柜、牛仔专柜等。这种分类方式，一般需要卖场商品中采用这种面料的商品达到一定数量，能独立陈列为一个系列，同时其面料风格或价格和其他产品相差比较大，有特殊的卖点。例如，把皮衣专柜独立陈列成系列，就是要突出皮衣高贵的感觉，在价格上形成差异；把牛仔独立成柜，不仅是突出牛仔粗犷的感觉，还因为牛仔的分类已成为传统的方式。

依原料分类不宜太细，因为很多顾客对面料的认知度很低。因此一般分成大类，然后使用其他分类法细分。

技能训练

1. 学生以学习小组为单位，以服饰专卖店为研究对象，制作某类商品配置图，并做交流展示。

2. 也可在调研的基础上，对某专卖店进行商品配置的修正（以服装为例）。

二、商品的进(补)、存货管理

任务要求

通过对任务的分析掌握订货、验货、退换货及调拨作业方面的知识，并掌握商品订货的流程；同时形成商品的进、存货管理思路。其主要环节工作内容如表 3-5 所示。

表 3-5　主要环节工作内容

工作环节	工作内容
理解任务	研究任务的需求要点
知识认知	明确进、存货的 5 个问题：专卖店对进（补）货如何管理；怎样进行专卖店调（拨）货管理；怎样进行专卖店的退货管理；商品配件如何管理；如何进行存货控制和管理
工作成果	明确商品进、存货管理的主要内容，并熟悉进、存货管理的流程

问题 1　专卖店对进（补）货如何管理？

专卖店要掌握本店商品的销售情况，如需补货，应及时向总部直营 AD 员补货并反馈。

知识拓展

AD 员，即 account director，可翻译为客户主管，在中国大多数的服装企业中叫市场督导员。AD 员是服装行业中的一个重要职位，其主要职责是充当公司与专卖店之间的桥梁与纽带，即公司的各项有关工作须通过 AD 员向专卖店传达，同时，专卖店也通过对口 AD 员向公司反馈各类信息。

（资料来源：http://baike.baidu.com/link?url=QqU7g9dVbd8cg7RuVvQBf2Uqzjhaw7k7IJ3S4gEDkcxhR8QdQSve1iOkVRNe3THcxInnpvct9laVJ3Ctm0x6YK.）

（1）控制店铺补货量的关键因素

实际工作中，控制店铺补货量（单款补货量）的关键因素有：①最近一段时间销售的数量；②每天的销售数量；③还能销售的数量；④目前店铺的库存量；⑤补货货品的出货（到达）时间。

（2）进（补）货的程序

1）店铺补货非特殊情况应尽量在上午 11:00 以前将补货单传至总部直营 AD 员处，以便所要货品能在最快时间内到店，并便于与物流中心配送处统一配货。

2）配送中心货品到店后，店长与仓库员要根据配货单清点总数，确定无误后，在配货单上签字确定，配送单白联上交财务部做账，配送黄单给店铺核对货品，红单由送货员带回留底入账。

3）店长应时时分析进销存动态，掌握店面大小、销售情况和实际要求，既不盲目补货，防止库存压货，又应避免供货不足造成商机损失。

问题 2　怎样进行专卖店调（拨）货管理？

门店之间要建立畅通的信息体系，一旦出现某款商品在一个门店库存过高的现象，就可以通过总部（门店之间）相互调货。

当专卖店之间进行调（拨）货时，要按以下程序进行：

1）货品调拨需经总部直营 AD 员批准，严禁店长私自调拨。

2）调拨时，不论调入或调出，均须仔细清点，调出需填写调拨单，一份自留，一份放于调出货品箱内，并要在袋子外面注明调往何店，以便统一输送。

3）货品调拨，均须由店长亲自操作，如店长不在，店长要让指定人员操作。如需立即发运，要在发运后立即通知对方货品到店时间。

4）商品调入或调出，调入或调出店均需在销售日报表上详细注明调入或调出店、款号、数量；若发生误差，即刻通告对方，并报公司物流部。

问题 3　怎样进行专卖店的退货管理？

1. 退货原因

1）次品退货。
2）换季退货。
3）公司调拨退回公司。

2. 退货管理

1）顾客因质量问题的次品退换货，必须由店长亲自经办。
2）店铺次品退回公司，应填写次品退货单放入箱内（或袋内）并在销售日报表上注明。

3）店里次品退回公司时，应遵守如下原则：店里能修能卖的次品尽量修复；货品在不影响第二次销售的情况下可退货；因质量问题7天内可换货，打折商品和特价商品不退换。

问题4　商品配件如何管理？

1. 赠品管理

1）店长必须如实登记赠品发放，严禁作弊私拿赠品。

2）赠品发放不得欺瞒顾客和公司。

3）赠品不得买卖。

2. 手提袋的管理

1）任何员工严禁拿取手提袋私用。

2）店铺手提袋发放注意节约。

问题5　如何进行存货控制和管理？

1. 存货的功能

1）防止断档，缩短从接受订单到送达货物的时间，确保优质服务，同时也要防止断档。

2）降低物流成本。

3）保证生产的计划性、平稳性以消除或避免销售波动的影响。

4）展示功能。

5）储备功能，在价格下降时大量储存，减少损失，以应对紧急之需。

2. 库存问题的产生原因

（1）外在因素

1）尺码多、颜色多、款式多、价位多。

2）流行变化快（款式、颜色、面料）。

3）销售季节短（生命周期30～40天）。

4）市场混乱。

（2）内在因素

1）商品订货计划不周详。

2）人员销售力不足。

3）商品陈列规划不合理。

4）物流不通畅。

5）促销的概念模糊。

6）网点结构不合理。

3. 库存问题的解决办法

（1）建立正常的库存管理流程

1）定期做出销售预测、计划，合理地进行补货（表 3-6）。

2）公司收集整理补货申请单（表 3-7），经核准后安排发货和生产。

表 3-6 店铺货品调整、补货计划表

店铺/专柜名称： 补货日期： 店长：

<table>
<tr><td rowspan="6">畅销
货品统计</td><td>货号</td><td colspan="5">色号</td><td colspan="5">尺码</td></tr>
<tr><td></td><td colspan="5"></td><td colspan="5"></td></tr>
<tr><td></td><td colspan="5"></td><td colspan="5"></td></tr>
<tr><td></td><td colspan="5"></td><td colspan="5"></td></tr>
<tr><td></td><td colspan="5"></td><td colspan="5"></td></tr>
<tr><td></td><td colspan="5"></td><td colspan="5"></td></tr>
<tr><td rowspan="6">滞销货品
调整申请</td><td>货号</td><td>色号</td><td colspan="2">尺码</td><td colspan="2">库存件数</td><td colspan="5">滞销原因分析及调整建议</td></tr>
<tr><td></td><td></td><td colspan="2"></td><td colspan="2"></td><td colspan="5"></td></tr>
<tr><td></td><td></td><td colspan="2"></td><td colspan="2"></td><td colspan="5"></td></tr>
<tr><td></td><td></td><td colspan="2"></td><td colspan="2"></td><td colspan="5"></td></tr>
<tr><td></td><td></td><td colspan="2"></td><td colspan="2"></td><td colspan="5"></td></tr>
<tr><td></td><td></td><td colspan="2"></td><td colspan="2"></td><td colspan="5"></td></tr>
<tr><td rowspan="10">补货
计划表</td><td rowspan="2">货号</td><td rowspan="2">色号</td><td colspan="7">规格/件数</td><td rowspan="2">小计件数</td><td rowspan="2">赠品补单</td></tr>
<tr><td>XS</td><td colspan="2">S</td><td>M</td><td>L</td><td>XL</td><td>XXL</td></tr>
<tr><td></td><td></td><td></td><td colspan="2"></td><td></td><td></td><td></td><td></td><td></td><td rowspan="8"></td></tr>
<tr><td></td><td></td><td></td><td colspan="2"></td><td></td><td></td><td></td><td></td><td></td></tr>
<tr><td></td><td></td><td></td><td colspan="2"></td><td></td><td></td><td></td><td></td><td></td></tr>
<tr><td></td><td></td><td></td><td colspan="2"></td><td></td><td></td><td></td><td></td><td></td></tr>
<tr><td></td><td></td><td></td><td colspan="2"></td><td></td><td></td><td></td><td></td><td></td></tr>
<tr><td></td><td></td><td></td><td colspan="2"></td><td></td><td></td><td></td><td></td><td></td></tr>
<tr><td></td><td></td><td></td><td colspan="2"></td><td></td><td></td><td></td><td></td><td></td></tr>
<tr><td></td><td></td><td></td><td colspan="2"></td><td></td><td></td><td></td><td></td><td></td></tr>
<tr><td colspan="12">要求到货日期：</td></tr>
</table>

注：① 本表用于店铺补货时使用，上传销售公司商品主管，商品主管针对补货单进行分析做相应调整、补货。

② 本表由店长每周至少提交一次，旺销期可结合库存及销售需求，适当增加补货次数。

③ 本表由店长负责保管，对上述信息严格保密，确保信息不外泄。

表 3-7　补货申请单

补货申请单						
店名						
申请时间		要求到货时间				
往来单位		补货申请人				
货号	名称	规格型号	单位	数量	单价	金额
合计						

3）日常库存监控，调整库存水平。

4）及时根据库存进行相关的促销活动策划。

（2）建立合理的安全库存

1）1.5 倍原则法。它是指最安全的存货量等于一个销售周期正常销量的 1.5 倍，按照这个原则确定每个周期的订货量。

2）ABC 分类法。占总销量 20%的商品，销售利润占总销售利润的 80%，我们把这类商品分为 A 类；占总销量 40%～60%的商品，销售利润占总利润的 15%，我们把这类商品分为 B 类；占总销量 30%～40%的商品，销售利润却只占总利润的 5%，我们把这类商品分为 C 类。这种库存管理方法相对简便，按照这种方法将商品进行 ABC 分类库存管理，在进货资金的倾斜上，在库存商品的数量、摆放上，都优先考虑 A 类商品。

3）分类安全系数法。分类安全系数法是根据店面经营实际情况将商品分成 4 种类型，而它们的安全系数不同。

① 常销品种。它的销售有一定的规律性和周期性，而且库存相对较大，比较容易掌握，建议安全库存量=订货周期平均销售量×1.2。

② 赢利品种。它的销售可以带来较高的利润，由于此类商品的消费者范围较小，因此销售速度相对较慢，而且没有规律性。为了保证销售的连续性，建议安全库存量=订货周期平均销售量×1.3。

③ 季节性品种。此类品种的销售随机性较强，而且库存相对较少，如果按照正常的销售量库存，就会造成经常性的脱销断档，因此建议安全库存量=订货周期平均销售量×1.5。

④ 新品种。首次上柜的数量应根据新品的价位，客户的销售结构、水平来确定，一般不宜过多，在 1～3 条。如果试销的效果理想，可以逐渐加大库存量。

4）存货周转法。存货周转就是依据先进先出的原则对暂时未卖出的商品进行循环。存货周转直接刺激销售，如果陈列在货架或柜台上的货物卖完了，不及时补货，就会失去许多销售机会，而存放在仓库里的商品也是无法卖出去的，失去的销售机会将不再来。存货周转包括两种类型：前线存货和后备存货。前线存货是指陈列在货架上准备出售的散装货物；后备存货是指存放在仓库内用于补货的货物。做好存货周转，应定期做柜台、货架甚至仓库里的商品的存货周转，将里面剩余的商品拿出来，将新货放进去，然后再将拿出的商品摆放在外面，保证随手可拿到的卖给消费者的商品品质优良。

4. 加强日常库存监控

1）店长应该及时将店铺全盘货品进行分析。

2）及时将库存货品整理出来，张贴相关信息（款号、面料、颜色、主要款式特点、价格），让所有人员熟悉。

3）到其他店铺了解其货品情况，收集信息。

4）认真审核每次的补货申请单，提前做好相关补货的准备。

技能训练

利用实训室的模拟软件，复习订货、进货、收货与退换货的模拟操作的知识。

三、商品陈列管理

任务要求

通过对任务的分析，清楚商品陈列的主要工具、知道如何按照总部标准进行商品陈列操作，并完成卖场商品陈列的维护。其主要环节工作内容如表 3-8 所示。

表 3-8　主要环节工作内容

工作环节	工作内容
理解任务	研究任务的需求要点
知识认知	明确商品陈列管理的 4 个问题：怎样对专卖店商品陈列的工具进行管理；商品陈列的原则是什么；专卖店商品陈列方法是什么；商品陈列检查要点是什么
工作成果	能按商品陈列方法在陈列工具上陈列商品，并能对商品陈列进行检查与控制

问题 1　怎样对专卖店商品陈列的工具进行管理？

（一）陈列架管理

陈列架是布置、美化店内墙壁的重要用具。

图 3-4　商品凹面陈列

陈列架有的是凹面陈列（图 3-4），便于顾客参观商品；有的陈列架是特制的，高度和宽度同商店的空间和商品的尺寸大小相一致，放置同陈列架幅度相同的商品。小商品不宜放置在陈列架里边，为使顾客容易看到小商品，应放置在前面。由于陈列架很高，上面陈列的商品以顾客用手够到为好，所以商品最好放在 160 厘米以下。如果是名牌商品，放置的高度以店员的手够得到的范围为好。

店堂很深的商店，墙壁面如果全部用陈列架陈列，就会显得过分单调。商店里边的角落可以作为舞台、陈列模型、特设营业室使用。

（二）橱柜管理

1. 橱柜的类型

1）标准型，其规格为高 90 厘米，宽 45～60 厘米，长 90～180 厘米。

2）高长型，其一般规格为高 160～190 厘米，宽 45～60 厘米，长 180 厘米，是较理想的展示设备之一。

3）低矮型，一般用来展示进口香水、皮包、皮带、金银饰品等贵重商品。

4）柜台型，常见的样式是高 80 厘米，宽 40～60 厘米，长 90～180 厘米。另外还有一种壁面橱柜，它搭设在墙壁上，用板架作为格状，对于商品种类的区分与陈列，具有一目了然的作用。

2. 橱柜陈列的种类

窗型橱柜（图 3-5）也就是立体橱柜，兼具橱窗和柜台的功能。

图 3-5 窗型橱柜

柜台型橱柜是最为普遍的橱柜型，现制品高度为 90～100 厘米，以两片隔板隔成三段陈列。

岛型橱柜店面或店内较宽空间处，独立放置岛型橱柜，从任何方向皆可看见柜中的商品，低视线设计和立体橱柜同样，也由视点高的柜子和低视线型的柜子组合成二段式方法。

（三）特价台管理

特价台是为了刺激顾客的需求欲望而设置的。因而，应当把最能刺激顾客的商品陈列在特价台容易取放的地方，使顾客止步，达到诱导顾客进店买东西的目的。因而，根据销售方针，廉价甩卖商品要单设一个地方放置；诱人的商品放置在一个地方；季节性商品和时兴商品放在另一个地方。这样可使整个商店繁华、活跃起来，就会引起顾客购买的冲动。所以要考虑特价台的形状和大小，要讲求实用。

特价台是占商店最重要的地方的陈列台。特价台的大小要按照通路的宽窄来决定，最好是能够自由移动，不妨碍营业；也可以用分区、分片式的，几个台轮换摆放，这样既可以变换商店模样，又不会浪费空间。柜台的高度要便于顾客自由地选择商品，最低 65 厘米，最高 90 厘米左右为好，如果太高就看不到店内了。

（四）模特展示管理

商店除了吊挂展示和货架摆放展示等，还可采用模特展示（图3-6），一般由假人模特展示。大多数时装以采用模特直接向消费者展示的方法销售。人们看到漂亮的展示，就会误认为自己穿上也是同样漂亮，这是一种无法抗拒的心理。

图3-6　模特展示商品

所以，使用模特展示商品时，要强调应季与时尚。

总之，专卖店陈列用具管理上要注意以下几点：

1）必须同商品性质、形状、颜色相符合。

2）不要在商店的入门处陈列大柜台或高柜台。

3）陈列用具的摆放不能影响通道。

4）陈列用具应该注意多样化，要有高低、大小等各种式样的。

5）陈列用具不应过多。

问题2　商品陈列的原则是什么？

1. 显眼

服饰可利用漂亮的配色，给顾客引人注目、显眼的印象。

2. 易选择和拿取

容易选择和拿取，如果顾客没有用手拿起商品确认，没有用手去体验其质感，就不容易实现销售。

3. 提高新鲜度

陈列应有丰富的新鲜度，如明确的“主题性”（情人节、中秋节）或“季节性”陈列，具有刺激并有感染力，令人过目不忘。

4. 提高价值

整洁一尘不染的商品、熨烫得没有一丝褶皱的服装，是提高商品价值最好的方法，能够让顾客赏心悦目地购物是陈列最基本的原则。

5. 最低陈列量原则

考虑陈列数量时，要以各商品的“最低陈列量”为前提。陈列要有一定的数量，这样才易激发顾客的购买欲，从而达到销售商品的目的。

问题 3 专卖店商品陈列方法是什么？

1. 商品陈列要符合品牌的形象和感观

商品陈列不能一概而论，要符合品牌的形象和感观，即便一根小小的领带，怎么摆放，也有一定之规。例如，GH 的领带是卷成圈摆放在一个个小方格内；BOSS 的领带一定是挂在架子上卖的；JOOP 的领带却似乎是随意地铺在工作台上，原因是它们必须符合品牌的经营风格：GH 以正装为主，领带中规中矩地摆放，传递的是正装的一丝不苟；BOSS、JOOP 是休闲类品牌，领带挂着卖、铺着卖，体现的就是那一份闲适。另外，很多人有一种误解，以为移植国际品牌专卖店的陈列就可以取得好的效果，而忽视了品牌形象与品牌个性之间的不同，移植的陈列就会显得不伦不类。例如，世界知名的家居专卖店——宜家提倡一种生活化的经营，体现在产品陈列上会比较人性化、温情化、轻松自在。在宜家家居的烹饪用品区，你会看到一张餐桌、几把竹椅，餐桌上摆放着高脚玻璃杯、咖啡壶、闪闪发亮的刀叉、精美的瓷盘，以及鲜花和果蔬。宜家还会通过陈列尽可能让顾客体验，“桑德伯”沙发、“高利可斯达”餐椅的展示处还特意提示顾客：“请坐上去，感觉一下是多么舒服！”如果一般的家具专卖店不分析宜家的品牌内涵与自身的差异，将宜家的产品陈列方式进行“囫囵吞枣”般的抄袭，必定无法取得好的效果。专卖店以服务、品牌作为主要竞争手法，专卖店传播品牌必须使陈列与品牌的整体形象吻合。

2. 商品的陈列要醒目，便于顾客选购

商品的摆放应力求醒目突出，以便迅速引起消费者的注意。至于醒目的理解各有不同，以下是实现“陈列醒目”的几个方法。

1）合理确定摆放高度。消费者走进商店会无意识地环视陈列商品，通常无意识的展望高度是 0.7～1.7 米。同视觉轴大约 30° 角上的商品最容易让人清晰感知，60° 角范围内的商品次之。在 1 米的距离内，视觉范围平均宽度为 1.64 米；在 2 米的距离内，视觉范围达 3.3 米；在 5 米的距离内，视觉范围为 8.2 米；到 8 米的距离内，视觉范围就扩大到 16.4 米。因此，商品摆放高度要根据商品的大小和消费者的视线、视角来综合考虑。一般来说，摆放高度应以 1～1.7 米为宜，与消费者的距离为 2～5 米，视场宽度保持在 3.3～8.2 米。在这个范围内摆放，可以提高商品的能视度，使消费者清晰地感知商品形象。

2）保持商品量感。所谓量感，是指陈列的商品数量要充足，给消费者以丰满、丰富的印象。量感可以使消费者产生有充分挑选余地的心理感受，进而激发购买欲望。这样，就要求合理确定库存、架存的关系，并及时补充架存商品。

3）突出商品特点。商品的功能和特点是消费者关注并产生兴趣的集中点。将商品独有的优良性能、质量、款式、造型、包装等特殊性在陈列中凸显出来，可以有效地刺激消费者的购买欲望。例如，把款式新颖的商品摆放在最能吸引消费者视线的位置；把名牌和流行性商品摆放在显要位置，都可以起到促进消费者购买的心理效应。

3. 商品的陈列要有相关性

具有相关性的商品陈列对于商品销售的促进作用是十分明显的。例如，有的专卖店在主打服装商品时，还陈列了相应的服饰、围巾、皮包等（图 3-7）。相关性的商品陈列，起到了促进商品销售的目的。

图 3-7　商品的相关性陈列

4. 商品的陈列要美观大方，富有艺术感

在某些床上用品专卖店，我们会发现产品并不都是死板地放在床上，而是会用种种有趣的形式来吸引顾客，如将床单稍加改动穿在模特身上作为时装。通过商品组合的艺术造型进行陈列，使得整个专卖店富有美感。由于各种商品都有其独特的审美特征，可以采用直线式、形象式、艺术字式、单双层式、多层式、均衡式、斜坡式等多种方式进行组合摆放，赋予商品陈列以高雅的艺术品位和强烈的艺术魅力，从而对消费者产生强大吸引力。当然，美感的建立也需要与自身的需求相吻合。落地陈列和高档陈列是两种不同美感的陈列方式，从美感角度来看，用豪华的货架和灯光处理的方法制造的“高档陈列”当然感觉更好；但落地陈列可以给顾客一种便宜的感觉，能够刺激顾客的购买欲望，开展促销活动时就需要落地陈列。

5. 商品的陈列要适应季节的变化

服装的产品属于季节性很强的商品，应随季节的变化不断调整陈列方式和色调，尽量减少店内环境与自然环境的反差，这样不仅可以促进季节商品的销售，而且使消费者产生与自然环境和谐一致、愉悦顺畅的心理感受，这在时装产品上体现得尤为明显。季节性商品的陈列应在季节来临之前开始，商店应了解顾客的潜在需要，根据季节的变化来改变商品的陈列，否则将丧失适时销售的良机。

案 例

某专卖店展示陈列规范操作

1. 西服区

袖管——顺直、无褶皱现象；领部——圆顺、领圈平整；平均每根挂衣杆上最多挂12件衣服，每件要有一定的间隔，建议挂8～10件。正面出样的服装必须双户对称无歪斜现象。吊牌宜吊挂在第一粒纽扣上，为保持正面出样的全面，吊牌必须藏在左片服装里面。

2. 西裤区

1）西裤叠放必须整齐，平放三折叠长度为60厘米，3件起叠放，形成一定厚度。

2）色彩必须深浅间隔交错排列，给人以品类丰富且舒适、有条理的感觉。

3）悬挂陈列的西裤，每个裤钩必须间隔3厘米，每根衣杆最多可悬挂40条。

3. 衬衫区

1）标价码一律放在左胸口。

2）衬衫吊牌摆放位置统一竖直向下。

3）为强调表面的质感，建议将衬衫透明盖取下。

4）摆放正反相错，以保持平整（平放）。

4. 领带区

1）领带的佩戴与打法多伴随时间、季节的变化，其打法也随个人的喜好并无定法、规则。

2）领带摆放：①平放式要求摆放整齐，长度规定在对折后50厘米，第二条要有3厘米的重叠。②悬挂式长度在20厘米，色彩搭配体现可变性，或同一系列放在一起或同一暖色系列放在一起，或相同质地面料的放在一起，总之排列必须美观丰富。

5. 模特出样

1）模特出样要以人为本（如衬衫扣系满、裤角收好），注意系列搭配完整（如不可省略皮带）。

2）模特出样生动吸引顾客，以形成卖点。

3）模特出样注意尺码合适，且熨烫整齐，裤形束紧，裤缝线突出、绷直。

4）模特出样一般要求一至两周更换一次，注重新产品的推出，服饰色彩搭配符合季节要求。

6. 挂装标准

1）每款服饰应同时连续邻挂2～3件。

2）挂装尺码序列应为自前向后、自外向内，按由小码至大码排列。

3）挂装色彩渐变从外向内、从前向后，按由浅至深、由明至暗排列。

4）避免滞销品的挂装展示，可适当配衬衣挂示，以形成趣味互补和卖点联想，并显示格调故事。

5）同类、同系列货品应首先计划在同一展示区域内。

6）同一挂通和挂钩上每一挂装间距为2.6厘米。

7）当套装搭配衬衣展示时，一般将其中长裤侧面夹挂，裤口留出上装下摆至少20厘米。

8）服饰挂装时，距离地面高度不得小于10厘米。

（资料来源：http://www.docin.com/p-219366928.html.）

问题 4 商品陈列检查要点是什么？

1. 橱柜陈列的检查要点

1）橱柜中陈列的商品，是否干净整齐、醒目。

2）是否将陈列的衣服或杂货之类的样本放在橱柜里。

3）橱柜上、中、下段的陈列是否以商品的流动率来排列。

4）柜中的商品，是否依商品的淡旺季来改变陈列。

5）是否运用适合商品陈列的补助器材，照明是否使商品显眼，其衬托的位置、角度如何。

2. 特价台的检查重点

1）是否明确表示出特价品的有效时期。

2）商店特价品的价格，是否能引起顾客注意。

3）特价台应是临时性的台子。

3. 商品陈列检查要点

1）专卖店商品陈列管理的具体方式为由公司陈列部集中出样，时时监控和店铺陈列的现场调整相结合的方式。

2）新货到店后须马上出样（卖场模特、橱窗、货架）悬挂或叠放。

3）模特出样一般 3 天更换一次，注重新产品的推出，服饰色彩搭配符合季节要求。

4）出样商品要注意尺码合适，且熨烫整齐。

5）出样要以人为本，注意系列搭配完整性。

6）防止某些货品因出样时间长，在阳光、灯光照射下变色，留痕。

7）保持店铺卖场新鲜新意。

技能训练

在实训室，进行服装与服饰的陈列。

四、商品的盘点

任务要求

掌握盘点的方法和盘点的作业流程，并领会盘点作业的注意事项。其主要环节工作内容如表 3-9 所示。

表 3-9 主要环节工作内容

工作环节	工作内容
理解任务	研究任务的需求要点
知识认知	明确盘点的 3 个问题：如何进行盘点管理；盘点的作业流程是什么；盘点作业的注意事项是什么
工作成果	能对专卖店的某一部门中的分类商品进行盘点。或对实训基地的某专卖店服装商品进行盘点，并填写盘点表

问题 1 如何进行盘点管理？

1）每月月底营业结束时，进行商品盘点，第二天将盘点表上交总部，盘点时应认真、仔细、严肃。

2）店长应对个别商品进行不定期抽样盘点。

3）营业部经理巡店时也将随时进行抽样盘点。

4）盘点时店长做好人员分配，最好两人一组，一人盘点，一人记录，并划分区域，以求盘点的准确性。

5）盘点时的数字书写，要注意正确性及清晰性，以利于盘点后的汇总工作。

6）货品盘点溢缺的原因包括偷盗、盘点不准、赠品处理不当、做账错误等。

7）店长应深刻理解有关盘点的重要性和必要性。

问题 2 盘点的作业流程是什么？

盘点的作业流程如图 3-8 所示。

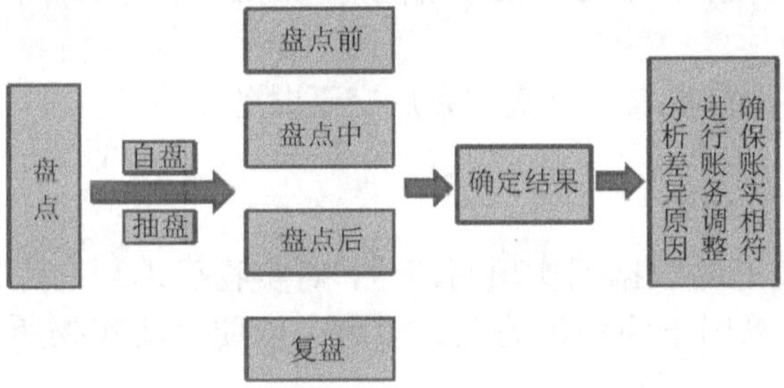

图 3-8 盘点的作业流程

1. 盘点前

1）确认销售单（专卖店及时录入系统）、到货单、调拨单账务处理完毕，并且准确无误。

2）整理好退库单（实物已退至仓库但未验收）、封箱明细单。

3）将所有的货品按性别、大类、小类、SKU 归类整理。

4）特殊账务（团购、签单）要有留档及签字。

5）召开盘点前小组会议，安排盘点具体分工，要注意新老员工的搭配。

2. 盘点中

1）所有的货品都要盘点，根据实物盘点，见物盘物。

2）盘点表上写明日期、款号、件数、尺码。

3）初盘、复盘人签名留底。

4）盘点表不允许涂改，盘点中发现错盘、漏盘等需更正的数字，用“+”“-”进行更正。

5）盘点中发现盘点表中没有的货品单独放置，并手工记录。

6）盘点中发现特殊货品（无吊牌、残品）应单独标注及放置。

7）先盘卖场，再盘后仓，见物盘物。不得跨区寻找同类商品，遵循以板墙及货架为单位从左到右、从上到下的原则，避免漏盘、错盘、重盘。

3. 盘点后

1）整理盘点资料：将盘点资料全部收回，并检查盘点人员及门店负责人是否签字。

2）将确认后的盘点结果以邮件形式发送给盘点小组，纸质盘点表于月终交财务留档。

3）盘点后应根据实际库存做账务处理，在 EPOST 系统中调账时必须备注为“盘点调账”，不可只模糊备注为“调账”，调账后不可再出现账实不符现象。

财务要求，自盘表于月底结束后交至财务处。

4. 复盘

1）盘点表上的数据据实填写清楚，对实物已退至仓库或在别处门店存放的物品可以用不同颜色的笔迹标出，以便分清实物所处位置，减少复盘概率。

2）确认盘点结果。

案　例

某专卖店 POS 系统盘点操作流程

1）单击“盘点”→“录入盘点表”按钮，进入盘点录入界面。

2）将货品分成不同区域，最好每个区域货品在 50～80，这样盘点货品有错误时，比较容易找到错误条码货品，最差情况下重新盘点这部分货品就可以解决问题了。

3）每笔盘点单都从单击“新增”按钮开始，在“备注”区说明该次盘点货品分区。

4）扫描货品。

5）货品扫描完成，单击“导出”按钮可以将盘点资料导出为文本文件；单击“存盘”按钮可以保存在本地数据库。

6）保存成功以后，单击“上传”按钮，将盘点数据上传给公司。

7）通过盘点界面的查询，可以看到所有盘点单，并显示这些盘点单是否上传了。

（资料来源：http://www.suctone.com/2423.html.）

问题 3 盘点作业的注意事项是什么？

（一）盘点作业的注意事项

1. 在线盘点和离线盘点的差别

在线盘点和离线盘点通过业务参数“离线操作”来控制，true 代表离线盘点，false 代表在线盘点。离线盘点存盘时只检查条码长度是否正确，在线盘点存盘时要检查条码所有信息都要正确，包括款式、颜色和尺码等。在线盘点如果条码不正确，将不能保存通过，对无法知道正确条码的货品，先放在一边最后统一处理。

因为在线盘点检查的内容比较多，为了避免保存时死机需要重新盘点，在线盘点保存前，先导出盘点资料，如果死机，可以新增加盘点单，将导出的资料重新导入，避免重新盘点。

2. 盘点单据修改删除

盘点上传以前，盘点数据可以修改，上传成功以后的盘点数据不能再修改。如果要修改已上传数据，只能将原来盘点数据导出，再导入新的盘点单中。

盘点数据修改，可以直接在盘点条码上修改，双击条码，也可以删除盘点单中该条码。

如果要删除整张盘点单，在盘点查询中先找到该盘点单，然后选择整单删除即可。已经上传的盘点单删除后也需要通知总部删除该盘点单。

3. 盘点结束核对

盘点结束以后，先检查自己这次盘点共有多少张盘点单及每张盘点单数量，如果都正确，通知总部检查核对。总部检查收到的盘点总数量，如果和店铺一致，并且条码拆分都正确，店铺盘点才真正完成。

案 例

某专卖店盘点表如表 3-10 所示。

表 3-10 盘点表

截至 20××年××月××日××××店库存盘点明细表													
款号	单价	颜色	账面数量	实盘数量		备注	款号	单价	颜色	账面数量	实盘数量		备注
				卖场	后仓						卖场	后仓	
ABAF045-2	649	黑/冷灰	6				ALCF251-2	339	黑/湖人	19			
ABAF061-2	649	白/黑/绿	9				ALCF251-3	339	深石棕	8			
ABPF063-1	469	黑/蕨绿	20				ALCF261-2	319	黑/白	7			
ABPF063-3	469	黑白/银	3				ALCF261-3	319	白/褐灰	7			
ABPF069-1	399	白/深海	1				ALCF265-2	339	白/深海	8			
ABPF069-2	399	黑/熔岩	3				ALCF265-3	339	黑/白	8			
ABPF073-2	369	黑/白/绿	5				ALCF269-3	399	黑/深蓝	8			

（二）盘点中造成差异的原因

1）模特是否漏盘。

2）以吊牌为主，是否有近似款叠放在一起。

3）货架缝隙间是否有滑落货品。

4）情侣款及颜色、男女近似款是否区分开。

5）盘点期间的销售是否登记。

6）脏品打理后，吊牌是否安装错误。

7）是否有过账失败的单据，导致库存不准。

8）调拨是否准确（及时发送），是否有错误销售单据。

9）顾客换货收银不及时调账。

10）仓库货品摆放混乱，同款不集中。

技能训练

要求学生掌握盘点技能，并能准确填写盘点表（表 3-11）。

表 3-11　服装专卖店盘点表

年　　月　　日

款号	颜色	单价	账面数量	卖场实盘数量							后仓实盘数量							备注
				33	34	35	36	37	38	特殊码备注	33	34	35	36	37	38	特殊码备注	
				39	40	41	42	43	44		39	40	41	42	43	44		
				S	M	L	XL	2XL	3XL		S	M	L	XL	2XL	3XL		

盘点人：　　　　　　　　　　　　　　　　　　　　　　　　　　店长：

同步训练题库

一、填空题

1. 服饰商品配置规划是从______和______的角度出发，根据服饰商品规划信息和店铺的其他营销活动，对商品在卖场的位置以及在货架上的排面进行最有效的分配与规划。

2. 门店之间要建立畅通的信息体系，一旦某款商品在一个门店出现______现象，这时可以______相互调货。

3. 专卖店商品陈列的工具有______、______、______、______。

4. 盘点时店长做好人员分配，最好______人一组，__________，并划分区域，以求盘点的准确性。

5. 盘点的作业流程是____。

二、单选题

1. 常常被女装品牌视为卖场分类标准首位的是（　　）。
   A. 性别分类　　B. 品种分类
   C. 色彩分类　　D. 价格分类
2. 库存问题的解决办法之一，是及时根据库存进行相关的（　　）。
   A. 促销策划工作　　B. 退货工作
   C. 调拨工作　　D. 补货工作
3. （　　）是布置、美化店内墙壁的重要用具。
   A. 陈列架　　B. 橱柜　　C. 特价台　　D. 模特
4. 专卖店不要在商店的入门处陈列（　　）。
   A. 低柜台　　B. 大柜台或高柜台
   C. 中柜台　　D. 模特
5. 特价台除标明价格外，还要明确表示出特价品的（　　）。
   A. 高利润商品　　B. 低利润商品
   C. 有效时期　　D. 滞销品
6. 专卖店商品摆放高度，一般应以（　　）米为宜。
   A. 1.7～2.7　　B. 1.5～1.7　　C. 1～2　　D. 1～1.7

三、多选题

1. 专卖店，卖场商品配置规划工作的主要内容归纳为（　　）。
   A. 对卖场的商品进行分类
   B. 对各分类中的商品在卖场中的位置进行分配与规划
   C. 对各种商品在货架上的位置与陈列形态进行分配与规划
   D. 对各种商品的款式进行分配与规划
2. 实际工作中，控制店铺补货量（单款补货量）的关键因素是（　　）。
   A. 最近一段时间销售的数量　　B. 每天的销售数量
   C. 还能销售的数量　　D. 目前店铺的库存量
   E. 补货货品的出货（到达）时间
3. 风格分类可以按照穿着场合的不同分类，一般可分为（　　）。
   A. 休闲类别　　B. 季节类别
   C. 运动类别　　D. 职业类别
4. 退货原因包括（　　）。
   A. 次品退货　　B. 换季退货
   C. 发货迟退货　　D. 公司调拨退回公司

5. 存货的功能包括（　　）。
   A. 防止断档，缩短从接受订单到送达货物的时间，确保优质服务
   B. 降低物流成本
   C. 保证生产的计划性，平稳性以消除或避免销售波动的影响
   D. 展示功能
   E. 储备功能

四、判断题

1. 货品调拨需经总部直营 AD 员批准，严禁店长私自调拨。（　　）
2. 赠品也可以买卖。（　　）
3. 商品陈列要符合品牌的形象和感观。（　　）
4. 橱柜上、中、下段的陈列是以商品的流动率来排列的。（　　）
5. 特价台应是长久性的台子。（　　）

参考答案 3-1

任务二　专卖店现场服务管理

引导问题

营业员良好的接待和有效的服务流程是实现顾客满意的重要工具，也是专卖店服务形象的直接体现，营业员语言技巧的掌握不仅能增强顾客的满意度，也利于提升连锁专卖店的美誉度。连锁门店员工要有正确的顾客服务意识，有效地防止及排除与顾客的冲突，掌握处理顾客投诉的技巧，这是连锁门店实现优质服务的保证。那么，营业员应如何接待顾客和处理投诉？

学习内容　本任务主要包括专卖店工作人员职责、营业员接待顾客的步骤、营业员销售语言的技巧、营业员与顾客冲突的防止与排除、投诉处理方法——“CLEAR”方法的内容。

学习目标　掌握专卖店营业员现场服务的技能，如营业员接待顾客的步骤、营业员销售语言技巧、营业员与顾客冲突的预防措施，并掌握处理客户投诉的技巧。

学习重点

1. 专卖店人员职责。
2. 营业员接待流程。
3. 防止和排除与顾客的冲突。

学习难点　顾客投诉的处理技巧。

任务描述

本任务为专卖店现场服务任务，具体内容为：各专卖店工作人员清楚自己的工作职责，营业员要熟悉接待流程，掌握销售语言艺术，要防止和排除与顾客的冲突，能处理好顾客的投诉。

工作步骤

本任务的工作步骤见表 3-12。

表 3-12 工作步骤

序号	项目	工作内容
一	专卖店工作人员职责的认知	①营业员职责认知；②收银员职责认知；③店长助理职责认知；④店长职责认知
二	营业员接待顾客的步骤	①等待时机；②出示商品并对商品进行说明；③建议顾客购买的方法、销售结束
三	营业员销售语言技巧	①询问的技巧；②回答的技巧；③送别的语言技巧
四	营业员与顾客冲突的防止与排除	①如何防止营业员与顾客产生冲突；②如何排除营业员与顾客的冲突
五	投诉处理技巧——“CLEAR”方法	①“CLEAR”方法的内容是什么；②如何运用“CLEAR”方法

成果预期

本任务完成后，学生应清楚专卖店的工作人员的工作职责、接待流程，知道如何避免、防止和排除与顾客的冲突，掌握处理客户投诉的技巧。学生需完成下面成果评价表（表 3-13）的内容。

表 3-13 成果评价表

考评点	分值	得分
专卖店工作人员职责	10	
营业员接待流程	15	
营业员语言技巧	15	
防止和排除与顾客的冲突	15	
处理客户投诉技巧	30	
投诉管理	15	
合计	100	

工作内容

一、专卖店工作人员职责的认知

任务要求

通过对任务的分析掌握专卖店工作人员的工作职责，其主要环节工作内容如表 3-14 所示。

表 3-14 主要环节工作内容

工作环节	工作内容
理解任务	研究任务的需求要点
知识认知	明确专卖店工作人员的工作职责的 4 个问题：营业员的职责是什么；收银员的职责是什么；店长的职责是什么；店长助理的职责是什么
工作成果	明确并清楚专卖店工作人员的职责

问题 1　营业员的职责是什么？

营业员处于销售的最前线，是从事终端卖场的工作的，直接与商场客户面对面接触，在工作环境和工作压力上都存在着较大的挑战。所以，要求营业员清楚自己的职责，营业员的职责如下：

1）严格执行卖场服务规范，做到仪容端庄、仪表整洁、礼貌待客、诚实服务，严格遵守各项服务标准。

2）迎宾：面带微笑、目光接触、主动打招呼、声音适度。

3）服务：热情、大方接待顾客，通过各种方式满足顾客需要，说服顾客购买店内或专柜的产品，同时宣传公司与品牌形象。

4）卫生：将货区打扫干净并保持，日常工作中能及时清理卖场内脏乱物品。

5）服从：服从店长/店助的各项工作安排，各岗位之间能互相配合，以集体利益为中心。

6）及时整理卖场陈列，补货及时。

7）留意顾客提出的意见或公司未能提供的货品，并及时向有关部门反馈信息。

8）旺场时，导购必须主动走位及补位，不可有空档位置没有导购照应。

9）纪律：自觉遵守公司各项规章制度及员工守则，同事之间能友好相处，不出现吵架事件，店内不可喧哗、聊天。

10）积极并及时反馈同类竞争品的市场管理。

11）热情地接待投诉顾客，耐心地处理投诉，做到双方都满意。如投诉事件急需处理而超越员工本身职权时，应立即通知部门主管处理。

12）主动向顾客介绍售后服务内容及一般保养方法，并进行附加推销。

问题 2　收银员的职责是什么？

收银员指商场给顾客结账的雇员。收银员职位要求：为人诚实，责任心强，熟练使用办公软件及收银相关设备；具有较强的学习和沟通能力；使用收银机辅助工作。收银员的职责如下：

1）熟悉收银员的应对用语、应对态度、应对方法等待客之道。

2）适宜的仪容、仪表，亲切待客，永远保持笑容。

3）熟练收银操作、货品价格、开发票等。

4）熟悉促销商品的价格及促销内容。

5）坚持唱收、唱付，准确迅速点收货款。

6）做好现金安全管理工作。妥善保管好营业款，在规定时间内解款，确保货款安全。

7）做好记账、报账、对账工作，做到账证相符、账款相符、账物相符、账账相符。

8）做到经常检查、保养收银工具。

问题 3　店长的职责是什么？

店长是门店的最高负责人员，其职责包括货品管理、员工管理、安全管理、日常管理、投诉管理、促销活动管理。店长日常管理的内容如下：

1）执行、落实公司制定的各项制度与要求，以身作则；及时接受公司新信息，并将信息传达给每位员工。

2）主持每天的早会，布置当天的销售目标，激励店员完成任务。

3）负责专卖店或专柜的日常事务（包括出勤记录、排班表、周工作报表、日工作报表、进出货票据的整理、每日业绩报表、退货报表等）人员及营业等各项管理工作，及时解决问题。

4）维护专卖店或专柜的清洁、卫生，以及陈列道具的管理。

5）将公司下达的工作或任务加以安排，合理分配给员工，使其努力完成销售任务及各项指标。

6）不断思考如何改善现行店内的作业方法，使其更有效率，能让员工省却不必要的时间或体力并能达成目标。

7）建立顾客档案（姓名、联系电话、地址、采购商品、采购时间、还需要的货品等）。及时将公司活动信息传达给顾客，与顾客建立长久关系，顾客档案的建立是店长必行的日常作业。

8）各专柜柜长必须做好与商场管理人员的沟通，及时反映所在商场相关信息，如商场活动和促销信息、销售信息等同行业的销售状况。

9）对新应聘的员工，应安排熟练人手照应，保持店内人际关系良好。

10）同类竞争品牌信息的反馈，包括商品结构，价格，新品上市，经营方针，平时的来客数、成交率，节假日的来客数、成交率，促销活动内容，业绩等，并提出针对性的建议。

11）针对本店特点对员工进行一系列的在职培训（业务知识、服务心态、销售技巧等）。

12）热情接待政府各部门的工作检查，了解情况后及时联系公司有关部门解决。

13）每周上交本周意见反馈表（工作总结）的销售周报表。

14）店（柜）长于每月 26 日将下月排班表交给业务主管。

15）运用资料监察每月的销售指标，留意店铺的销售金额与各指标的差距。

问题 4　店长助理的职责是什么？

店长助理要全面协助店长处理店内事务，全面整合各方面资源，提高销售业绩，并在店长不在的情况下保证店面的正常运作，担负起店长的责任。店长助理的职责如下：

1）协调新进员工，对其进行工作指导。

2）维护店面形象，包括环境外观管理、商品陈列管理及顾客关系的建立和维护。

3）商品管理，如订货管理、库存管理、盘损控制。

4）营业管理报表制作，各项业务营业管理报表作业（现金日报表、盘点报表等）。

5）对导购员的管理、卖场氛围的营造、与员工的沟通。

6）准备会议及简报。

7）危机处理。

8）协助店长处理店内的日常事务，如监察导购员的工作表现，货品陈列及补充，指导新招聘员工，加强员工和公司的沟通。店长外出时，店长助理应担负店长一切职责。

技能训练

学生以小组为单位进行早会演练，其中一名学生主持当天的早会，布置当天的销售目标与要求。

二、营业员接待顾客的步骤

任务要求

通过对任务的分析掌握专卖店工作人员的工作职责。其主要环节工作内容如表3-15所示。

表3-15　主要环节工作内容

工作环节	工作内容
理解任务	研究任务的需求要点
知识认知	明确营业员接待顾客步骤的5个问题：如何等待时机；营业员出示商品的方法是什么；如何对商品进行说明；建议顾客购买的方法是什么；结束销售时应做好的工作是什么
工作成果	明确营业员接待顾客的步骤，并形成接待顾客的思路

根据顾客购物过程中心理状态的变化，营业员要采取适当的步骤和方法做好销售接待工作。

问题1　如何等待时机？

顾客进店走进柜台或货架时，营业员要注意找机会同顾客接触搭话。首先要仔细观察和判断顾客走近柜台或货架的意图（是随意观看，还是欲购商品），有无某种商品已引起顾客的注意。这时营业员要端庄、自然地站在自己负责的商品地段内，而不能心不在焉、左顾右盼。如果能主动为顾客提供帮助，就可能促成一笔交易，而不与顾客接触搭话，就会丧失一次交易的机会。

1. 接触搭话的最佳时机

接触搭话就是主动接近顾客，并掌握恰当的时机和善地与顾客打招呼。打招呼的最佳时机是在顾客由发现商品到观察了解之间。若搭话过早会引起顾客的戒心，甚至由于不好意思而离开柜台。接触搭话的最佳时机为：①当顾客较长时间凝视某个商品时；②当顾客把头从观察的商品上抬起来时；③当顾客走近柜台停步用眼睛看某种商品时；④当顾客走近柜台寻找某种商品时；⑤当顾客把脸转向营业员时。

这些机会意味着顾客对某种商品有了购买欲望，或希望得到营业员的帮助。此时营业员可通过接触搭话唤起顾客的注意，或使顾客从无意识注意转向有意识注意，以加深对商品的印象。

2. 与顾客接触搭话的方法

（1）打招呼法

打招呼法适用于随意浏览的顾客和因忙于接待别的顾客而暂时无暇顾及的顾客。当顾客走近柜台或货架随意观察商品时，通过打招呼问好，让顾客感觉到营业员对自己的到来表示欢迎，并正在随时准备为自己服务。当营业员正忙于接待一位顾客时，可向另一位刚到的顾客打招呼问好，避免这位顾客产生被冷落的感觉而离去。

（2）介绍商品法

介绍商品法适用于正注意观察某种商品的顾客。营业员这时应简明扼要地介绍商品的优点以引起顾客的购物兴趣，这时顾客一般不会说“我只是看看”，营业员就获得了一个推销商品的好机会。这就要求营业员应有较宽的商品知识面，了解商品的主要特色，并能将这些特色与顾客的实际需求联系起来。当商品的特色同顾客的需要相符时，这种方法的效果就最明显。运用这种方法，还会使顾客把营业员当作经验丰富的专家而乐意接受其帮助。

（3）服务性接近法

服务性接近法适用于那些明确表明要购物的顾客，特别是那些急于购物的顾客。此时，可直接询问顾客要买什么商品。但是这种方法要慎用，因为一般情况下，这种方法的运用总是会得到顾客消极的反应，所以此种销售方法的成交额一般很少。

专卖店的营业员只有通过接触搭话设法了解顾客的兴趣、意图后，并指出该商品能满足其兴趣，才能使顾客的兴趣得到发展，促其产生一定的联想，进而购买商品。营业员在实际工作中一定要注意观察和学习，才能熟练地掌握与顾客进行接触的最佳时机和最好方法。

问题 2　营业员出示商品的方法是什么？

当顾客明确表示对某种商品感兴趣时，营业员立即取出商品送到顾客手中，以促进其产生联想，刺激顾客的购物欲望。营业员与顾客搭话以后，应尽快出示商品，使顾客有事可做，有东西可看，有引起兴趣、产生联想的对象。要使出示的商品达到出示目的，需要注意运用一些技巧和方法。

1. 示范法

示范就是商品的演示，这是消除顾客偏见的最好方法。由于商品的特有属性，营业员可以通过自身的佩戴或顾客试戴来演示商品，促使顾客下决心购买该商品。

2. 感知法

感知就是尽可能地让顾客触摸商品，使顾客实际感知商品的优点，消除顾客的疑虑。

3. 多种类出示法

多种类出示法适用于顾客对具体购买某种商品无一定主见时，营业员可出示几种性能相近或价格相近的商品供其选择。但并不是出示的商品越多效果越好，有时出示商品过多，会将顾客思想搞乱，无所适从，最终只好放弃购物。应该注意的是，这时顾客非常需要营业员的帮助和指导，营业员切不能消极地等待顾客选择，应当在顾客观看商品后，将其不再感兴趣的商品迅速拿开，使顾客将注意力集中到某一种商品上，从而做出选择。

4. 逐级出示法

这是在顾客可能接受的价格段位上，先出示价格低的商品，再出示高档商品的方法。这种方法不仅适合那些想购买物美价廉商品的顾客心理，也会使想购买高档商品的顾客产生优越感。但是，要避免从高档到低档出示，这样易使欲购廉价品的顾客感到难堪，从而放弃购物。当然，对有品牌需求的顾客，若从较低价位开始出示，也会令其反感，最终失去销售机会。这种方法在销售过程中要慎用。

问题 3　如何对商品进行说明？

出示商品的同时应向顾客提供商品的有用信息。好的商品介绍能使营业员掌握销售的主动权，并能刺激顾客的购物欲望。

1. 参谋推荐

根据顾客的情况，在顾客比较判断的阶段刺激顾客购物欲望，促成购买。一般分为 3 个步骤：

1）列举商品的一些特点。

2）确定能满足顾客需要的特点。

3）向顾客说明，购买此种商品所能获得的效果。

这就是将商品特征转化为顾客所向往、所理解、所需要的东西，即顾客效果的过程。其转化公式为“商品特征＋功能＝顾客效果”。

2. 促进顾客信任

促进信任是抓住促使顾客对欲购商品的信任，坚定顾客的购物决心的步骤。促进信任的机会包括：①顾客对商品的提问结束时；②当顾客默默无言独立思考时；③当顾客反复询问某个问题时；④当顾客的谈话涉及商品售后服务时。

营业员在把握这四个机会时不应在一旁默默等待，而应坚定顾客的决心，消除其疑问，建议其购买。应注意的是，营业员建议顾客购买绝不等同于催促顾客购买。营业员若不断催促顾客购买，会引起顾客的反感。但是一味等待也会失去销售机会。因此，营业员应用平缓的语调建议顾客购买。

问题 4　建议顾客购买的方法是什么？

1. 直接建议法

当顾客对商品没有问题可提了，就可以直接建议顾客购买。在建议购买时不能使用“您到底买不买”或“您定下来了吗”等刺激性语言。这会使顾客不自在，很可能给出一个否定的回答。营业员应扼要地归纳一下商品的特色和顾客使用的益处，概括一下顾客应购买的原因，然后，很自然地问：“您看这件商品怎么样？”通过征询的口气促使顾客下定决心购买该商品。

2. 选择商品法

这是采用含蓄的口气促使顾客做出购物决定的方法。选择商品法是询问顾客要买哪种商品，而不是让顾客在买与不买之间进行选择。在选择的范围上，一般不超过两种，否则顾客难以做出选择决定。例如，可让顾客在诸如颜色、式样、型号、材料等方面进行选择。这种方法是最常使用的，也是效果较好的一种建议购买方法。

3. 化短为长法

当顾客面对商品的几个缺点犹豫不决时，营业员应将商品的长处列举出来，使顾客感到长处多于短处，就能促进顾客对商品的信任。

4. 机不可失法

这是指让顾客感到错过机会就很难再买到的、一种坚定顾客购物决心的方法，如节假日期间促销、折扣、特价等。运用此法顾客会感到若不下决心购买，以后不是买不到，就是价格上涨。但这只有当顾客希望购入短缺商品或销售时间性商品时，才可使用此法。

5. 印证法

当顾客对商品的个别问题持有疑虑，迟迟不愿做出购物决定时，营业员应弱化商品的问题，消除顾客不下购物决心的因素。但一定要让顾客感受到营业员的真诚，而不应感到这是强行推销。

问题 5　结束销售时应做好的工作是什么？

在这个步骤中，营业员在为顾客进行商品包装时，还应问顾客是否还需要别的商品，主要是与顾客所购买的商品相关的商品。当将包装好的商品交到顾客手中时，应主动向顾客表示感谢，赞扬顾客的明智选择，并请其对商品的质量放心。这将使顾客体验到门店是真心实意地为顾客服务的，从而留下美好的购物记忆。

以上是成功完成销售所进行的基本步骤。若由于种种原因未能交易成功，营业员也绝不能怠慢顾客。否则，顾客会认为专卖店只是推销商品，而不是考虑顾客的利益，其结果往往不是失去一次销售机会，而是失去一位顾客。

销售的成功，包含着巧妙接近顾客的方法，如细心观察顾客的需要和购物动机，恰到好处地进行商品说明，完美的示范表演，以及能消除顾客疑问的解答等。整个销售的接待工作，不仅是在推销商品，也是在塑造品牌的良好信誉度和美誉度。

技能训练

学生分组模拟销售情景，通过分配角色，练习营业员接待顾客的步骤。

三、营业员销售语言技巧

任务要求

通过对任务的分析掌握营业员销售语言技巧。其主要环节工作内容如表 3-16 所示。

表 3-16　主要环节工作内容

工作环节	工作内容
理解任务	研究任务的需求要点
知识认知	明确营业员销售语言技巧的 3 个问题：如何运用询问的技巧；如何回答顾客的提问；送别顾客的语言技巧有哪些
工作成果	明确营业员销售语言技巧，并形成如何运用该技巧接待顾客的思路

语言艺术要求营业员在接待顾客时要注意讲究文明用语和说话的技

巧。文明用语和说话技巧是不同的：文明用语以选择词语为主；说话技巧则侧重于如何灵活、委婉地使用词语。只有两者有机地结合起来，才能使顾客听起来自然、舒服、愉快，而这两者的有机结合，正是柜台语言艺术技巧之所在。

问题 1　如何运用询问的技巧？

顾客走近柜台，营业员应首先与顾客打招呼，这是礼貌待客的具体表现，应大力提倡。但往往存在一些特殊情况，第一种情况是，主动问话反而引起顾客的反感。如顾客走近柜台，营业员问一声“您买什么?”顾客听到这句问话不仅不接受，反而质问营业员：“不买还不兴我看哪?”结果双方弄得都很尴尬。第二种情况是，由于营业繁忙或受其他客观条件的限制和影响，有时营业员不可能做到对每一位顾客都主动问话。第三种情况是，有的顾客只顾看商品，营业员问也不是，不问也不是。在这几种情况下，营业员正确运用掌握主动问话的技巧就显得尤为必要。

1）掌握好询问时机，恰当地使用文明用语。当顾客在柜台前停留时，当顾客在柜台前漫步注视商品或寻找商品时，当顾客手摸商品或与其他顾客商量议论商品时，当顾客持币来到柜台前时，都是营业员向顾客询问的好时机。语言一定要文明、礼貌、诚恳、亲切，用恰当地称呼说好第一句话，如“您好，您需要什么”。

2）巧妙地使用转化语，变被动为主动。例如，服装柜台营业员正在整理商品，没注意柜台前来了顾客，这时顾客冲营业员喊：“同志，把这件衣服拿过来我看看。”营业员应马上放下整理的商品走过来，边搁下衣服边问道：“您穿还是别人穿?”这句问话就属于转化语，由被动答话转为主动问话，可为整个服务过程顺利进行奠定基础。

3）灵活机动，随机应变。营业员向顾客问话不能死盯住“您好，您买什么”不放。问话的内容要随机应变。要做到这一点，首先要求营业员针对顾客的年龄、性别、职业等特点来灵活地决定问话的内容。这种主动性问话，能消除顾客的疑虑，同时也能迅速地了解顾客的来意，为下一步的服务提供依据。其次，要求营业员要根据顾客在柜台前的动作和姿态来灵活地掌握问话的方式和内容。例如，当顾客在柜台前用手摸服装，营业员便可主动询问“给谁买”等，弄清来意的同时，营业员还要用准备性的服务动作来适应顾客的动作和姿态，便于掌握服务的主动权。

问题 2　如何回答顾客的提问？

回答的技巧，主要是指针对顾客对某一商品提出的疑问，营业员所做的解释说明的技巧。其主要目的是说服顾客买此商品，却又不能露出“说服”的痕迹，这就要求营业员以语言的艺术提高顾客对商品的兴趣，化解其疑虑，使顾客最终购买。

1）掌握好迂回的技巧。对顾客提出的疑问，有时不便直接回答，特别是顾客对购买产生“异议”时，更不宜“针锋相对”。此时采取迂回曲折的方法从侧面进攻，可能会收到事半功倍的效果。

2）用变换句式的技巧。当顾客选择某一商品认为价格太高时，营业员对这一问题有两种回答方法：一种是“这种商品虽然价格稍高了一点，但质量很好”；另一种是“这种商品虽然质量好，但价格太高了”。这两句话虽然只是前后顺序颠倒了一下，但给人的印象却完全不同。前一种说法会使顾客感到这件商品质量好，即使价格高也值得买。而后一种说法，则会使顾客感到这件商品不值那么多钱，买了不合算，因而会大大减弱购买欲望。根据上述两种表述形式，可归纳成这样两个公式：①缺点→优点＝优点；②优点→缺点＝缺点。当向顾客推荐价钱高的商品时，一般应利用公式①。

3）用“两多”“两少”的技巧。这种技巧是指回答顾客的询问时，多用请求式，少用命令式；多用肯定式，少用否定式。请求式的语言是以尊重顾客为前提的，是将自己的意志以征求对方意见的形式表达出来，使顾客感到亲切，从而乐意接受；而命令式语言是以顾客必须服从为前提的，是强迫对方的一种行为。当顾客提出营业员无法答应的要求时，如顾客要求退换商品时，如果营业员直截了当地说“不行”，就会使顾客不愉快。但如果说“请您原谅……”用请求的语气既拒绝了顾客的不适当的要求，又不至于使顾客感到不愉快。肯定式是在肯定顾客陈述的基础上提出自己的意见，容易被顾客接受；否定式是在否定顾客陈述的基础上提出自己的意见，会使顾客产生一种被轻视的感觉，从而不愿意接受。例如，顾客问：“这种商品是不是太贵了?”营业员回答：“是贵了一些，但与其他同类商品相比，它多了两项功能，是值得购买的。”这就是肯定式的回答。如果营业员对顾客的这一问题这样回答：“一点也不贵，您就买吧。”这就是否定式的回答。这两种不同回答方式会对顾客购买行为产生截然不同的效果。又如，顾客问：“这样的衣服有红色的吗?”营业员回答道：“没有。”这就是否定式。如果营业员换句话是：“是的，眼下只剩蓝色和白色两种，这两种颜色都挺好看的，您穿起来一定很美。”这就换成了肯定式。艺术地使用肯定句式的回答方法，可给顾客以亲切、可信的感觉。

4）根据顾客的表情回答顾客的询问。这是指营业员一边观察顾客的反应，一边回答顾客的询问，从而了解顾客对商品的态度，以便确定自己的回答方式。例如，一位顾客向营业员征询说：“我穿哪种花色好?”营业员手指着一件对顾客说：“我觉得这种花色非常好看，您认为呢?”若顾客说：“不错，的确很好看。”营业员就可以继续介绍。假如营业员把朴素的花样拿给顾客看，顾客看后便皱起眉头，一言不发，营业员就应该明白顾客对此不满意，应再拿另一种花色的给顾客看，否则必定影响顾客的购买情绪。

问题 3 送别顾客的语言技巧有哪些？

营业员对即将离开柜台的顾客说上一两句颇有礼貌的送别话语，绝不仅仅是一种单纯的礼貌性表示，而是有着丰富的内在含义的。

1）关心性的送别技巧。这种送别技巧用于特殊顾客和粗心顾客。如老年顾客言行迟缓，记忆力不强，营业员送别时要用既亲切又关心的生活语言说："大爷，请拿好，路上慢慢走！"这种送别语从词语的选择、语调的运用上就非常符合老年顾客的心理要求。当粗心的顾客选购完商品临走时，营业员应该说："同志，请把钱装好，把东西拿好，再见！"这样顾客会觉得营业员的提醒太及时了，从而产生感激之情。如果顾客是位残疾人，自尊心又很强，营业员的送别语，应该像对待正常顾客一样，语调少用拖音，以避免顾客误解。

2）祝福性的送别技巧。当顾客选购完商品要离开柜台时，营业员用祝愿幸福、长寿、健康、美满之类的语言送别顾客。

这些祝福性的送别语言具有很强的针对性。如未婚青年男女选购完结婚用品，在送别他们的时候，就应该说"祝你们幸福"或说"祝你们生活美满"。如果顾客选购商品是为了送别老朋友，营业员在送别顾客时就应该说"祝你们友谊长存"或说"祝您及朋友们快乐"。

3）嘱咐性的送别语。这种送别语多用于儿童。如果儿童顾客要离开柜台了，营业员的送别语是"小朋友，把东西拿好，路上要看着点车啊"，或者说"小同学，把钱揣好，别贪玩把东西弄丢了，先回家啊"。这种嘱咐性的送别语，不仅能提醒儿童顾客在回家的路上注意交通安全和财物安全，更重要的是在他们幼小的心灵深处，打上了营业员优质服务和文明礼貌的烙印。

柜台语言艺术技巧很多，营业员针对不同情况加以运用，不仅是礼貌待客的表示，更重要的是给顾客送去了交易后的愉快，为以后的服务奠定了基础，也为企业树立了良好的社会形象。

技能训练

学生分组模拟销售情景，练习提问、送别语言技巧。

四、营业员与顾客冲突的防止与排除

任务要求

通过对任务的分析掌握营业员与顾客冲突的防止与排除。其主要环节工作内容如表 3-17 所示。

表 3-17 主要环节工作内容

工作环节	工作内容
理解任务	研究任务的需求要点
知识认知	明确营业员与顾客冲突的防止与排除的 2 个问题：如何防止营业员与顾客产生冲突；如何排除营业员与顾客的冲突
工作成果	知道营业员与顾客产生冲突的主要原因，并能执行排除营业员与顾客产生冲突的原则与步骤

问题 1　如何防止营业员与顾客产生冲突？

营业员是连锁门店的代表，营业员在工作中与顾客配合，有时配合不够默契，发生冲突，这或许是因为营业员态度恶劣，或许是因为顾客没有达到退货的目的而恼羞成怒。如果门店出现这种局面，营业员必须意识到营业员在营业场所的一切表现都代表整个连锁门店：营业员一定要记住“顾客永远是对的”这一至理名言，妥善处理与顾客的冲突。

微课：营业员与顾客冲突的原因及对策

1. 冲突产生的原因

冲突是两个或两个以上的相互依赖的主体间出现的不相容或对立的一种互动关系。冲突发生的一般原因是双方的彼此差异性，这种差异性包括信息差异、认识差异、目标差异、角色差异。信息差异是冲突双方所获得的信息、了解的事实之间的差异。认识差异是源于冲突双方观念、社会背景等不同而对事情看法的不同。目标差异指冲突双方目标不一致而存在的差异。角色差异指冲突双方按自己角色要求行动而产生的差异。营业员与顾客发生冲突的主要原因如下：

（1）顾客多、业务忙，营业员应接不暇

在顾客多、业务忙的情况下，顾客总希望自己能先买到商品，而营业员又不可能同时接待为数众多的顾客，这时营业员的接待速度就和顾客的要求发生了矛盾，易产生冲突。

（2）顾客退换商品

冲突的产生是源自双方都各持己见，直接利益相抵触，如顾客在退换货时遇到问题，常把不满发泄到营业员身上，营业员受委屈后往往采取防护性反击，由此引起舌战。

（3）收款找零发生差错

这种冲突往往发生在交易结束，甚至顾客离开柜台之后，原因大多是营业员算错，或者是顾客记错和丢失。

（4）商品暂时供不应求

一些热销商品或特价商品卖完而来不及补货，从而造成商品缺货，导致顾客空手而归，致使顾客有被欺骗感而将怒气发泄到营业员身上，引起冲突。

（5）营业员业务素质不高

营业员没有礼貌热情地同顾客说话，没有用心倾听顾客的话，对顾客做出了承诺但是没有兑现等常引起顾客的不满。这会使顾客的自尊心受到伤害，从而引起冲突。

（6）连锁门店组织工作或经营管理不善

连锁门店因组织工作或经营管理不善造成服务不周全，顾客因享受不到应有服务而不满，进而迁怒于营业员。

另外，人的性格、气质、文化修养不同，相互间不能理解与谅解，顾客或营业员单方或双方精神状态不佳，都是造成冲突的主要原因之一。

2. 冲突的防止

冲突的防止应从礼让中求得缓解，从让步中寻求妥协，从转移视线中得到缓和。

（1）保持冷静，明确自己的角色

当顾客对着营业员发泄其不满时，往往在言语与态度上带有激动的情绪，甚至有非理性的行为发生。面对这种不满的发泄或是毫无尊重的责骂，很容易使营业员在顾客情绪的感染之下被激怒，而产生对抗性的态度与行为。事实上这是一种最不好的处理方式，因为这样只会导致彼此更多的情绪反抗与更加紧张的气氛。因此，营业员在这样的局面中首先要保持冷静，明了自己的身份：连锁企业要依靠员工来应对各种顾客的不满，最终满足顾客的需求，为连锁企业带来营业上和形象上的双重利益；同时顾客也必须通过营业员来表达自己的意见和消费权益。因此，营业员必须认知自己的角色，让连锁企业和顾客都得到最大的利益，而不是以逃避的心态对待顾客的不满。

（2）让顾客发泄，仔细聆听，充分地道歉

当顾客不满时，顾客要发泄怒气可能会强烈到碰上谁就向谁发泄的程度。一些营业员只想马上解决顾客的问题，而认为顾客的这种发泄是浪费时间。但是，不先了解顾客的感觉就试图解决问题是难以奏效的。只有在顾客发泄完后，他们才会听你说的话。

仔细聆听、充分地道歉是接待这类顾客的最基本态度。任何解决冲突的关键都在于营业员能否倾听顾客的讲话。在仔细聆听、理解顾客意愿的基础上向顾客真诚地道歉，即使错误不是门店员工造成的。实际上，营业员的道歉表明了公司对待顾客的诚意。

（3）收集信息

抱怨的顾客不仅需要营业员理解他，更需要营业员解决他的问题，通过向顾客提问等方式收集足够的信息。

（4）从让步中寻找妥协，给出一个解决的方法

明确了顾客的问题之后，要找出一个双方均可接受的解决问题的方法。为平息顾客的怒气，可给予顾客补偿性关照。补偿性关照是门店采取的具体行动，目的是向顾客表明门店的诚意，也暗示这种事情不会再发生，并且门店很在意与他们保持业务联系。

如果是营业员工作中的失误，如态度不佳、疏忽大意等，营业员可以在向顾客道歉后，给予一些小小的补偿，如赠送顾客一些免费赠品，包括礼物、商品或服务，也可以在营业员的职权范围内给予顾客购买的商品一定的折扣。

如果顾客购买的商品出现了质量问题，那么迅速给予换货或退货是最佳的解决方案；如果营业员无法自行决定有关退换货的事宜，应立即向上级报告并与上级商量解决办法，让顾客知道你正在为他的问题采取积极的行动。

如果顾客对营业员的解决方案感到不满，可询问顾客的意见。不满的顾客希望能解决问题，所以对于营业员的处理方案，他不一定觉得是最好的解决办法。这时营业员一定要问顾客希望的解决方法。因为能令顾客满意的做法往往和公司想象的有很大的差距。如果顾客的要求可以接受，那就迅速、愉快地完成，这比和他讨价还价更能化解矛盾。

（5）跟踪服务

一场冲突避免后，营业员在问题解决后若干天可与顾客联系，询问其对问题解决的个人看法，如更换了另一个商品后他的使用情况。这样可让顾客印象深刻，增强顾客对门店的忠诚度。

问题 2　如何排除营业员与顾客的冲突？

（一）解决冲突的原则

1. 妥协原则

妥协是放弃自己的观点或重新修订自己的评价使之适应对方的观点和行为。妥协的实质是一种自我利益的牺牲和退让，如果不考虑别人的利益，退让和自我利益的牺牲都是不可能发生的，所以这就要求妥协一方必须学会在适当的时候放弃个人的某些要求，而不是去压制别人的要求。由于妥协能较大幅度地降低对方心里的挫折感，有利于缓和紧张状态，因此它是避免发生公开冲突的基本原则之一。妥协并非是无原则的，它是一种在社会道德规范之内，以不损害集体利益和社会利益为前提的让步。

2. 体谅原则

体谅是对别人对自己的误解及无故的指责给予包容和理解的态度。体谅的核心是善意的理解，商业交往中发生的冲突，有相当一部分是由双方的误解造成的。误解本身是错误的认识，只要给予客观的善意的解释，误解就可以解除。然而现实中误解的解除并非这么简单，如果一个人发现别人对自己的看法是完全错误的，那么他就有辩解和澄清的必要，但并不是谁都愿意承认自己的看法是错误的，并乐于让别人来纠正，这种“自我维护”的心理，在双方交往过程中具有相互排斥性和缺乏善意的特点，也是导致误解上升为冲突的根本原因。解除误解往往要经过双方互相的解释、说明，甚至辩解才能完成，然而消除误解和没有误解不是等价的，后者只需单方面的体谅就可以完成，所以，在商业交往中，营业员作为门店的代表，能够体谅顾客应是最起码的道德修养。

3. 分隔（离）原则

分离是阻止冲突双方进一步接触，以避免矛盾进一步恶化的一种原则性措施。商业交往中典型的冲突是面对面的冲突，如果隔离冲突的双方，就使双方彼此失去冲突对象，冲突就可能得到平息，但是分离对双方并不是等效的。例如，当一位顾客与营业员发生冲突时，其他营业员来劝解顾客离开和劝解那位当事的营业员回避，两者对平息冲突的效果是不同的。前者可能会进一步激怒顾客，别人看来，冲突中被拉劝的一方往往是主要的肇事者，并有态度恶劣非拉走不可之嫌疑。出于这种心理，顾客会极力反对这样的劝阻，并有把冲突进一步扩大到其他营业员身上的可能，但是如果其他营业员劝离自己的同伴，效果就不同了。因为他们彼此是同等，相互之间早有了解，并且由于门店里多数人是顾客，这种方式往往容易被接受。当然，其他顾客劝离这位处于冲突中的顾客也是具有同等效力的。

除了这种公开的劝离方式以外，还可以采取隐蔽的劝离方法。例如，另外一个工作人员走进柜台，告诉正在冲突的营业员有他的电话，从而接替他的位置。被接替者也应顺势离开，不要认为离开就意味着自己失败，是一种有碍脸面的事情。这种隐蔽分离方式一定要注意技巧，应做到自然合理，如果接替者对当事人说“经理叫你有事”，则会起到相反的效果。万一顾客发现在接替，就需要向顾客强调指出，冲突的焦点不在人员本身，而是要澄清事情的实质，并说明营业员是相互负责的，有事同谁谈都一样。另外，也要注意替换的实际，接替者应在了解事实经过的前提下尽早介入，如果等冲突发展到不可收拾的地步再介入，便起不到任何有益作用。

4. 控制原则

控制原则是通过人们主观或客观努力，积极地解决矛盾，制止或停止冲突的原则。控制分为自身控制和外界控制两种，前者主要是当事人通过自己的主观努力，对情绪加以控制，促使自己做出退出冲突的表现。营业员把自身控制作为解决矛盾的一条准则，称为主动原则。后者则是通过外部手段，如调节者、行政命令、舆论等直接干预制止冲突。无论是自身控制还是外界控制，都是对冲突行为的一种制止，都有强迫性。

（二）解决冲突的步骤

1. 正确对待顾客的批评

连锁门店营业员一定要学会控制自己的情绪，认识到顾客的批评意味着门店在经营管理方面存在弱点。因此，必须从思想认识上善意地看待顾客的批评意见。营业员在“妥协”认识的基础上，进而采取“妥协”的姿态，并且不失礼貌地要求顾客提出批评。在顾客提出批评的过程中，营业员应该让顾客敞开胸怀尽情“倾诉”，而不能中途打断顾客的话头，否则顾客只会更加冲动。

等顾客说完自己内心的抱怨之后，营业员再阐明自己的立场。每个人都有“宣泄”的心理，只有吐出心中的不快，才能保持心理平衡。

2. 真诚向顾客表示歉意

如果顾客要求营业员进行解释，营业员就应该予以解释，而不能单纯地辩解。营业员一定要清楚，当自己能及时主动地承担过失时，态度真诚，大多顾客会通情达理。而在营业员的提示下，顾客也会反躬自省，甚至还会反过来向营业员道歉。对于连锁门店来说，当局面不可收拾的时候，营业员要利用歉意来及时挽回门店的声誉，这是很重要的。

3. 提出解决问题的方法

由于发生冲突时，冲突双方都会把调停人当作公正的化身。因此，由第三者出面调停解决矛盾冲突，会更有利于息事宁人。不管具体情况如何，充当调停角色的门店负责人一开始就要非常明确自己的地位，首先要表现出对顾客的礼貌、尊敬和歉意，对顾客的“失态”要抱克制和冷静的态度。调停者不能过于认真、得理不饶人，更不必去追究争吵双方的过错。要记住，每个人在感情冲动时都会失去客观感、公正感和自行感。调停者并不是法官，要力求辨别是非曲直。只要能够将事情化解，不因冲突而影响门店的信誉就好。因此调停者这时候唯一要做的事情就是息事宁人，向顾客提出某种建议，把对方的思路岔开；或者设法将顾客请到休息室去谈话；或定下一个顾客能够接受的合理方法。总之，使顾客尽快平静下来，再积极、真诚地解决问题。

4. 跟踪服务，争取顾客

问题解决的数日后，门店相关人员可与顾客联系，向其表示慰问，以示门店的诚意，争取挽回顾客对门店的好感。

技能训练

学生分组模拟练习解决冲突的步骤。

五、投诉处理技巧——“CLEAR”方法

任务要求

通过对任务的分析掌握营业员投诉处理技巧——“CLEAR”方法，其主要环节工作内容如表 3-18 所示。

表 3-18　主要环节工作内容

工作环节	工作内容
理解任务	研究任务的需求要点
知识认知	明确投诉处理技巧的 2 个问题：什么是“CLEAR”方法；如何运用“CLEAR”方法
工作成果	知道什么是“CLEAR”方法，并知道如何对投诉进行管理

问题 1 什么是“CLEAR”方法？

专卖店运营中，处理顾客投诉是服务提供者的一项比较重要的工作。对于顾客投诉，如果处理得不好，不但影响专卖店的商品销售，而且还会损害专卖店长期以来树立的良好形象，甚至瞬间这个专卖店的良好形象就被毁掉了。

专卖店如何平息顾客的不满，使被激怒的顾客“转怒为喜”，是企业获得顾客忠诚的最重要手段。令顾客心情晴朗的技巧——“CLEAR”方法，也即顾客愤怒清空技巧。理解和实践清空技巧能够帮助企业妥当地处理最棘手的情形。“令顾客心情晴朗”的顾客投诉应对原则包括以下步骤：

1）C——控制你的情绪（control）。

2）L——倾听顾客诉说（listen）。

3）E——建立与顾客共鸣的局面（establish）。

4）A——对当下情形表示歉意（apologize）。

5）R——提出应急和预见性的方案（resolve）。

问题 2 如何运用“CLEAR”方法？

1. 控制你的情绪

（1）目的

当顾客发怒时，营业员要处理的第一个因素是控制自己的反应情绪。当顾客进行投诉时，往往心情不好、失去理智，顾客的语言或者行为会让我们的员工感受到攻击、不耐烦，从而被惹火或难过，容易产生冲动，丧失理性，这样就使得事态发展更加复杂，店面服务和信誉严重受损。

（2）原则

坚持一项原则，那就是可以不同意顾客的投诉内容，但不可以不同意顾客的投诉方式。正如我们可以不赞成他们说话的内容，但我们要尊重他们说话的权利。顾客进行投诉是因为他们有需求没有被满足，所以我们应该充分理解顾客的投诉和他们可能表现出的失望、愤怒、沮丧、痛苦或其他过激情绪等，不要责怪任何人。

（3）技巧

下面是一些面对顾客的投诉，帮助营业员平复情绪的小技巧。

1）深呼吸，平复情绪。要注意呼气时千万不要大声叹气，避免给顾客不耐烦的感觉。

2）思考问题的严重程度。

3）要记住，顾客不是对你个人有意见，即使看上去如此。

4）以退为进。如果有可能的话给自己争取点时间。如“我需要调查一下，10 分钟内给您回电”“我需要两三分钟时间同我的主管商量，一起解决这个问题，您是愿意稍等一会儿，还是希望我一会儿给您打回去”，当然你接着得确保在约定的时间内兑现承诺。

2. 倾听顾客诉说

员工的情绪平复下来后，需要顾客也镇定下来才能解决好问题。先别急于解决问题，而应先抚平顾客的情绪，再来解决顾客的问题。

（1）目的

为了管理好顾客的情绪，你首先要意识到这些情绪是什么，他们为什么投诉。静下心来积极、细心地聆听顾客愤怒的言辞，做一个好的听众，这样有助于了解顾客所投诉问题的实质和顾客的真实意图。

零售企业顾客不满与投诉的类型五花八门，在处理时首先应把握顾客所投诉问题的实质和顾客的真实意图。了解顾客想表达的感觉与情绪，细心聆听，给顾客的抱怨一个宣泄，辅以语言上的缓冲，为发生的事情道歉，声明你想要提供帮助，进行细心地聆听，表示出与顾客合作的态度。这既让顾客将愤怒一吐为快，使愤怒的程度有所减轻，也为自己后面提出解决方案做好准备。

（2）原则

倾听顾客诉说的不仅是事实，还是隐藏在事实之后的情绪，要遵循的原则应该是为了理解而倾听，并非为了回答而倾听。

（3）技巧

在顾客很恼火时，有效、积极的倾听是很有必要的。

1）全方位倾听。要充分调动左右脑，用直觉和感觉来听，比较你所听到、感到和想到的内容的一致性。用心体会、揣摩听懂弦外之音。

2）不要打断。要让顾客把心里想说的话都说出来，这是最起码的态度，中途打断顾客的陈述，可能遭遇顾客最大的反感。

3）向顾客传递被重视的信息。对于投诉的内容，如果觉得不是很清楚，要请对方进一步说明，但措辞要委婉。

3. 建立与顾客共鸣的局面

共鸣被定义为站在他人的立场，理解他们的参照系的能力。

（1）目的

对顾客的遭遇深表理解，这是化解怨气的有力武器。当顾客投诉时，他最希望自己的意见受到对方的尊重，自己能被别人理解。建立与顾客的共鸣就是要促使双方交换表达。在投诉处理中，一句体贴、温暖的话语，往往能起到化干戈为玉帛的作用。

（2）原则

与顾客共鸣的原则是换位真诚地理解顾客，而非同情。只有站在顾客的角度，想顾客之所想，急顾客之所急，才能与顾客形成共鸣。要站在顾客的立场想问题，学会换位思考。

（3）技巧

实现顾客共鸣的技巧有：复述内容，用自己的话重述顾客难过的原因，描述并稍微夸大顾客的感受；对感受做出回应，把我们从顾客那里感受到的情绪说出来；模拟顾客的境地，换位思考；想象一下，我们的供应商以相同或类似的方式对待他们的顾客（我们）时，我们会做出什么样的反应。

不要只是说“我能够理解”，这像套话。你可能会听到顾客回答“你才不能理解呢——不是你丢了包，也不是你连衣服都没得换了”。如果你想使用“我能够理解”这种说法的话，务必在后面加上你理解的内容（顾客难过的原因）和你听到的顾客的感受（他们表达的情绪）。

关于共鸣表达的最大挑战之一是使他们听起来很真诚。我们必须建立在困难的情形下沟通自己的风格，表现出对顾客观点的理解，听起来诚恳，也不油嘴滑舌。

4. 对当下情形表示歉意

（1）目的

我们聆听了顾客的投诉，理解了他们投诉的原因和感受，那么就有必要对顾客的情形表示歉意，从而使双方的情绪得到控制。

（2）原则

1）不要推卸责任。当问题发生时，很容易逃避责任，说这是别人的错。即便你知道是公司里谁的错，你也不要责备你的公司员工，这么做只会使人对公司整体留下不好的印象，其实也就是对你留下坏印象。

2）道歉总是对的（即使顾客是错的）。当不是自己的过错时，人们一般不愿意道歉。为使顾客的情绪更加平静，即使顾客是错的，但道歉总是对的，一定要为顾客情绪上受的伤害表示歉意。顾客不完全是对的，但顾客就是顾客，他永远都是第一位的。

3）道歉要有诚意。一定要发自内心地向顾客表示歉意，不能口是心非、虚情假意，否则就会让顾客觉得是心不在焉的敷衍，自己被糊弄了。当然，也不能一味地使用道歉的字眼儿来搪塞。

4）不要说“但是”。当道歉时，最大的诱惑之一就是说“我很抱歉，但是……”，这个“但是”否定了前面说过的话，使道歉的效果大打折扣。差错的原因通常与内部管理有关，顾客并不想知晓。最经典的例子是，当一家餐厅说“我很抱歉，但是我们太忙了”时，往往会被人认为是在推卸责任。

（3）技巧

1）为情形道歉。要为情形道歉，而不是去责备谁。即使在问题的归属上还不是很明确，需要进一步认定责任承担者时，也要首先向顾客表示歉意，但要注意，不要让顾客误以为公司已完全承认是自己的错误，我们只是为情形而道歉。例如，可以用这样的语言："让您不方便，对不起。""给您添了麻烦，非常抱歉。"这样道歉既有助于平息顾客的愤怒，又没有承担可导致顾客误解的具体责任。

2）肯定式道歉。当顾客出了差错时，我们不能去责备。要记住，当顾客做错时他们也是正确的，他们也许不对，但他们仍是顾客。我们可能无法保证顾客在使用产品的过程中百分之百满意，但必须保证当顾客不满找上门来时，对我们的态度总是能够百分之百地满意。

5. 提出应急和预见性的方案

在积极地听、共鸣和向顾客道歉之后，双方的情绪得到了控制，现在是时候把重点从互动转到解决问题上去了。平息顾客的不满与投诉，问题不在于谁对谁错，而在于争端各方如何沟通处理，解决顾客的问题。

（1）目的

解决单次顾客投诉，为顾客服务提供改善建议。

（2）原则

对于顾客投诉，要迅速做出应对，要针对这个问题提出应急方案；同时，提出杜绝类似事件发生或对类似事件进行处理的预见性方案，而不仅仅是修复手头的问题。

（3）技巧

1）迅速处理，向顾客承诺。应迅速就目前的具体问题，向顾客说明各种可能的解决办法，或者询问他们希望怎么办，充分听取顾客对问题解决的意见，对具体方案进行协商。然后确认方案，总结将要采取的各种行动——你的行动与他们的行动，进行解决。要重复顾客关切的问题，确认顾客已经理解，并向顾客承诺不会再有类似事件的发生。

2）深刻检讨，改善提高。在检查顾客投诉的过程中，负责投诉处理的员工要记录好投诉过程的每一个细节，把顾客投诉的意见，处理过程与处理方法在处理记录表上进行记录，深入分析顾客的想法，这样顾客也会有慎重的态度。而每一次的顾客投诉记录，店铺都将存档，以便日后查询，并定期检讨产生投诉意见的原因，进而加以改善。

3）要充分调查此类事件发生的原因。仔细思考一下，为了防止此类事件的再度发生，是否需要进行变革，对服务程序或步骤要做哪些必要的转变，以提出预见性的解决方案，即改善服务质量的方法，以降低或避免将来发生类似的投诉。提出预见性解决方案也是对顾客的一个最好承诺。

4）落实。对所有顾客的投诉意见及其产生的原因、处理结果、处理后顾客的满意程度及店铺今后改进的方法，均应及时用各种固定的方式（如例会、动员会、早班会或企业内部刊物等），告知所有员工，使全体员工迅速了解造成顾客投诉意见的原因，并充分了解处理投诉事件时应避免的不良影响，以防止类似事件的再发生。

5）反馈投诉的价值。顾客进行投诉是希望能跟你继续做生意，同时其对服务不满信息的反馈无疑也给专卖店提供了一次认识自身服务缺陷和改善服务质量的机会。所以可以写一封感谢信感谢顾客所反映的问题，并就公司为防止以后类似事件的发生所做出的努力和改进的办法向顾客说明，真诚地欢迎顾客再次光临。为表示慎重的态度，常以企业总经理或部门负责人的名义寄出，并加盖企业公章。当顾客是通过消费者保护机构提出投诉时，就更需要谨慎处理了。原因在于零售企业回函的内容很可能成为这类机构处理中的一个案例，或作为新闻机构获取消息的来源。

总之，专卖店在处理各种顾客投诉时，要掌握两大原则：一是顾客至上，永远把顾客的利益放在第一位；二是迅速补救，确定把顾客的每次抱怨看作商场发现弱点、改善管理的机会。只有这样才能重新获得顾客的信赖，提高商场的业绩。当然，即使我们能够教授员工清空顾客不满的技巧，我们也有必要认识到使顾客烦恼的共同原因。一旦我们做到了这些，就能够持续地培训员工来使他们回答和处理好这些问题，接着我们就能采用解决问题的具体方法，来看是否能够在长期内根除这样的问题。

技能训练

学生分组模拟情景，并会运用“CLEAR”方法解决投诉。

同步训练题库

一、填空题

1. 店长是门店的最高负责人员，其职责包括______、______、______、______、投诉管理、促销活动管理。

2. 回答顾客的询问时，多用______，少用______；多用肯定式，少用否定式。

3. 冲突的防止应从______求得缓解，从______寻求妥协，从______得到缓和。

4. 一场冲突避免后，营业员在问题解决后若干天可与顾客联系，询问其对问题解决的个人看法，这样可让顾客印象深刻，增强顾客对门店的______。

5. 解决冲突的原则：______、______、______、______。

二、单选题

1. “CLEAR”方法的第一步是（　　）。

A. 倾听顾客诉说　　　　B. 控制你的情绪

C. 建立与顾客共鸣的局面　　D. 对顾客的情形表示歉意
E. 提出应急和预见性的方案

2. 解决冲突的第一步是正确对待顾客的批评，第二步是（　　）。
A. 真诚向顾客表示歉意　　B. 提出解决问题的方法
C. 跟踪服务，争取顾客　　D. 提出应急和预见性的方案

3. 复述内容，用自己的话重述顾客难过的原因，描述并稍微夸大顾客的感受；对感受做出回应，把你从顾客那里感受到的情绪说出来；模拟顾客的境地，换位思考；是“CLEAR”中的（　　）技巧。
A. 控制你的情绪　　B. 倾听顾客诉说
C. 对顾客的情形表示歉意　　D. 建立与顾客共鸣的局面

4. 营业员在顾客可能接受的价格段位上，先出示价格低的商品，再出示高档商品的方法。这种方法属于（　　）。
A. 感知法　　B. 示范法
C. 逐级出示法　　D. 多种类出示法

5. （　　）是阻止冲突双方进一步接触，以避免矛盾进一步恶化的一种原则性措施。
A. 分隔（离）原则　　B. 体谅原则
C. 妥协原则　　D. 控制原则

三、多选题

1. 与顾客接触搭话的方法有（　　）。
A. 打招呼法　　B. 介绍商品法
C. 服务性接近法　　D. POP 展示法

2. 营业员出示商品的方法有（　　）。
A. 示范法　　B. 感知法
C. 多种类出示法　　D. 逐级出示法

3. 建议顾客购买的方法是（　　）。
A. 直接建议法　　B. 选择商品法　　C. 化短为长法
D. 机不可失法　　E. 印证法

4. 促进信任是抓住促使顾客对欲购商品的信任，坚定顾客的购物决心的步骤。促进信任的机会是（　　）。
A. 当顾客对商品开始提问时
B. 当顾客默默无言独立思考时
C. 当顾客反复询问某个问题时
D. 当顾客的谈话涉及商品售后服务时

5. “CLEAR”方法是（　　）。
A. 控制你的情绪（control）
B. 倾听顾客诉说（listen）
C. 建立与顾客共鸣的局面（establish）

D. 对当下情形表示歉意（apologize）

E. 提出应急和预见性的方案（resolve）

四、判断题

1. 当顾客面对商品的几个缺点犹豫不决时，营业员应将商品的长处列举出来，使顾客感到长处多于短处，就能促进顾客对商品的信任。（ ）

2. 营业员对即将离开柜台的顾客说上一两句颇有礼貌的送别话语，是一种单纯的礼貌性表示。（ ）

3. 当顾客不满时，发泄怒气时，营业员要马上解决顾客的问题，因为顾客的这种发泄是浪费时间。（ ）

4. 建议顾客购买的印证法就是当顾客对商品的个别问题持有疑虑，迟迟不愿做出购物决定时，营业员应强化商品的问题，消除顾客不下购物决心的因素。（ ）

5. 营业员对顾客提出的疑问，有时不便直接回答，特别是顾客对购买产生异议时，更不宜针锋相对。（ ）

参考答案 3-2

任务三　专卖店商品防损与安全管理

引导问题

专卖店一般选址于繁华商业区、商业街或百货店、购物中心内，营业面积根据经营商品的特点而定；以著名品牌、大众品牌为主；销售体现量小、质优、高毛利；注重品牌声誉；从业人员必须具备丰富的专业知识，并提供专业知识性服务。而防损管理和安全管理对于专卖店来说也同样不可忽视。那么，应该如何进行专卖店防损管理和安全管理呢？

学习内容

本任务主要包括介绍专卖店商品防损管理和安全管理等内容。

学习目标

本任务要求学生掌握服装专卖店商品损耗的原因和预防措施，掌握专卖店安全管理的内容和措施，能为专卖店提供商品防损和安全管理方面的建议；学会查阅、整理资料，并锻炼自己的讲解、介绍能力。

学习重点

1. 专卖店的商品防损。
2. 专卖店的安全管理。

学习难点

1. 专卖店商品防损的类型和措施。
2. 专卖店安全管理的内容。

任务描述

本任务为导学性任务，具体内容为：

1. 理解专卖店商品防损的类型和预防措施。
2. 理解专卖店安全管理的内容。

工作步骤

本任务的工作步骤见表 3-19。

表 3-19　工作步骤

序号	项目	工作内容
一	商品损耗的原因和预防措施	理解商品为什么会发生损耗及如何预防
二	专卖店的安全管理	理解安全管理的重要性及内容

成果预期

本任务完成后，学生应理解专卖店商品损耗的原因和预防措施，理解专卖店管理的内容，能够给专卖店提供防损和安全管理的相关意见和建议，见表 3-20。

表 3-20　成果评价表

考评点	分值	得分
专卖店商品损耗原因	20	
专卖店损耗的预防措施	30	
专卖店安全管理的意义	20	
专卖店安全管理的内容	30	
合计	100	

工作内容

一、商品损耗的原因和预防措施

任务要求

通过对任务的分析，学习并掌握专卖店商品发生损耗的原因和采取何种预防措施。其主要环节工作内容如表 3-21 所示。

表 3-21　主要环节工作内容

工作环节	工作内容
理解任务	研究任务的需求要点
知识认知	明确商品损耗的原因和预防措施的 2 个知识性问题：专卖店商品为什么会出现损耗；如何预防专卖店商品的损耗
工作成果	能够分析专卖店的损耗发生的原因，能够采取适合的措施降低损耗

问题1 专卖店商品为什么会出现损耗？

专卖店商品发生损耗的原因（图3-9）很多，主要有以下几种。

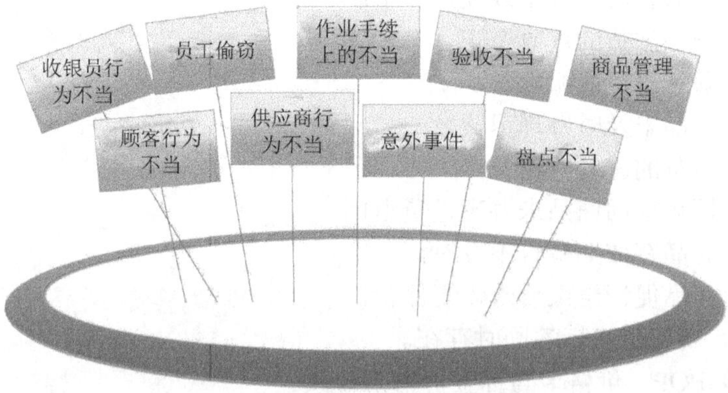

图3-9 专卖店商品损耗原因

1. 收银员行为不当

1）打错了商品的金额。

2）收银员与顾客借着熟悉的关系，故意漏扫部分商品或私自输入较低价格抵充。

3）收银员因与同事熟悉的关系而发生漏打、少算的情形。

4）由于价格无法确定而错打金额。

5）对收银工作不熟练，操作错误。

6）对于未贴标签、未标价的商品，收银员打自己猜臆的价格。

7）误打后的更正手续不当。

8）收银员虚构退货而私吞现金。

9）商品特价时期已过，但收银员仍以特价销售。

2. 员工偷窃

1）随身夹带。

2）皮包夹带。

3）购物袋夹带。

4）废物箱（袋）夹带。

5）偷吃或使用商品。

6）将用于顾客兑换的奖品、赠品占为己有。

7）与亲友串通，购物未结账或金额少打。

8）利用顾客未取的账单，作为废账单退货而私吞货款。

9）将商品高价低标，卖给亲朋好友。

3. 作业手续上的不当

1）商品调拨的漏记。
2）商品领用未登记或使用无节制。
3）商品进货的重复登记。
4）漏记进货的账款。
5）坏品未及时办理退货。
6）退货的重复登记。
7）销售退回商品未办理进货退回。
8）商品有效期检查不及时。
9）商品促销结束后未恢复原价。
10）新旧价格标签同时存在。
11）POP、价格卡与标签价格不一致。
12）商品加工技术不当产生损耗。

4. 验收不当

1）商品验收时点错数量。
2）门店员工搬入的商品未经点数，造成短缺。
3）仅仅验收数量，未做品质检查所产生的错误。
4）进货的发票金额与验收金额不符。
5）进货商品未入库。

5. 商品管理不当

1）未妥善保管进货商品的附赠品。
2）进货过剩导致商品变质。
3）销售退回商品未妥善保管。
4）卖剩商品未及时处理，以致过期。
5）因保存商品的场所不当，而使商品价值减损。
6）因商品保存知识不足而造成商品价值减损。
7）姑息扒窃。

6. 顾客行为不当

1）随身夹带商品。
2）皮包夹带。
3）购物袋夹带。
4）将扒窃的商品退回，而取得现金。
5）顾客不当的退货。
6）顾客将商品污损。

7）将包装盒留下，拿走里面的商品。
8）调换标签。
9）高价商品混杂于类似低价的商品中，使收银员受骗。

7. 供应商行为不当

1）误记交货单位（数量）。
2）供应商套号，以低价商品冒充高价商品。
3）混淆品质等级不同的商品。
4）擅自夹带商品。
5）随同退货商品夹带商品。
6）换取商品时，收受不确实。
7）暂时交一部分订购的货，而造成混乱。
8）与员工勾结实施偷窃。

8. 意外事件

1）非人为意外事件：水灾、火灾、台风和停电等。
2）人为意外事件：抢劫、夜间偷窃和诈骗等。

9. 盘点不当

1）数错数量。
2）看错或记错售价、货号、单位等。
3）盘点表上的计算错误。
4）盘点时遗漏品项。
5）将赠品记入盘点表。
6）将已填妥退货表的商品计入。
7）因不明负责区域而做了重复盘点。

问题2 如何预防专卖店商品的损耗？

预防专卖店的损耗必须根据损耗发生的原因，有针对性地采取措施，加强管理，堵塞漏洞，尽量使各类损失减少到最低。损耗控制和管理并不容易，它牵涉了太多人为的疏忽，而商品损耗的发生会对专卖店的经营发展产生不良影响。具体管理措施如下：

1. 供应商出入管理

1）供应商进入店内商品陈列区域时，必须先登记，领到出入证方能进入。
2）离开时经保安人员检查后，交回出入证方可放行。
3）供应商送货后的空箱必须打开，纸袋则要折平，以免偷带商品出店。

4）厂商的车辆离开时，需经门店保安检查后方可离开。

2. 员工购物管理

1）禁止员工在上班时间去购物或预留商品。

2）员工所购商品应有发票和收银条，以备保安人员、验收人员检查。

3）员工在休息时间或下班后所购物品不能带入店铺或作业场所，只能暂存于员工休息区的衣柜里。

3. 收银机管理

1）避免收银员使用退货键或更正键消除已登记的商品记录。

2）收银主管须注意各收银台收入金额的进度，如果发现异常情况要先停止该机台，进行检查。

3）新进收银员上机时，务必由资深收银员陪同，防止紧张而发生错误。

技能训练

根据下述资料，分析此类损耗属于哪种类型，并提出预防此类损耗的方法。

我的损失谁来负责

价值几百元的衣服被老鼠当成了磨牙的工具，三元巷一家服装专卖店最近突然闹起了鼠灾，短短一周时间内，店里就有 50 多件衣服遭殃，老鼠药、捕鼠器不起任何作用。

专卖店老板康先生告诉记者，早在一个月前，他就发现了店里有老鼠的踪迹，因为每天上午开门，店里的货架、桌子上都能看到老鼠屎，有时候放在货架上的一些用塑料袋封好的零食也被老鼠咬开，拖得满地都是。康先生说，一开始以为是店里放的食物引来老鼠，后来每天关门前将所有吃的东西都带走。

“可最近一个星期，老鼠变得特别猖獗，店里没有东西可以吃，就开始咬衣服。”在专卖店里，换衣间里堆放着一袋刚被挑拣出来的坏衣服，大部分都是春秋季的厚衣服，其中还有一些棉衣。随手拿起一件压胶衣发现，左边袖子上有两个洞，衣服正面还有一个洞。康先生说，老鼠好像最爱咬材质比较硬的衣服，货架下存放的 30 多件压胶衣几乎都被老鼠咬了，而挂在衣架上的大部分夏季衣服，老鼠倒是很少碰。

“这些老鼠特别精，白天从没有看到过它们的踪影，老鼠药、老鼠夹这些办法都试过了，可是没有一样管用。”据康先生介绍，晚上走之前他在地上放多少老鼠药，第二天还会有多少在那里，而老鼠夹上的诱饵，老鼠也从来不闻不问，好像知道这是陷阱一样。

“这些压胶衣、羽绒服一般售价 400 元左右，现在被老鼠咬了洞，只能报废了。”康先生气愤地说。这一周被老鼠咬坏的衣服整整有两大包，大概有 50 多件，粗略算了一下，损失有 9000 元之多。

二、专卖店的安全管理

任务要求

通过对任务的分析，学习并掌握专卖店安全管理的内容和发生安全问题后如何应对。其主要环节工作内容如表 3-22 所示。

表 3-22 主要环节工作内容

工作环节	工作内容
理解任务	研究任务的需求要点
知识认知	明确专卖店的安全管理的 3 个知识性问题：为什么要对专卖店进行安全管理；专卖店发生安全问题时应该怎样做；专卖店发生偷窃时应该怎样做
工作成果	掌握专卖店安全管理的内容，掌握专卖店发生安全问题时的处理办法

问题 1 为什么要对专卖店进行安全管理？

案 例

发放贵宾卡引起的拥挤事件

某专卖店为庆祝开业，决定向顾客免费发送 5000 张可在该店享受九折优惠的贵宾卡，并刊登了广告进行宣传。开业当天上午还不到 9 点，店门前就已经聚集了不少人。开业时间一到，人群涌入专卖店直奔贵宾卡的赠送柜台。开始大家都很守秩序，几分钟后，队伍开始往前涌动，队伍的后面忽然变得混乱起来，人们不停地往前拥挤，大人呼喊声和小孩哭闹声混成一片，现场的秩序一度变得十分混乱。保安员介绍当时的情景说："当时仅地下一层就有将近 1000 人等待领取贵宾卡，队伍乱了以后我们拼命维持着现场秩序，生怕出现伤人的事情。一名保安员站到桌子上大声呼喊，可结果桌子被挤倒了，保安员摔了下来，幸好没有受伤。"

类似上述事件在其他地区也继续上演，有的商店开业将玻璃门挤成两段，有的店庆促销挤伤了人，有的商店门口半夜就有人排队……虽然商店管理人员事先都做了一定的准备，但仍然没有料到顾客如此踊跃，以至闹出了一些人身伤亡，反而给商店造成了负面影响。

（资料来源：http://news.sina.com.cn/s/147922.html.）

（一）专门店安全管理的意义

专卖店是人们休闲娱乐时经常光顾的地方，为此，做好服装专卖店的安全管理工作就显得尤为重要。

1. 确保消费者购物的安全

专卖店经营形态的演变及消费者购物习惯的转变，使得专卖店不仅仅是人们购物消费的场所，也逐渐成为人们休闲娱乐的地方。顾客一踏进专卖店的营业区域，就必须保证消费者的生命及财产安全。

2. 为员工提供安全的工作环境

整个专卖店的安全作业及设备的完善，与员工的身体健康和生命安全息息相关。专卖店应该给员工提供一个安全、健康的工作环境。这样的环境可以缓解员工的焦虑、减轻员工的压力，使员工可以安心地完成工作，进而间接地提高其工作效率，最终增加店铺的盈利。同时，店长还可以借此向员工灌输正确的安全管理观念，确保店铺的安全。

3. 减少专卖店的财物丢失

任何意外的发生，都是令人防不胜防的，如专卖店的装潢、设备和商品被破坏等，都会对店铺的声誉产生一定程度的影响。完善的安全管理，不仅可以减少意外发生的概率，也可确保员工及顾客的生命和财产安全，并将店铺的财产损失降到最低的程度。

4. 维持良好的社区关系

专卖店的入场作业会在一定程度上给周围的住户或单位带来不良的影响。如果在作业上或管理上妨碍了他人的权益或安全，不仅会遭到联合的抗议或抵制，也会影响到专卖店的正常营业。因此，完善的安全作业管理不仅可以维持良好的社区关系，而且易于维护专卖店的良好形象。

（二）专卖店发生安全事故的主要原因

根据一些统计资料显示，店铺发生的安全事故中，许多突发事件往往不是人为的，而是由于疏忽导致。概括起来，专卖店发生安全事故的主要原因如下：

1. 设备故障

一些店铺的安全设备未按要求做定期的保养和检查，如店铺的各项消防设施、工作器械等。这些问题往往会导致安全事故。这样不仅可能危害到消费者的利益，店铺内部员工的工作安全也无法得到保障。

2. 员工基本常识的不足

店铺员工没有安全方面的常识，有时甚至在观念上存在偏差。例如，在用电方面，出现超负荷用电或电源使用不当；在工作方面，存在不良的作业习惯；在遇到意外伤害时，会出现医疗护理不当和时间上的延误；在消防设施方面，员工不知如何操作和不重视消防设施的维护等。这些都是造成店铺安全事故的主要原因。

3. 员工警觉性的缺乏

店铺的许多意外事故演变成重大伤害，往往是由于员工缺乏高度的警觉性，从而导致一发而不可收的局面。例如，对于小火苗的发生掉以轻心，而演变成一场大火灾；使用各项器材设施，发生故障时不引起注意；对于购物过程中顾客的异常行为或要求不予理会，而导致顾客受伤或店内财物损失等。因此，店铺员工良好的警觉性是减少店铺意外事件发生的有力保证。

问题 2　专卖店发生安全问题时应该怎样做？

1. 火灾

1）接到报警信号，消防员须在两分钟内到达现场确认火情，火情确认后，应立刻采取相应的灭火措施，同时监控室值班员立即通知物业保卫部、值班经理、总经理，并向 119 报警，同时通知消防班、保安队、物业保卫部值班人员 5 分钟内到达火场（限局部小范围火情）。

2）消防中控室值班人员按程序打开应急广播，及时通知各部门按应急疏散线路带领顾客安全有秩序撤离，同时启动排烟风机（图 3-10），听命令打开消防泵控制柜（图 3-11）启动消防泵和降落卷帘门等消防设施并密切监视并通报火势情况。配电室要立即切断电源，启动应急供电系统。

图 3-10　排烟风机

图 3-11　消防泵控制柜

3）物业保卫部人员接到报警后于 5 分钟内到达着火地点，按命令带领保安队员组织实施灭火和疏散顾客及员工。

4）报警后，由物业保卫部派专人到大门迎候，指引消防车到达火灾现场。

5）物业保卫部经理负责对火灾现场人员的安排调动，对火灾区域设警戒线，并在专卖店外安全区域开辟出现场急救区，严禁无关人员进入该区域。

6）指挥人员立即组织消防、保安队员协助专业消防队伍实施灭火。

7）财务室人员应迅速整理好账本、现金、支票等重要文件，锁好保险柜、门、窗后迅速离开。

8）配电室、物业维修人员要坚守岗位听从应急指挥部的命令。

9）人员撤离火灾现场后，由各部门负责人及时联系本部门当班人员是否安全撤离，同时业务部门各楼层主管应迅速与本层商家联系是否安全撤离，并将相关情况迅速上报应急指挥部领导。

10）如发现和确认火灾现场有未撤离人员，应及时上报专业消防抢救队伍，并组织相关人员全力协助专业消防人员的救援工作。

11）物业保卫部组织保安人员维持现场秩序，确保救火、救人车辆畅通无阻。

12）注意事项：

① 火灾发生后，应立即通知总经理或由总经理授权打 119 火警电话。

② 着火后保持冷静，本着先救人后灭火和抢救财物的原则进行。

③ 火场一切行动听从指挥，切不可随意行动。

④ 着火后，持对讲机人员一律不准讲与火场无关事情，不得在指挥人员下达命令时随意插话。

⑤ 确认事故后，应根据规定向相关部门报告。

⑥ 切勿将大闸上锁，切勿企图返回火场取回个人财物。

2. 爆炸

1）当专卖店某区域发生爆炸事件后，发现人员应立即用电话、对讲机向物业保卫部报告，讲明爆炸位置，被破坏程度及人员伤亡情况。

2）物业保卫部接到报警后，将报案人所报情况进行记录，并问清楚报案人姓名、地点、破坏程度和联系电话，及时拨打 120 急救电话和 110 报警电话。

3）物业保卫部立即调动距现场最近的保安队员赶至现场，同时组织相关人员携带防爆毯（图 3-12）、照明工具、通风工具、急救箱赶赴现场，将受伤人员迅速移至安全区域并采取简单急救措施。

图 3-12　防爆毯

4）物业保卫部经理应立即向总经理及各部门经理通知爆炸现场情况，并由总经理下达相关的应急命令。

5）物业保卫部赶赴现场人员根据事发现场情况向公安机关报案。

6）在警方来专卖店之前，物业保卫部负责组织保安人员保护现场，设置警戒带，并阻止无关人员进入，疏散围观人员。

7）如发现人员伤亡的情况，协助医务人员对伤员进行抢救，并酌情向伤员及目击者了解有关案情情况。

8）为保护好市场商户及顾客的人身及财产安全，迅速安排专卖店所有人员暂时撤离爆炸现场，防止意外情况再次发生。

9）确认事故后，应根据有关规定向有关部门报告。

3. 停电

1）发生专卖店停电时，应立即通知物业保卫部，确定停电范围及原因。如属于局部电路（器）着火，应参照火灾应急预案，迅速通知总经理及相关部门。

2）立即组织电工和保安逐层检查电梯内是否有人被困并采取相应急救措施。

3）组织电工技术人员检查相关系统，若属供电局线路问题，立即与供电局联系，确定恢复供电时间，属内部维修范围应立即抢修。

4）组织保安队员在各楼梯口实施紧急接应，打开疏散门，及时疏导顾客。

5）通知商户、顾客不要慌乱，保持冷静，禁止使用明火（蜡烛、打火机等）。

6）加强对办公区财务部及要害部门保护。

7）专卖店内恢复正常供电后，物业保卫部立即组织维修人员检查各相关设备，确保各系统正常运行。

8）确认事故后，应根据规定向有关部门报告。

4. 停水

1）接到事故通知后，物业维修人员应对所发生事故地点的现状进行初步了解并带好相应工具迅速到达事故现场，机房内必须留一人用对讲机随时联系，做出相应处理。

2）到达现场后迅速切断事故点的控制阀门、电源，避免造成更大的经济损失。

3）事故发生后，运行人员、维修人员要紧密配合，迅速准确地控制事态发展，尽快维修处理，将损失降到最低。

4）停水后，应立即联系市政自来水公司询问停水原因、停水时间，以便专卖店及时做好应对措施。

5）确认事故时，应按照规定向相关部门报告。

5. 电梯突然停运

1）接到事故通知后，物业维修人员应迅速赶赴现场，采取相应措施，将被困人员尽快解救出来，同时向总经理或值班店长汇报详情。

2）物业保卫部人员要对受伤人员及被困人员进行安慰，如有受伤或惊吓过度人员应及时安排去医院治疗。

3）电梯恢复正常后，维修人员将故障原因填写后交物业保卫部存档。

4）确认事故时，应按照规定向相关部门报告。

6. 触电伤人

1）立即切断相关区域的电源，将触电者从触电区域转移到安全区域。

2）立即拨打 120 急救电话，在急救人员到来之前，应积极对触电者进行抢救，可采取人工呼吸等办法帮助触电者恢复生命机能，同时向总经理或值班店长汇报详情。

3）联系伤者亲属并安排人员随同伤者一同到医院进行抢救。

4）确认事故时，应按照规定向相关部门报告。

7. 打架斗殴

微课：常见意外伤害的现场处理 1

微课：常见意外伤害的现场处理 2

1）接报后，物业保卫部经理应立即到事发现场了解情况，并及时用电话通知总经理或副经理，根据现场情况及时向公安机关报案。

2）派 2～4 名保安队员保护案发现场，阻止无关人员进入。

3）案发现场如有受伤人员，应先将伤员送往医院治疗，抢救伤员的同时尽量不破坏案发现场。

4）在公安人员到达之前，准备好房间，供公安人员办案使用，配合公安人员办案，做好记录。

5）确认为事故时，应按规定向相关部门报告。

8. 突发病人救助措施

1）接到有人突发疾病的通知后，物业保卫部人员应立即携带急救药箱赶赴现场，视情况采取应急包扎和其他救治措施。

2）立即通知 120 急救中心前来救治，并向总经理或值班店长汇报详情。

3）尽量向病人周边人员了解病人的病情及以前有无类似情况，向急救人员提供尽量多的信息以便救治。

4）安排人员陪同病人前往医院救治并联系病人家属，在病人家属未来到前，办理医疗相关事宜。

5）确认事故时，应按照规定向相关部门报告。

9. 踩踏

1）如果发生火灾、地震等突发事件导致人员拥挤踩踏，物业保卫部人员要迅速引导顾客向安全出口疏散，物业保安人员要采取有效措施控制后面的人员不要继续往前拥挤，在保证人群秩序的情况下引导顾客迅速、安全分流撤离，避免接连发生踩踏。

2）对摔倒但能够保持自由活动的人马上帮助其起身并引导至安全区域。

3）对已丧失活动能力的人，物业保卫人员要采取有效措施，将伤者迅速转移至安全区域，同时拨打120急救中心电话，应在急救人员到来之前采取简易救助办法抢救伤者，同时向总经理或值班店长汇报详情。

4）物业保卫部人员要做好安抚工作。如有轻伤或惊吓过度顾客，及时安排其去医院治疗。

5）确定事故时，应按规定向有关部门汇报。

问题3 专卖店发生偷窃时应该怎样做？

1. 专卖店易发生偷窃的地方

1）专卖店的死角或看不见的地方。

2）易混杂的地方。

3）照明较暗的地方。

4）通道狭小的地方。

5）商品陈列杂乱的地方。

2. 顾客偷窃事件的防范

尽管偷窃是全球性的管理难题，但采取必要的防范措施，还是有一定成效的。

1）禁止顾客携带大型背包或手提袋购物，请其把背包或手提袋放入服务台或寄包柜。

2）顾客携带小型背包入内时，应留意其购买行为。

3）定期对员工进行防盗教育和训练。

4）加强对卖场的巡视，尤其留意死角和多人聚集处。

5）有团体客人结伴入店时，店员应随时注意，有可疑情况时可主动上前服务。

6）条码纸要妥善保管，以免给人可乘之机。

3. 顾客偷窃事件的处理方法

目前，专卖店没有处罚权。即使是“顾客”错了，专卖店也绝不能以非法手段对待窃贼，擅自处罚。通常，专卖店可以实施以下的处理方法。

1）一定要在认定偷窃之前给顾客有表示“购买”的机会。具体的办法是对隐藏商品的顾客说“您喜欢这件衣服，要买吗”“您选好了吗？让我替您包装好吧”等。若在收银台附近时可以说“您确定要买这件衣服吗？请您付款吧”等，再一次提醒顾客“购买”。

2）无果的情况下再进一步提醒。如果在做了多次提醒之后，顾客仍无购买的意思，可用平静的声音说“对不起，请给我一点时间，向您请教一些事情”，将其请到办公室，做出适当的处理。

3）处理的态度。在处理偷窃事件时，不要把顾客当作窃贼，讲话要冷静，尽可能使顾客弄清自己的行为，能够进行购买，不要用质问的态度来对待顾客，不要影响店内其他顾客购物。

4）对偷窃者的处理。经营者可以将偷窃者移送到公安机关进行处理，并要求偷窃者赔偿。只有通过合法程序才能使专卖店自身权益得到合法保护。

5）误会的处理。如果误会了顾客，应向顾客郑重道歉，并详细说明错误发生的经过，希望能获得顾客的理解，必要时应亲自到顾客家中致歉。

4. 利用专卖店布局做好防盗

据调查，专卖店中敞开式销售服装最容易丢失的商品种类主要集中在羊绒衫、高级女装、大衣、皮衣等价格较高、方便携带的商品。这类商品的丢失占商店损失的50%～70%。如果把它们有效地保护起来，会对整个损失的减少有很大帮助。因此，在专卖店的卖场布局与商品陈列设计中，考虑商品防盗的需要，是专卖店整体设计中值得重视的一个问题。在敞开式销售的专卖店中，防盗性的卖场布局与服装陈列的主要技巧如下。

1）把一些最容易失窃的服装，陈列在店员最容易看到的地方（图 3-13），即使在店员很忙的时候，也能兼顾照看这些服装，增加窃贼作案的困难，有利于服装的防盗。靠近出口的地方不应放置容易失窃的服装，因为人员流动大，导购员不易发现或区分偷窃者。

2）可以采取集中的方式，如把一些高价格、易丢失的服装集中到一个相对较小的区域，形成“精品区”（图 3-14）。这是一种安全的服装陈列方式，比较有利于服装的防盗。

图 3-13　专卖店陈列

图 3-14　专卖店精品区陈列

3）专卖店易发生偷窃的区域。专卖店的死角或看不见的区域、易混杂的区域、照明不足的区域、通道狭小的区域、服装陈列杂乱的区域等都是偷窃者喜欢光顾的地方，应在专卖店各个角落安装电子防盗系统。例如，防盗镜（图 3-15）能让导购员方便地监视整个专卖店内的情况，再配合安全的商品陈列和导购员的巡视，一般可以有效地防盗。

图 3-15　专卖店防盗镜

知识拓展

服装专卖店现场特殊事件的处理

1. 顾客喝着饮料进店

特别留意顾客的动态，并且要求导购员随时准备纸手帕，当顾客有需要的时候第一时间为顾客服务，切记不要对顾客说“抱歉，我们店铺规定不能将饮料带入店堂，谢谢合作”等话。

2. 顾客私自更换包装盒

导购员要第一时间走到顾客的身边，微笑地告诉顾客“我们愿意为您服务，保证会让您满意”，避免说“不可以调换和更换”等话。

3. 顾客将店内商品弄脏

应当礼貌地告诉顾客，她（他）已经将商品弄脏，请她要小心点。表达我们还愿意为她（他）服务的想法，避免表达不情愿和冷落的情绪，更不能说“你不要再碰”等话。

4. 顾客对产品价格产生疑问

耐心地介绍商品的使用价值，并重点突出品质。例如，您看的这件衣服是 400 元，虽然现在是感觉价格高了点，但花这个价钱买件自己特别称心的衣服，我相信你在穿着它的时候那种感觉是无法用金钱去衡量的，对吗？

5. 顾客对产品产生疑问

不要直接否定顾客，用微笑代替否定的语言，应多向顾客请教，以便建立信任。并请顾客给我们的商品和同类竞争对手的商品提供建议，为我们搜集竞争对手的信息建立来源。

6. 顾客对产品质量产生疑问

耐心解释和介绍产品的品质，如果公司提供此类产品相关的介绍效果更佳，同时要求导购员平时多积累产品知识。在介绍产品的时候不能死记硬背，要用自己的语言适当地表达，让顾客感觉你很专业，对你产生信任感，并对你所传递的信息产生信赖感，达到解除疑义的效果。

7. 导购员检查出顾客有未付款商品

首先向顾客道歉，由于收银员疏忽，请顾客再次回收银台交款。切记态度要诚恳，避免表现出怀疑和表达不信任的语言。

8. 顾客忘记电脑小票而出不了店门

请顾客在收银台索取小票，并提示顾客售货小票应保留好，可作为以后调换商品和品质保障的依据。在表达意思的时候态度要诚恳，让顾客感觉到你是站在顾客的立场去考虑问题的，给来店的顾客留下好的印象，为顾客再度光临做铺垫。

9. 顾客退换货品时的接待方法

来商店退货的顾客，也是必须友善招待的客人。顾客买了东西之后又退货的情形，是不可能避免的。平时就认为顾客至上，本着让顾客购买的商品必须负责到底的原则。如果顾客因为某些不合意的理由，对自己购买的商品不满意而希望退货的话，就商店服务顾客的立场而言，理应接受顾客退货的要求。但是接受顾客退货的情形，并不是百分之百无条件接受，也就是说商店要在允许的范围内退货或换货。

10. 顾客退换货品时物品未保持原样

首先和顾客解释退换商品的要求是要保持原样，这是公司的规定而不是个人行为，争取得到顾客的理解；其次是平时培训时传达店铺商品调换的基本要求和工作流程；再次就是考虑店铺经营者决策，根据实际情况酌情处理。

11. 顾客对商品退换处理意见产生疑义

处理顾客疑义的基本原则是既为顾客解决问题，而且不给店铺造成任何影响。当顾客对商品退换处理意见产生疑义时，要求店铺管理人员妥善处理，引导顾客到休息区或客流较小的区域，以免处理过程中对营业造成不良影响，同时要合理解释不退换的原因。如果顾客对此不满意时，应该由店铺管理者上报到更高层的管理者，避免和顾客在店铺内以任何理由发生争执。

12. 关于商品损坏赔偿的交涉

处理这种问题时，应该等到双方心情平静下来之后，再来讨论商品的损坏赔偿事宜。有四种方案可供参考：全部由店方负担，全部由客人负担，双方平均负担和视情况而定。

毕竟不同状况下发生的事情是不能一概而论的。在这里所要强调的是，当店里发生货物损坏时，应该衡量事态的轻重，店方除了准备好一个处理的基准外，最重要的是要灵活运用这个处理的尺度。换句话说，也就是处理基准应该赋予某种程度的弹性。因为做生意再怎么说也是顾客至上，而且今天的顾客也将成为明天的顾客，销售员更应该彻底地明白“吃亏就是占便宜”的个中道理。

让我们看看下面这段对话：

“对不起，请让我赔偿店方的损失，需要赔多少钱呢？”

“不用了，真的不要放在心上啊！如果以后需要什么东西，请多到本店选购。”

“是这样子吗？你们讲话太客气了。真的很抱歉。”

虽然在这种情况下，店方可以说是完全承担了损失，但是相信这位顾客日后将成为老主顾，会给店里带来好几倍甚至是好几十倍的收益。

因情况的不同，或者随着商品和价格的不同，也有些顾客会坚持赔偿店方，也有时候是降了一点价，而让顾客很高兴地买下。在这种情况下也应该很干脆地决定一个能够让顾客很高兴地接受的价格。

关于商品损坏时的处理方法，也同处理顾客不满时的情形一样，只要很巧妙地进行处理，就能使该顾客变成新的固定顾客，可见处理商品损坏工作也肩负着重大的责任。所以一旦发生问题，应该及时发现可以顺利解决问题的人选，他们应该是意愿很强而且很有自信心的能手。

（资料来源：https://wenku.baidu.com/view/b58413ec856a561252d36fac.html.）

技能训练 实地考察一家服装专卖店，排查安全隐患，填写表3-23。

表3-23 安全隐患排查表

排查日期	排查人员	存在问题	排查隐患措施		隐患消除复查	备注
			负责人	具体措施		

同步训练题库

一、填空题

1. 物业保卫部经理负责对火灾现场人员的安排调动，对火灾区域设______，并在专卖店外安全区域开辟出______，严禁无关人员进入该区域。

2. 专卖店由人为意外而发生损耗的情况包括______、______和______等。

3. 专卖店发生踩踏时，对______马上应帮助其起身并引导至安全区域。

4. 专卖店着火后保持冷静，本着______、______的原则进行。

5. 若专卖店发生爆炸，物业保卫部接到报警后，将报案人所报情况进行记录，并问清楚______、______、______和______，及时拨打120急救电话和110报警电话。

二、单选题

1. 顾客在专卖店发生触电，在急救人员到来之前，店员可采取（　　）等办法帮助触电者恢复生命机能，同时向总经理或值班店长汇报详情。

A. 按压人中　　B. 人工呼吸　　C. 心脏起搏器
D. 喂药　　E. 击打

2. 下列属于盘点不当而造成损耗的是（　　）。

A. 商品促销后未恢复原价　　B. 商品有效期检查不及时
C. 盘点表上的计算错误　　D. 误打后的更正手续不当
E. 由于价格无法确定而错打金额

3. 专卖店物业保卫部人员接到报警后于（　　）分钟内到达着火地点，按命令带领保安队员组织实施灭火和疏散顾客及商户。

A. 5　　B. 10　　C. 15　　D. 20　　E. 30

4. 专卖店停电时，要加强对（　　）及要害部门的保护。

A. 店长办公室　　B. 办公区财务部
C. 仓库　　D. 柜台　　E. 收银机

5. 下列不属于验收加工技术不当而产生损耗的是（　　）。

A. 坏品未明即办理退货
B. 仅仅验收数量，未做品质检查所产生的错误
C. 进货商品未入库
D. 商品验收时点错数量
E. 进货的发票金额与验收金额不符

三、多选题

1. 做好专卖店安全管理可以（　　）。

A. 确保消费者购物的安全　　B. 为员工提供安全的工作环境
C. 减少专卖店的财物丢失　　D. 维持良好的社区关系
E. 提高利润

2. 专卖店发生停电时，应立刻组织（　　）和（　　）逐层检查电梯内是否有人被困并采取相应急救措施。

A. 电工　　B. 销售人员　　C. 店长
D. 保安　　E. 顾客

3. 专卖店发生安全事故的主要原因有（　　）。

A. 设备故障　　B. 商品性质　　C. 员工基本常识的不足
D. 员工警觉性的缺乏　　E. 天气情况

4. 专卖店易发生偷窃的地方包括（　　）。

A. 死角或看不见的地方　　B. 易混杂的地方
C. 照明较暗的地方　　D. 通道狭小的地方
E. 商品陈列杂乱的地方

5. 专卖店员工在店购物时应该注意（　　）。
   A. 禁止员工在上班时间去购物或预留商品
   B. 不能购买促销商品
   C. 向店长进行申请
   D. 员工所购商品应有发票和收银条，以备保安、验收人员检查
   E. 员工在休息时间或下班后所购物品不能带入店铺或作业场所，只能暂存于员工休息区的衣柜里

四、判断题

1. 靠近专卖店出口的地方可以放置容易失窃的服装。（　　）

2. 有团体客人结伴进入专卖店时，店员应随时注意，有可疑情况时可主动上前服务。（　　）

3. 专卖店安全的工作环境可以缓解员工的焦虑、减轻员工的压力，可以使员工安心地完成工作，进而间接地提高其工作效率，最终增加店铺的盈利。（　　）

4. 服装专卖店有处罚权。（　　）

5. 可以采取集中的方式，如把一些高价格、易丢失的服装集中到一个相对较小的区域，形成“精品区”，这是一种安全的服装陈列方式，比较有利于服装的防盗。（　　）

参考答案 3-3

参考文献

邓·皮泊斯，马沙·容格斯，2006. 客户关系管理[M]. 郑先炳，邓运盛，译. 北京：中国金融出版社.

范征，石兆，2007. 连锁企业门店营运管理[M]. 北京：电子工业出版社.

郭延江，2010. 连锁经营管理技术[M]. 北京：清华大学出版社，北京交通大学出版社.

胡启亮，霍文智，2012. 连锁企业门店营运管理[M]. 北京：科学出版社.

居长志，操阳，2018. 连锁经营管理原理[M]. 北京：高等教育出版社.

李滨，封岚，2018. 消费心理学[M]. 长沙：湖南师范大学出版社.

李春杰，2014. 连锁门店营运实务[M]. 北京：教育科学出版社.

李荣惠，张春义，2007. 教你开个小本便民服务店[M]. 北京：科学技术文献出版社.

李志波，党养性，2010. 连锁企业门店营运与管理[M]. 北京：清华大学出版社.

陆影，2009. 连锁门店营运与管理实务[M]. 大连：东北财经大学出版社.

骆金鸿，来文珍，李莉，2019. 客户关系管理[M]. 沈阳：东北大学出版社.

饶君华，罗俊，2014. 连锁门店营运管理[M]. 北京：高等教育出版社.

佀玉杰，2010. 零售管理[M]. 北京：中国人民大学出版社.

苏朝晖，2007. 客户关系的建立与维护[M]. 北京：清华大学出版社.

孙东亮，张树鹏，2010. 市场营销策划[M]. 北京：中国传媒大学出版社.

孙玮琳，2012. 店长实务[M]. 北京：中国人民大学出版社.

王汝志，和建，2018. 消费者行为学[M]. 长沙：湖南师范大学出版社.

王淑敏，2011. 收银员岗位培训手册[M]. 北京：人民邮电出版社.

王亿南，2010. 连锁门店营运管理[M]. 北京：中国人民大学出版社.

魏小英，2013. 连锁企业门店营运管理[M]. 北京：北京理工大学出版社.

徐歆，2010. 收银操作技术[M]. 北京：机械工业出版社.

闫春荣，孙铁玉，张明齐，2018. 市场营销基础[M]. 北京：电子工业出版社.

尹微微. 2015. 门店销售与技巧[M]. 南京：南京大学出版社.

于邢香，2010. 连锁超市经营管理与实务[M]. 北京：对外经济贸易大学出版社.

张华，2013. 连锁企业促销管理[M]. 北京：中国人民大学出版社.

张莉艳，2016. 零售学[M]. 成都：西南财经大学出版社.

张琼，2012. 连锁门店营运管理[M]. 北京：中国人民大学出版社.

张树鹏，2008. 基于顾客价值的第三方物流企业顾客忠诚驱动因素研究[D]. 天津：河北工业大学.

赵平主，2014. 服装店管理工具箱[M]. 北京：清华大学出版社.

赵盛斌，2014. 超市生鲜商品管理[M]. 北京：经济管理出版社.

郑彦，2013. 连锁经营实训与案例[M]. 西安：西安电子科技大学出版社.

郑彦，卫海英，2015. 连锁企业门店营运与管理[M]. 西安：西安电子科技大学出版社.